"十二五"职业教育国家规划教材
经全国职业教育教材审定委员会审定

汽车底盘电控技术

AR版　　附微课视频

第五版

新世纪高职高专教材编审委员会　组编
主　编　王忠良
副主编　王子晨　王爱兵　梁建伟

大连理工大学出版社

图书在版编目(CIP)数据

汽车底盘电控技术 / 王忠良主编. -- 5 版. -- 大连：大连理工大学出版社，2021.10
新世纪高职高专汽车运用与维修类课程规划教材
ISBN 978-7-5685-3235-8

Ⅰ.①汽… Ⅱ.①王… Ⅲ.①汽车－底盘－电气控制系统－高等职业教育－教材 Ⅳ.①U463.6

中国版本图书馆 CIP 数据核字(2021)第 213419 号

大连理工大学出版社出版

地址：大连市软件园路 80 号　邮政编码：116023
发行：0411-84708842　邮购：0411-84708943　传真：0411-84701466
E-mail：dutp@dutp.cn　URL：http://dutp.dlut.edu.cn
大连永发彩色广告印刷有限公司印刷　大连理工大学出版社发行

幅面尺寸：185mm×260mm　　印张：15　　字数：347 千字
2007 年 5 月第 1 版　　　　　　　　　　2021 年 10 月第 5 版
2021 年 10 月第 1 次印刷

责任编辑：姚春玲　　　　　　　　　责任校对：康云霞
　　　　　　　　　封面设计：张　莹

ISBN 978-7-5685-3235-8　　　　　　　　　　定价：48.80 元

本书如有印装质量问题，请与我社发行部联系更换。

前　言

《汽车底盘电控技术》(第五版)是"十二五"职业教育国家规划教材,也是新世纪高职高专教材编审委员会组编的汽车运用与维修类课程规划教材之一。

汽车电子控制技术是汽车技术与电子技术相结合的产物,是汽车排放法规、油耗法规和安全法规要求不断提高的必然结果。电子技术的快速发展,为汽车电子控制技术的普及和应用奠定了坚实的基础。目前,汽车电子控制技术已应用到汽车发动机、底盘、车身的各个方面。作为汽车电子控制技术的一个重要组成部分,底盘电子控制技术对提高汽车的操纵性、安全性、舒适性等起到了非常重要的作用。

本教材从提高学生专业理论水平和实践操作技能的角度出发,以常见的车型为例,对自动变速器、防抱死制动系统、电子控制制动力分配系统、制动辅助系统、驱动轮防滑转调节系统、车身稳定性控制系统、电子控制悬架系统、电子控制动力转向系统的组成和工作原理进行了详细介绍,分析了各系统的控制原理和控制过程,给出了各系统的故障诊断方法。

本教材的主要编写特色如下:

(1)本教材根据汽车底盘电子控制系统不同的控制功能来形成各个教学模块,一个模块一个知识点,各个模块相对独立;重点突出,主题鲜明,便于教师开展模块教学,也便于学生学习理解。

(2)在模块中引入典型案例,让学生带着真实的任务学习,培养学生的学习兴趣和自主学习能力,提高学生解决实际问题的能力。

(3)每个模块后均有"小结",并以二维码形式附载"思考与练习",便于学生复习总结,巩固所学知识。

(4)每个模块后有"拓展阅读",能够培养学生多元化的学习能力,促进学生运用多种媒体对所学知识进行复习和深入研究,激发学生主动学习的热情。

(5)为方便教师教学和学生自学,本教材配备了AR、微课、教案、课件等数字资源。其中AR资源需先用移动设备在小米、360、百度、腾讯、华为、苹果等应用商店里下载"大工职教教师版"或"大工职教学生版"APP,安装后点击"教材AR扫描入口"按钮,扫描书中带有 标志的图片,即可体验增强现实技术带来的学习乐趣。微课扫描书中二维码即可观看。其他资源可登录职教数字化服务平台下载学习。

本教材由河北师范大学王忠良任主编;由河北师范大学王子晨、河北交通职业技术学院王爱兵、石家庄职业技术学院梁建伟任副主编。此外,晋州市众睿汽车贸易有限公司徐永飞参加了部分内容的编写工作。具体编写分工如下:王忠良编写模块5、6、8、9;王子晨编写模块2;王爱兵编写模块3;梁建伟编写模块4、7;徐永飞编写模块1。

在编写本教材的过程中,我们参考、引用和改编了国内外出版物中的相关资料以及网络资源,在此对这些资料的作者表示深深的谢意!请相关著作权人看到本教材后与出版社联系,出版社将按照相关法律的规定支付稿酬。

鉴于编者学识和水平有限,教材中仍可能存在不足和疏漏之处,敬请读者批评指正,并将意见和建议反馈给我们,以便修订时改进。

编 者
2021年10月

所有意见和建议请发往:dutpgz@163.com
欢迎访问职教数字化服务平台:http://sve.dutpbook.com
联系电话:0411-84707424　84706676

目 录

模块 1　概　述 ··· 1
1.1　汽车底盘电子控制技术的现状 ··· 2
1.2　自动变速器技术的发展 ·· 2
1.3　防抱死制动系统的发展 ·· 4
1.4　制动辅助系统的发展 ··· 5
1.5　驱动轮防滑转调节系统的发展 ··· 6
1.6　电子控制悬架系统的发展 ··· 6
1.7　电子控制动力转向系统的发展 ··· 7
小　结 ··· 7
拓展阅读 ··· 8

模块 2　自动变速器 ··· 9
2.1　自动变速器的分类和组成 ··· 10
　2.1.1　自动变速器的分类 ·· 10
　2.1.2　自动变速器的组成 ·· 11
2.2　液力传动装置 ·· 13
　2.2.1　液力耦合器 ··· 13
　2.2.2　液力变矩器 ··· 15
2.3　行星齿轮变速系统 ·· 23
　2.3.1　行星齿轮机构 ·· 23
　2.3.2　换挡执行元件 ·· 25
　2.3.3　辛普森行星齿轮变速系统 ·· 30
2.4　液压控制系统 ·· 38
　2.4.1　液压控制阀的基本工作原理 ······································· 39
　2.4.2　液压控制系统各组成部分的结构与工作原理 ················· 42
2.5　电子控制系统 ·· 48
　2.5.1　电子控制系统的组成 ·· 48
　2.5.2　传感器 ··· 50
　2.5.3　电控单元 ·· 54
　2.5.4　执行器 ··· 57
　2.5.5　电子控制系统的控制过程 ·· 58

2.6　自动变速器电子控制系统元件的检查 …………………………………… 73
　　2.6.1　传感器的检查 ……………………………………………………… 73
　　2.6.2　开关的检查 ………………………………………………………… 74
　　2.6.3　执行器的检查 ……………………………………………………… 75
2.7　自动变速器的故障诊断 …………………………………………………… 76
　　2.7.1　基本检查调整 ……………………………………………………… 76
　　2.7.2　手动换挡试验 ……………………………………………………… 79
　　2.7.3　电子控制系统的故障自诊断 ……………………………………… 79
　　2.7.4　液压机械系统的故障诊断 ………………………………………… 79
2.8　无级变速器简介 …………………………………………………………… 85
　　2.8.1　无级变速器的结构 ………………………………………………… 85
　　2.8.2　电控无级变速器的工作原理 ……………………………………… 86
2.9　双离合变速器简介 ………………………………………………………… 87
　　2.9.1　DSG 双离合变速器的主要特点 …………………………………… 88
　　2.9.2　DSG 双离合变速器的结构 ………………………………………… 89
　　2.9.3　DSG 双离合变速器的工作原理 …………………………………… 90
小　　结 …………………………………………………………………………… 93
拓展阅读 …………………………………………………………………………… 94

模块 3　防抱死制动系统 …………………………………………………… 95

3.1　防抱死制动系统的组成与工作原理 ……………………………………… 96
　　3.1.1　汽车制动原理 ……………………………………………………… 96
　　3.1.2　车轮滑移率 ………………………………………………………… 97
　　3.1.3　地面附着系数与滑移率 …………………………………………… 97
　　3.1.4　防抱死制动系统的组成 …………………………………………… 98
　　3.1.5　防抱死制动系统的控制过程 ……………………………………… 99
　　3.1.6　防抱死制动系统的分类 …………………………………………… 101
3.2　轮速传感器 ………………………………………………………………… 104
　　3.2.1　轮速传感器的结构 ………………………………………………… 104
　　3.2.2　轮速传感器的工作原理 …………………………………………… 104
　　3.2.3　轮速传感器的分类 ………………………………………………… 105
　　3.2.4　轮速传感器的工作电路 …………………………………………… 105
　　3.2.5　轮速传感器的检查 ………………………………………………… 106
3.3　减速度传感器 ……………………………………………………………… 106
　　3.3.1　减速度传感器的结构与工作原理 ………………………………… 106
　　3.3.2　减速度传感器的工作电路 ………………………………………… 108
　　3.3.3　减速度传感器的检查 ……………………………………………… 109

3.4 电控单元 …………………………………………………………… 109
　3.4.1 电控单元的组成 ………………………………………………… 109
　3.4.2 电控单元的功能 ………………………………………………… 110
3.5 制动压力调节器 …………………………………………………… 111
　3.5.1 制动压力调节器的分类 ………………………………………… 111
　3.5.2 制动压力调节器的工作电路 …………………………………… 122
　3.5.3 制动压力调节器的检查 ………………………………………… 123
小　结 …………………………………………………………………… 124
拓展阅读 ………………………………………………………………… 125

模块 4　电子控制制动力分配系统 ………………………………… 126
4.1 电子控制制动力分配系统的组成 ………………………………… 127
4.2 电子控制制动力分配系统的控制策略 …………………………… 128
4.3 ABS/EBD 系统的失效模式 ……………………………………… 130
小　结 …………………………………………………………………… 132
拓展阅读 ………………………………………………………………… 132

模块 5　制动辅助系统 ……………………………………………… 133
5.1 制动辅助系统的基本知识 ………………………………………… 134
　5.1.1 电子控制制动辅助系统的组成 ………………………………… 135
　5.1.2 电子控制制动辅助系统的工作原理 …………………………… 135
5.2 制动辅助系统的控制效果 ………………………………………… 136
小　结 …………………………………………………………………… 137
拓展阅读 ………………………………………………………………… 138

模块 6　驱动轮防滑转调节系统 …………………………………… 139
6.1 驱动轮防滑转调节系统的组成与工作原理 ……………………… 140
　6.1.1 驱动轮防滑转的基本知识 ……………………………………… 140
　6.1.2 驱动轮防滑转的控制方法 ……………………………………… 141
　6.1.3 驱动轮防滑转调节系统的优点 ………………………………… 143
　6.1.4 驱动轮防滑转调节系统的组成和工作原理 …………………… 143
　6.1.5 ASR 系统和 ABS 的区别和联系 ……………………………… 143
6.2 典型驱动轮防滑转调节系统 ……………………………………… 144
　6.2.1 丰田轿车 ABS/TRC 系统的组成 ……………………………… 144
　6.2.2 丰田轿车 ABS/TRC 系统主要部件的结构 …………………… 144
　6.2.3 丰田轿车 ABS/TRC 系统的工作电路 ………………………… 152
　6.2.4 丰田轿车 ABS/TRC 系统的工作过程 ………………………… 155
　6.2.5 丰田轿车 ABS/TRC 系统各部件的检查 ……………………… 157

6.3　防抱死制动系统和驱动轮防滑转调节系统的故障诊断 …………………… 159
　　6.3.1　防抱死制动系统和驱动轮防滑转调节系统故障诊断程序 ………… 160
　　6.3.2　防抱死制动系统和驱动轮防滑转调节系统的故障自诊断 ………… 161
　　6.3.3　防抱死制动系统和驱动轮防滑转调节系统的故障征兆检查 ……… 161
小　结 …………………………………………………………………………… 164
拓展阅读 ………………………………………………………………………… 164

模块 7　车身稳定性控制系统 …………………………………………………… 165

7.1　车身稳定性控制系统的结构与工作原理 ………………………………… 166
　　7.1.1　车身稳定性控制系统的组成 ……………………………………… 166
　　7.1.2　车身稳定性控制系统主要组件的结构 …………………………… 168
　　7.1.3　车身稳定性控制系统 ECU ………………………………………… 172
　　7.1.4　车身稳定性控制系统主要执行器的结构 ………………………… 173
　　7.1.5　车身稳定性的控制原理 …………………………………………… 176
　　7.1.6　ABS、EBD 系统、EBA 系统、ASR 系统和 VSC 系统的特点 …… 180
7.2　丰田汽车公司车辆动态综合管理系统 …………………………………… 180
小　结 …………………………………………………………………………… 188
拓展阅读 ………………………………………………………………………… 189

模块 8　电子控制悬架系统 ……………………………………………………… 190

8.1　电子控制悬架系统的结构与工作原理 …………………………………… 191
　　8.1.1　概　述 ……………………………………………………………… 191
　　8.1.2　电子控制悬架系统的组成与工作原理 …………………………… 194
　　8.1.3　电子控制悬架系统各主要组件的结构 …………………………… 198
8.2　典型电子控制悬架系统 …………………………………………………… 206
8.3　电子控制悬架系统的故障诊断 …………………………………………… 213
小　结 …………………………………………………………………………… 215
拓展阅读 ………………………………………………………………………… 215

模块 9　电子控制动力转向系统 ………………………………………………… 216

9.1　电子控制动力转向系统的组成与工作原理 ……………………………… 217
　　9.1.1　动力转向系统的组成和工作原理 ………………………………… 217
　　9.1.2　电子控制液压式动力转向系统 …………………………………… 219
　　9.1.3　电子控制电动式动力转向系统 …………………………………… 220
9.2　电子控制动力转向系统的检查 …………………………………………… 225
小　结 …………………………………………………………………………… 228
拓展阅读 ………………………………………………………………………… 229

参考文献 ……………………………………………………………………………… 230

本书数字资源列表

序号	资源名称	资源类型	所在页码
1	液力变矩器	AR	15
2	行星齿轮结构	AR	24
3	离合器	AR	26
4	三行星排四速辛普森行星齿轮变速系统	AR	31
5	电控无级变速器系统的结构	AR	86
6	自动变速器概述	微课	10
7	液力变矩器	微课	15
8	行星齿轮机构	微课	23
9	换挡执行元件	微课	25
10	辛普森行星齿轮变速系统	微课	30
11	电子控制系统	微课	49
12	汽车制动原理	微课	96
13	滑移率	微课	97
14	防抱死制动系统的组成	微课	98
15	防抱死制动系统的工作过程	微课	115
16	驱动轮防滑转的基本知识	微课	140

（续表）

序号	资源名称	资源类型	所在页码
17	驱动轮防滑转调节系统的组成	微课	143
18	车身稳定性控制系统的组成	微课	166
19	车身稳定性控制系统主要组件的结构	微课	168
20	电子控制动力转向系统的工作原理	微课	217
21	电子控制动力转向系统的组成	微课	220
22	模块1思考与练习	在线自测	8
23	模块2思考与练习	在线自测	94
24	模块3思考与练习	在线自测	125
25	模块4思考与练习	在线自测	132
26	模块5思考与练习	在线自测	138
27	模块6思考与练习	在线自测	164
28	模块7思考与练习	在线自测	189
29	模块8思考与练习	在线自测	215
30	模块9思考与练习	在线自测	229

模块 1 概 述

学习目标

1. 了解汽车底盘电子控制技术的现状。

2. 了解自动变速器技术、防抱死制动系统、制动辅助系统、驱动轮防滑转调节系统、电子控制悬架系统和电子控制动力转向系统的发展历程。

1.1　汽车底盘电子控制技术的现状

电子控制技术最早应用在发动机上,随着人们对汽车安全性、操纵性等性能要求的提高,电子控制技术在汽车底盘上的应用越来越广泛。目前在汽车底盘上采用的电子控制系统主要有:

(1)电子控制自动变速器(英文全称为 Electronic Controlled Transmission,简称 ECT)。

(2)防抱死制动系统(英文全称为 Anti-lock Braking System,或 Anti-Skid Braking System,简称 ABS)。

(3)驱动轮防滑转调节系统(英文全称为 Anti-Slip Regulation System,简称 ASR 系统;又称为牵引力控制系统,英文全称为 Traction Force Control System,简称 TCS/TRC 系统)。

(4)电子控制动力转向系统(英文全称为 Electronic Controlled Power Steering System,简称 EPS 系统)。

(5)电子控制悬架系统(英文全称为 Electronic Controlled Suspension System,简称 ECS 系统)。

(6)电子控制制动力分配系统(英文全称为 Electronic Control Brakeforce Distribution System,简称 EBD 系统)。

(7)电子控制制动辅助系统(英文全称为 Electronic Control Brake Assist System,简称 EBA 系统)。

(8)电子控制稳定性程序(英文全称为 Electronically Controlled Stability Program,简称 ESP;又称为车身稳定性控制系统,英文全称为 Vehicle Stability Control System,简称 VSC 系统;还称为车身动态稳定性控制系统,英文全称为 Dynamic Stability Control System,简称 DSC 系统)。

(9)轮胎中央充放气控制系统(英文全称为 Central Inflate and Deflate Control System,简称 CIDC 系统)。

(10)自动驱动管理系统(英文全称为 Automatic Drive-train Management System,简称 ADM 系统)。

1.2　自动变速器技术的发展

自动变速器是在车辆行驶过程中能够根据道路条件和汽车负载的变化自动变换传动比的装置。自动变速器的使用可以明显减轻驾驶员劳动强度。常见的自动变速器有液力自动变速器(Automatic Transmission,AT)、无级自动变速器(Continuously Variable Transmission,CVT)、双离合变速器(Dual Clutch Transmission,DCT)等。

自动变速器是在机械式变速器、液力变矩器和电子控制技术的基础上发展而成的。

19世纪初,在欧洲发明了液力传动技术,并应用在船舶上。由于液力变矩器不仅能防止发动机过载,还能实现转速比和转矩比的无级变化,因此被迅速应用在其他领域。1930年,液力变矩器应用在公共汽车上。

1938年,美国通用汽车(GM)公司研制了将行星齿轮变速器与液力耦合器结合在一起的液力自动变速器,这是现代轿车自动变速器的雏形。该液力自动变速器在1939年被安装在美国通用汽车公司生产的奥兹莫比尔(OLDSMOBILE)轿车上。

1942年,美国通用汽车公司研制的自动变速器上采用了双导轮、可闭锁的综合式变矩器。

1947年,美国通用汽车公司将液力传动装置用于批量生产的小客车上,并在第二年将其作为小客车用的标准部件,逐步应用到该公司生产的其他车型上。

1969年,雷诺(Renault)汽车装备了采用电子计算机控制的液力自动变速器,标志着电子控制自动变速器的出现。该自动变速器首次运用电子控制技术控制换挡点,以多种换挡模式取代单一换挡模式,简化了液压操纵系统,减轻了变速器质量,结构更加紧凑。

1978年,美国克莱斯勒(Chrysler)汽车公司生产了带锁止式液力变矩器的自动变速器。该自动变速器采用多排行星齿轮变速机构,使变速器前进挡的传动比由两个增加到三个或四个。

自1981年起,美国、日本一些汽车公司相继开发出各种采用微处理器的微机控制自动变速系统,实现了自动变速器的智能控制,诸如电子控制液力变矩式自动变速器、电子控制多级齿轮变速器等。日本丰田汽车公司生产的电子控制自动变速器(ECT)首先应用于豪华型皇冠(CROWN)轿车上,这种微机控制的四挡变速器的主要优点是:能保证最佳的换挡规律;换挡过程平稳;操纵系统工作稳定、可靠;驾驶员可以干预自动换挡;控制系统具有自我修正换挡和高度灵敏的自我诊断功能。

1983年,德国博世(Bosch)公司研制成功发动机和自动变速器共用的电子控制单元,实现了对动力总成的联合控制,该控制方法广泛应用于汽车传动系统的电子控制中。

自20世纪80年代后期开始,丰田(TOYOTA)、三菱(MITSUBISHI)等汽车公司开发了自动变速器智能控制系统,如丰田汽车公司的ECT-I(Intelligent Electronic System),三菱汽车公司的INVECS(Intelligent and Innovative Vehicle Electronic Control System)。

1997年,在法国标致(Peugeot)206与雷诺(Clio)轿车上装备的电子控制自动变速器上采用了"模糊逻辑"电子控制技术,使汽车能根据行驶状况在九种控制模式中智能化地选择最佳控制方式。

电子控制自动变速器发展的主要特点是实现一机多参数多规律控制。一机是指采用单一微机控制;多参数是指输入微机的控制参数多元化,即控制参数不仅有发动机转速、车速、节气门开度等信号,还有反映发动机和变速器工作环境、车辆行驶环境的信号;多规律是指控制微机中同时存储多种换挡规律,如最佳经济性和最佳动力性换挡规律等,驾驶员可根据需要调用相应的换挡规律实现最佳换挡控制。另外,电子控制自动变速器为了提高传动效率,改善燃油经济性,普遍采用了闭锁式液力变矩器。

为了进一步提高汽车的动力性、经济性和操纵性,人们在不断发展液力自动变速器(AT)的同时,也使无级自动变速器(CVT)、双离合变速器(DCT)得到了快速发展。

19世纪70年代,出现了机械无级自动变速器,但发展缓慢。20世纪70年代以后,随着先进制造加工技术的出现及完善,无级自动变速器获得了迅速、广泛的发展。20世纪80年代以后,高效率大转矩无级自动变速器开发成功。进入21世纪,无级自动变速器发展更为迅猛,全球超过700万辆汽车装备了带式无级自动变速器。

20世纪30年代末,Rudo Iph Franke首先提出双离合变速器的想法。1985年,保时捷公司将双离合器技术应用在跑车上。1999年,大众汽车公司和美国Borg Warner公司合作,制造出的直接换挡变速箱(Direct Shift Gearbox,DSG)也属于双离合变速器。DSG双离合变速器综合了传统手动变速器和自动变速器的优点,换挡更快,传递扭矩更大,效率更高。2003年初,DSG双离合变速器率先装车使用,使用结果表明,油耗及加速性能都优于手动变速器。截至2007年底,全球装备双离合变速器的轿车已经超过100万辆。2008年初,大众汽车公司在高尔轿车上装备采用干式双离合器技术的第二代DSG双离合变速器。专家预测,双离合变速器将成为增长速度最快的自动变速器。

今后,作为人—车—路闭环环境的一个环节,装备自动变速器的汽车可以灵活选择最合适的工作模式,实现智能化驾驶,以达到节能减排和安全的目的。模糊控制、最优控制、鲁棒控制以及神经网络控制等先进理论越来越多地应用在自动变速器上,使控制更加精确。自动变速器技术还将与其他汽车先进技术完美融合,以实现汽车的全局最优控制。

1.3　防抱死制动系统的发展

防抱死制动系统(ABS)是汽车上的一种主动安全装置,其作用是在汽车制动时,防止车轮抱死后在路面上滑拖,以提高汽车制动过程中的方向稳定性、转向控制能力,缩短制动距离。

早在20世纪30年代,制动防滑装置就已经运用在铁路机车的制动中,其目的是防止列车制动时车轮抱死后在钢轨上滑行造成局部摩擦,致使车轮、钢轨损坏,特别是在车轮外圆会磨出一些小平面,使车轮不能平稳旋转而产生噪声和振动。在机车上安装了制动防滑装置后,意外地发现还可以缩短制动距离。

1920年,英国人霍纳摩尔成功研制了ABS技术,并于1932年申请了第一个防滑专利。

1947年,为了防止飞机着陆时制动跑偏、甩尾和轮胎严重磨损,同时为了缩短飞机着陆时的滑行距离,在美国,飞机上开始采用ABS,并很快成为飞机上的标准装备。

1954年,美国福特(Ford)公司率先在林肯(LINCOLN)轿车上采用ABS技术。

1958年,邓禄普(Dunlop)轮胎公司研制成功四轮两通道低选控制式Maxa-ret ABS,并安装在载货汽车上。

1960年,哈理·福格森(Harry Ferguson)公司将Maxa-ret ABS改造成四通道控制式ABS,并于1966年安装在野马V-8型汽车上,使汽车制动性能大幅度提高。

1970年,罗伯特·博世(Robert Bosch)公司开始研发ABS,1978年开始批量生产电子控制式ABS防抱死制动系统。博世公司一直进行ABS的研发,是世界上最大的ABS

生产公司。

1975年,美国联邦机动车安全标准对重型载货汽车和客车配备ABS提出了要求。

1978年,梅赛德斯-奔驰(Mercedes-Benz)和宝马(BMW)汽车公司首次在450SEL等轿车的部分产品中安装由博世公司生产的ABS-Ⅱ系统。ABS-Ⅱ系统采用数字计算机和电磁阀,其控制频率达到每秒10次以上,能够明显提高汽车的制动性能。这是汽车安全技术又一次质的飞跃。

1985年,博世公司对ABS-Ⅱ系统进行了结构简化和系统优化,研制出了经济型防抱死制动系统ABS-ⅡE系统;1990年,德尔科(Delco)公司开发出更为经济的四轮防抱死制动系统ABS-Ⅵ系统,这标志着防抱死制动系统向提高效能和降低成本的方向进一步发展。

进入20世纪90年代后,在欧洲、美国、日本和韩国等国家,ABS的装车率大幅度提高,加之法规的推动作用,ABS已成为汽车上的标准装备或选择装备。

除博世公司外,生产ABS的公司还有德国的瓦布克(Wabco)公司和戴维斯(Teves)公司、美国的德尔科(Delco)公司和本迪克斯(Bendix)公司。

我国对ABS的研究始于20世纪80年代初,上海汽车制动系统有限公司引进并合资生产的ABS产品已于1997年2月投产。吉林大学、重庆公路科学研究所等单位也一直从事ABS的研制工作。

目前,在人们对汽车行驶安全性越来越高的要求下,在安全法规的推动下,ABS已经成为国内外汽车的标准装备。

1.4 制动辅助系统的发展

制动辅助系统又称制动力辅助系统(Brake Assist System,BAS或BA),能够通过判断驾驶者的制动动作(力量及速度),在紧急制动时增大制动力,减小制动距离。

发明辅助制动系统的想法是在1992年戴姆勒-奔驰的汽车行驶模拟器中产生的。科研人员发现,防抱死制动系统虽然能够缩短制动距离,提高制动时的操控性能和行驶稳定性,但是,在紧急制动时,驾驶员往往由于制动不够果断或踩踏板力不足而无法充分发挥制动系统的效能,从而浪费了宝贵的制动时间,致使制动距离增大。对此,奔驰、日产和丰田公司的技术人员找到共同的对策:让现有的防抱死制动系统更智能,能够识别出驾驶员的紧急制动意图,并启动防抱死制动系统工作,这种装置就是制动辅助系统。

欧洲从2009年开始强制要求新生产的机动车必须安装制动辅助系统,并在制动法规及行人保护标准中增加了制动辅助系统的测试方法,我国新生产汽车的制动辅助系统装备率逐年提高,进一步提高了汽车的制动安全性。

随着计算机技术及电子技术的发展,各大汽车公司正在研发各种新型制动辅助系统,制动辅助系统的功能得到了极大的拓展,其中,几种比较典型的新型制动辅助系统主要有:

(1)预警式制动辅助系统。这种系统通过预先检测可能发生的紧急情况,提供预制动,并在必要时提供较大的辅助制动力,帮助缩短制动距离。

(2)导航式制动辅助系统。导航系统利用电子地图中的数据提供需要制动的地点,在车辆的后面装有摄像头拍摄地面上的制动图标,该系统可发出制动警告信号,制动辅助系统会根据车辆位置调整相应的制动力大小。

(3)疲劳制动辅助系统。这种系统在提供额外制动力的同时,还有预防驾驶员疲劳驾驶的功能。

1.5 驱动轮防滑转调节系统的发展

驱动轮防滑转调节(ASR)系统的作用是在汽车驱动过程中,特别是在起步、加速和转弯过程中,防止驱动轮滑转,使汽车快速、平稳地起步和加速。

1971年,美国通用汽车公司开始研制通过中断发动机点火来减小发动机输出转矩,进而避免驱动轮滑转的电子控制系统。

1985年,瑞典沃尔沃(VOLVO)汽车公司研制出电子驱动轮防滑转系统 ETC(Electronic Traction Control),并安装在 VOLVO 760 Turbo 轿车上,该系统通过调节发动机供油量来控制发动机输出转矩,进而控制驱动轮滑转。

1986年,博世公司研制出 ABS/ASR 2U 系统,首次将 ABS 和 ASR 两个系统合为一体,实现了集中控制。

1987年,丰田汽车公司将牵引力控制系统 TCS(Traction Control System)装备在皇冠轿车上。

1990年,宝马汽车公司的 BMW750 和 BMW850 轿车装备了集发动机转矩控制和制动力控制于一体的 TSC+T 系统。这项控制技术在以后的许多轿车上得到了应用。

1.6 电子控制悬架系统的发展

电子控制悬架(ECS)系统的作用是根据路面条件、载重量、行驶速度等来自动调节车身高度、悬架刚度和减震器阻尼,从而使车辆在各种行驶条件下均可获得最佳的行驶平顺性和操纵稳定性。

电子控制悬架系统的研究始于20世纪70年代,那时的电子控制悬架系统利用电磁阀来对车身水平、车身高度、弹簧刚度、减震器阻尼等进行调节,如通用汽车公司的 CCR(Computer Command Rid)系统、福特汽车公司的 ARC(Automatic Ride Control)系统等。

1988年,日产(NISSAN)汽车公司将 SS(Sonar Suspension)系统安装在千里马(MAXIMA)轿车上,该系统使用声呐路况预测传感器来感知路面不平度。

1989年,丰田汽车公司研制出 EMAS(Electronic Modulated Air Suspension)系统,该系统通过控制空气弹簧的充放气来改变车身高度,通过改变空气弹簧中可压缩空气量来调节弹簧刚度,并通过调节减震器阻尼来实现对汽车悬架的综合控制。

1997年,通用汽车公司研制出连续可调路面感应式悬架(CVRSS,全称为

Continuously Variable Road Sensing Suspension)系统,该系统根据车轮位置传感器信号识别道路状况,并据此在 10～12 ms 内实时调节减震器阻尼,进而控制车身和车轮运动,达到调节车身垂直、俯仰和侧倾运动的目的。

2002 年,美国德尔福(Delphi)公司研制的磁流变减震器应用在美国通用汽车公司的部分高档轿车上。该磁流变减震器用磁流变液体取代电磁阀来控制减震器阻尼,能够获得更快的控制速度。

1.7 电子控制动力转向系统的发展

动力转向系统虽然具有转向操纵灵活、轻便、能吸收路面对前轮产生的冲击等优点,但是存在着转向助力值固定的缺点。为此,人们开始研制电子控制动力转向系统。电子控制动力转向(EPS)系统出现于 20 世纪 80 年代。

1988 年,美国通用汽车公司研制出可变助力转向系统,并应用在林肯轿车上。该系统根据车速传感器的车速信号和转向柱上的光电式转角传感器的转角信号,控制助力转向泵上的步进电动机执行阀,进而改变助力效果。同年,日本铃木(Suzuki)汽车公司研制出电子控制电动式动力转向系统,并装备在 CERVO 轿车上。

1991 年,美国福特汽车公司开发出电子可变量孔助力转向 EVO(Electronic Variable Orifice Steering)系统。该系统采用步进电动机控制可变量孔,进而改变助力效果。

小　结

目前在汽车底盘上采用的电子控制系统主要有：电子控制自动变速器、防抱死制动系统、驱动轮防滑转调节系统、电子控制动力转向系统、电子控制悬架系统、电子控制制动力分配系统、电子控制制动辅助系统、电子控制稳定性程序、轮胎中央充放气控制系统和自动驱动管理系统等。

自动变速器是在机械式变速器、液力变矩器和电子控制技术的基础上发展而成的。1969 年雷诺汽车装备了采用电子计算机控制的液力自动变速器,该自动变速器首次运用电子控制技术控制换挡点,以多种换挡模式取代单一换挡模式。1983 年,德国博世公司研制成功发动机和自动变速器共用的电子控制单元,实现了对动力总成的联合控制。为了进一步提高汽车的动力性、经济性和操纵性,人们在不断发展液力自动变速器(AT)的同时,也使机械式自动变速器(AMT)、无级自动变速器(CVT)得到了快速发展。

制动防滑装置最早运用在铁路机车的制动中。1978 年,博世公司生产 ABS-Ⅱ系统,该系统采用数字计算机和电磁阀,其控制频率达到每秒 10 次以上。1985 年,博世公司研制出了经济型 ABS-ⅡE 系统;1990 年,德尔科公司开发出了更为经济的四轮 ABS-Ⅵ系统。

制动辅助系统能够通过判断驾驶者的制动动作,在紧急制动时增大制动力,缩短制动距离。欧洲从2009年开始强制要求新生产的机动车必须安装制动辅助系统,我国新生产汽车的制动辅助系统装备率逐年提高。随着计算机技术及电子技术的发展,人们又研发了预警式制动辅助系统、导航式制动辅助系统、疲劳制动辅助系统等新型制动辅助系统。

驱动轮防滑转调节系统的作用是在汽车驱动过程中,特别是在起步、加速和转弯过程中,防止驱动轮滑转,使汽车快速、平稳地起步和加速。1986年,博世公司研制出ABS/ASR 2U系统,首次将ABS和ASR两个系统合为一体。

电子控制悬架系统的研究始于20世纪70年代。1989年,丰田汽车公司研制出EMAS系统,该系统通过控制空气弹簧的充放气来改变车身高度,通过改变空气弹簧中可压缩空气量来调节弹簧刚度,通过调节减震器阻尼来实现对汽车悬架的综合控制。

电子控制动力转向系统出现于20世纪80年代。1988年,美国通用汽车公司研制出可变助力转向系统。1991年,美国福特汽车公司开发出电子可变量孔助力转向系统EVO。

拓展阅读

◆ 上网或到图书馆查阅汽车底盘电控技术的发展史及发展趋势,并与同学互相交流。
◆ 李春明.汽车底盘电控技术[M].3版.北京:机械工业出版社,2017.

模块1

模块 2 自动变速器

学习目标

1. 了解自动变速器的种类；了解液力式自动变速器的种类；了解自动变速器的组成。
2. 了解液力耦合器的结构；了解液力变矩器的结构和工作原理；了解液力变矩器的工作特性；了解液力变矩器的分类；掌握液力变矩器的检查方法。
3. 了解行星齿轮机构的结构和变速原理；了解换挡执行元件的结构和工作原理；了解辛普森行星齿轮变速系统的结构和变速原理。
4. 了解液压控制阀的基本工作原理；了解主油路压力调节阀的结构和工作原理；了解自动换挡阀、锁止离合器的工作过程；掌握液压控制系统的控制过程。
5. 了解自动变速器电子控制系统的组成；了解节气门位置传感器、车速传感器的结构和工作原理；了解自动变速器电控单元的功能；认识自动变速器电子控制系统执行器的结构；了解电子控制自动变速器的控制过程。
6. 掌握手动换挡试验的目的和步骤；掌握自动变速器的基本检查调整方法；能够对电子控制系统进行故障自诊断；能够对液压机械系统进行故障诊断。
7. 了解无级变速器的结构；了解电控无级变速器的工作原理。
8. 了解 DSG 双离合变速器的结构和工作原理。

自动变速器就是能够根据道路条件和汽车负载的变化自动变换传动比的变速装置。

2.1 自动变速器的分类和组成

2.1.1 自动变速器的分类

常见的汽车自动变速器有三种形式,分别是液力式自动变速器（Automatic Transmission,AT）、机械式自动变速器（Automatic Mechanical Transmission,AMT）、无级自动变速器（Continuously Variable Transmission,CVT）。

液力式自动变速器是目前自动变速器技术中发展最为成熟、应用最为广泛的自动变速器,其主要结构特征是液力变矩器和机械齿轮式变速器。液力式自动变速器的主要优点是结构紧凑、传动平稳、换挡冲击小,缺点是结构复杂、制造难度大、成本高、传动效率相对较低。

机械式自动变速器利用电子控制技术对传统离合器和机械齿轮式变速器系统进行自动换挡控制,是在现有机械式离合器和固定轴式手动齿轮变速器的基础上,仿照手动换挡过程,将变速器选挡、挂挡和离合器踏板与加速踏板的配合动作转变成以计算机为指挥核心的自动控制器完成的自动动作。机械式自动变速器保留了传统手动机械式变速器传动效率高和维修方便等优点,而且相对于传统手动机械式变速器而言,具有很好的产品继承性,开发成本较低,制造比较容易,是今后自动变速器一个重要的发展方向。近年来在大众轿车上使用的 DSG（直接换挡变速器,英文全称为 Direct Shift Gearbox）就属于机械式自动变速器。

无级自动变速器采用传动带和可变槽宽的棘轮进行动力传递,实现了全程无级变速,可以始终使变速器保持最佳传动比,并使之平滑过渡,从而获得非常好的汽车行驶性能。无级自动变速器的优点是质量轻、体积小、零件少,与液力式自动变速器相比,具有较高的运行效率和较低的油耗。但无级自动变速器也存在明显的缺点,即传动带很容易损坏,不能承受较大的载荷,只能用于排量较小的低功率和低扭矩汽车。

目前大部分轿车采用液力式自动变速器,在本书中没有特别说明时,自动变速器指液力式自动变速器。液力式自动变速器的型号很多,常见的分类方法及类型如下。

1. 按前进挡的数目分类

按前进挡的数目可将自动变速器分为二挡式、三挡式、四挡式自动变速器。二挡式、三挡式自动变速器分别有两个、三个前进挡,其最高挡为直接挡（传动比为 1）,应用在早期的自动变速器上。四挡式自动变速器有四个前进挡,其最高挡为超速挡（传动比小于 1）,四挡式自动变速器广泛应用在现代汽车上。自动变速器设置超速挡后,可使汽车在高速行驶时获得较好的燃油经济性。

2. 按汽车的驱动方式分类

按汽车的驱动方式可将自动变速器分为后桥驱动自动变速器和前桥驱动自动变速器。

后桥驱动自动变速器在布置上比较方便,其液力变矩器和齿轮变速系统布置在一条轴线上。

前桥驱动自动变速器常和驱动桥结合在一起（差速器装在自动变速器壳体内，用于向两侧车轮传递动力），因此又常将其称作自动驱动桥。前桥驱动自动变速器又分为发动机纵置和横置两种形式。发动机纵置的自动变速器在结构上和后桥驱动自动变速器基本相同；而发动机横置的自动变速器在布置上比较复杂，受汽车横向尺寸的限制，其输入轴和输出轴通常布置在两条轴线上。

3.按齿轮变速机构的类型分类

按齿轮变速机构的类型不同，自动变速器可分为普通直齿式自动变速器（又称定轴式自动变速器）和行星齿轮式自动变速器（又称动轴式自动变速器）。普通直齿式自动变速器体积较大，采用这种类型自动变速器的车型较少；行星齿轮式自动变速器结构紧凑，能够获得较大的传动比，大多数轿车都采用行星齿轮式自动变速器。

4.按液力变矩器有无锁止离合器分类

按液力变矩器有无锁止离合器可将自动变速器分为有锁止离合器和无锁止离合器自动变速器。液力变矩器是靠液体来传递转矩的，没有刚性连接，传动效率低。早期的自动变速器使用无锁止离合器液力变矩器，汽车的经济性较差。现代汽车普遍采用有锁止离合器自动变速器，这种自动变速器在汽车车速较低和换挡时，锁止离合器分离，可以使液力变矩器满足汽车平稳起步和换挡的要求；当汽车车速达到一定值时，控制系统控制锁止离合器接合，此时，液力变矩器的输入和输出部分由锁止离合器连接起来，变成了刚性连接，使发动机动力直接输送到齿轮变速系统，提高了传动效率，改善了汽车的燃油经济性。

5.按控制系统分类

按控制系统不同，自动变速器可分为液压控制自动变速器和电子控制自动变速器。

液压控制自动变速器通过液压机械装置将车速和节气门开度转变为速控液压信号和节气门开度液压信号，然后由这两个液压信号来控制换挡执行元件动作，实现自动换挡。

电子控制自动变速器利用传感器将车速和节气门开度等信号转变为电信号输送到电控单元，电控单元根据此电信号按内存的程序来控制液压控制装置上电磁阀的工作，从而实现自动换挡。

现代汽车上一般采用四速带锁止离合器的电子控制自动变速器。

2.1.2 自动变速器的组成

自动变速器主要由液力变矩器、齿轮变速系统和控制系统组成，如图2-1所示。

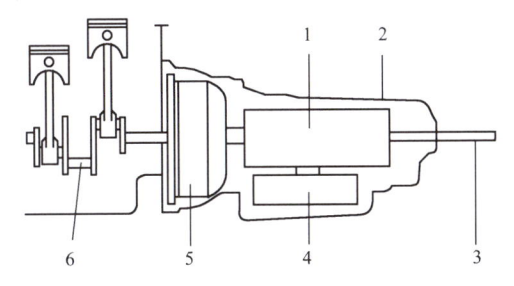

图2-1 自动变速器的组成

1—齿轮变速系统；2—外壳；3—输出轴；4—控制系统；5—液力变矩器；6—曲轴

1.液力变矩器

液力变矩器是自动变速器所特有的。液力变矩器位于发动机和齿轮变速系统之间,相当于传统汽车上离合器的位置。液力变矩器通过传动板(一个类似于飞轮的部件)固定在曲轴后部凸缘上。液力变矩器的作用如下:

(1)将发动机转矩柔和地传递给齿轮变速系统,自动保证汽车平稳起步和换挡。液力变矩器通过油液传递动力,其主、从动件间无刚性连接,允许存在转速差,因而能缓和各种原因引起的冲击,实现汽车平稳起步和换挡。

(2)根据外界阻力自动改变发动机的输出转矩,在一定范围内实现自动变速。液力变矩器的这一功能可避免汽车频繁换挡。

装有传统变速器的汽车用离合器(中断与接通动力传递路径)来保证汽车平稳起步和换挡,但离合器需由驾驶员操作,并与踏加速踏板动作相配合才能收到令人满意的效果,其操作过程比较复杂。而装有自动变速器的汽车无须驾驶员操作,便可由液力变矩器自动实现平稳起步和换挡,大大减轻了驾驶员的劳动强度。

2.齿轮变速系统

齿轮变速系统安装在液力变矩器后面,其作用是改变传动比和传动方向,进而改变汽车的行驶速度和行驶方向。

齿轮变速系统包括齿轮变速机构和换挡执行元件两大部分。

齿轮变速机构为常啮合式齿轮机构。该机构在换挡时没有齿轮的啮入和分离,因而不会出现换挡时齿轮间的刚性撞击。采用常啮合式齿轮机构可以延长齿轮变速机构的使用寿命。大多数自动变速器的齿轮变速机构为行星齿轮式,也有个别车型采用普通直齿式,如日本本田汽车公司的轿车即采用普通直齿式齿轮变速机构。

传统变速器所使用的齿轮变速机构不是常啮合式,其换挡动作就是齿轮的啮入和分离,因此存在换挡冲击,同时也会因啮合不良造成齿轮损坏、过度磨损,使零件的使用寿命缩短。

换挡执行元件用于控制齿轮变速机构改变传动比和传动方向。换挡执行元件的工作由自动变速器控制系统根据汽车的运行状态(节气门开度、车速等)进行控制。

3.控制系统

控制系统一般安装在齿轮变速系统的下部,其作用是根据汽车的运行状态(节气门开度、车速等)自动控制齿轮变速系统的工作。

控制系统可分为液压控制系统和电子控制系统。液压控制系统是由节气门阀、速控液压阀(又称调速阀)将节气门开度、车速直接变为液压信号,然后由这两个液压信号来控制齿轮变速系统换挡执行元件动作,实现换挡。采用液压控制系统的自动变速器称作液压控制自动变速器。而电子控制系统则是通过传感器(节气门位置传感器、车速传感器等)将节气门开度、车速等信号转变为电信号,并将其输入电控单元,电控单元再根据内存程序,通过电磁阀控制换挡执行元件动作,实现换挡。采用电子控制系统的自动变速器称作电子控制自动变速器。图2-2、图2-3所示分别为自动变速器液压控制系统和自动变速器电子控制系统的工作原理。

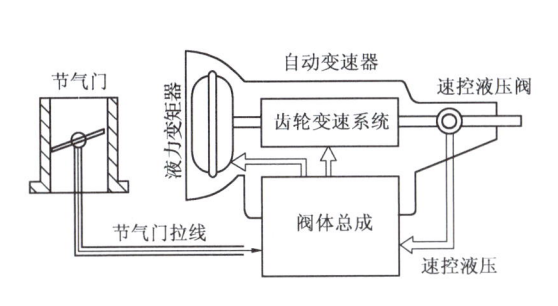

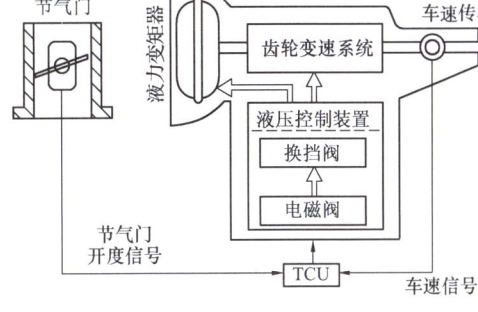

图 2-2　自动变速器液压控制系统的工作原理

图 2-3　自动变速器电子控制系统的工作原理

2.2　液力传动装置

2.2.1　液力耦合器

液力耦合器由泵轮和涡轮组成,泵轮和涡轮上均有按径向排列均匀分布的叶片,如图 2-4(a) 所示。

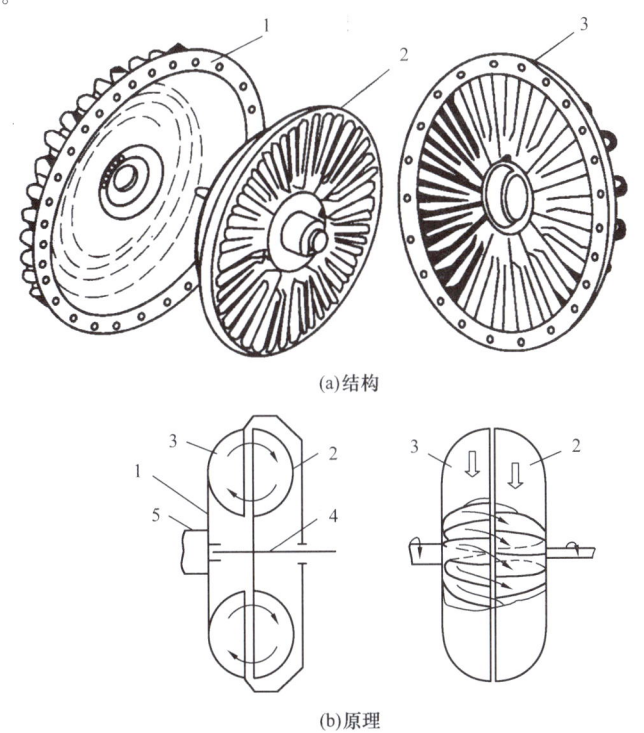

(a)结构

(b)原理

图 2-4　液力耦合器

1—液力耦合器外壳;2—涡轮;3—泵轮;4—液力耦合器输出轴;5—发动机曲轴

泵轮和液力耦合器外壳固定在一起，构成密封腔体，装在发动机曲轴的输出端，由发动机带动旋转，这是液力耦合器的主动部分。涡轮与泵轮相对地放在发动机壳体内部，且二者之间有3～4 mm的间隙。发动机内部充满工作液，泵轮的转矩通过工作液传送给涡轮。涡轮通过花键与液力耦合器输出轴连接，作为发动机的动力输出端，这是液力耦合器的从动部分。

当发动机工作时，发动机曲轴带动泵轮旋转。泵轮在旋转的同时通过其叶片带动工作液旋转，使工作液做圆周运动，工作液产生离心力，液体甩向泵轮外缘，使泵轮外缘处的液压增大，内缘处的液压减小，内、外缘之间产生压力差。二者的压力差取决于泵轮的转速和直径。泵轮的转速和直径越大，内、外缘间的压力差越大；反之，泵轮的转速和直径越小，内、外缘间的压力差越小。这样就把泵轮的机械能转变成工作液的动能和压力能。转动的工作液在流过涡轮叶片时，会推动涡轮朝相同的方向旋转，而涡轮作为液力耦合器的从动件，其转速小于泵轮转速（汽车刚起步时其转速为零），因而涡轮外缘处的液压小于泵轮外缘处的液压。因此，工作液在外缘处由泵轮流向涡轮，并冲击涡轮，工作液在向涡轮冲击的同时，便将其本身的动能传递给涡轮，使涡轮旋转，而工作液的转速（动能）减小，离心力减小，然后在涡轮内沿叶片从外缘流向内缘，再返回到泵轮内缘。如此循环，便将泵轮的能量传递到涡轮上。

工作液作为泵轮和涡轮间能量传递的媒介，在液力耦合器工作过程中，存在两种运动：其一是由泵轮推动的圆周运动；其二是由压力差推动的循环流动，该流动在泵轮和涡轮工作腔内进行，如图2-4(b)中带箭头弧线所示。

循环流动是实现动力传递所必需的，没有循环流动，泵轮内具有动能的工作液就不能流向涡轮。循环流动的动力来自泵轮、涡轮间的压力差，该压力差是因泵轮、涡轮存在转速差所致，转速差越大，压力差就越大。当二者转速相同（不存在转速差）时，泵轮、涡轮上的压力差消失，工作液循环流动停止，泵轮和涡轮间的能量传递也随之消失，此时液力耦合器空转，没有外加负载。

实际上，汽车在行驶时总是有负载加在液力耦合器上的，液力耦合器总是要传递能量，因此，涡轮转速总是小于泵轮转速，即二者之间总是存在转速差，而转速差取决于液力耦合器传递能量的大小，即取决于外界阻力的大小。转速差大，两轮上的压力差就大，工作液循环流动的速率就大，由泵轮传递给涡轮的能量就大。由于液流在循环流动过程中无外力作用，因此，涡轮上得到的最大转矩即泵轮输出的转矩。若不考虑液体摩擦和冲击造成的损失，则泵轮和涡轮的转矩传递比最大值为1，即液力耦合器只能传递转矩而不能增大转矩，这正是液力耦合器的不足之处。

液力耦合器的优点是泵轮、涡轮间靠液体传递动力，没有刚性连接，允许存在转速差。因此，借助液力耦合器能使汽车在任何条件下平稳起步和加速，同时还可防止传动系统过载，从而延长汽车传动系统及发动机的使用寿命，减少驾驶员的换挡次数，减轻驾驶员的工作强度。使用液力耦合器的汽车即使在停车时不脱挡也能维持发动机运转，这就是自动变速器使用液力耦合器的主要原因。但是，由于液力耦合器只能传递转矩，不能增大转矩，所以在一定程度上限制了其推广应用。

2.2.2 液力变矩器

1.液力变矩器的结构及工作原理

液力变矩器由泵轮、导轮和涡轮三部分组成,如图 2-5 所示。与液力耦合器相比,在结构上多了一个导轮。

导轮位于泵轮和涡轮之间,固定不动。导轮与泵轮、涡轮之间有一定间隙,其上也有若干个径向排列的叶片。导轮的作用是改变由涡轮回流到泵轮的液流方向,从而实现变矩。

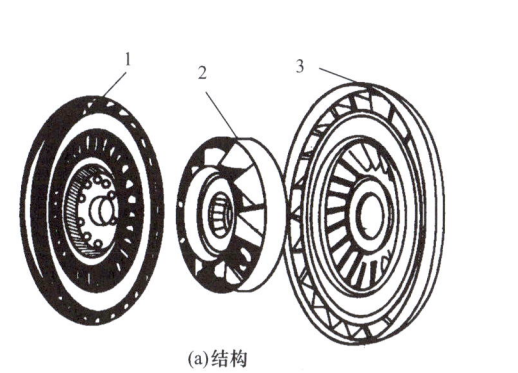

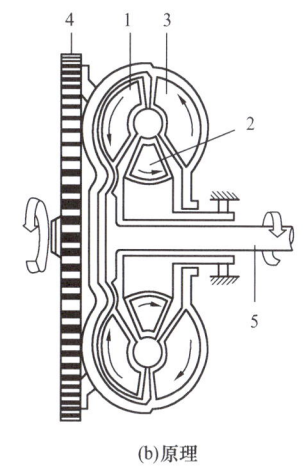

微课
液力变矩器

(a)结构　　　　　　　　　　　(b)原理

图 2-5　液力变矩器

1—涡轮;2—导轮;3—泵轮;4—飞轮;5—液力变矩器输出轴

发动机工作时带动泵轮转动,泵轮带动叶片内的工作液转动,在离心力的作用下,工作液甩向泵轮外缘,使泵轮外缘处工作液的压力大于涡轮外缘处工作液的压力,因此,工作液流向涡轮并冲击涡轮叶片,涡轮转动,工作液动能减小并沿涡轮叶片流向涡轮内缘。此时若未设置导轮,液流将直接流回泵轮并冲击泵轮叶片前部,阻挡泵轮的转动,如图 2-6 所示。

如图 2-7 所示,在泵轮和涡轮间增设导轮后,工作液流过导轮时,将在导轮叶片的作用下改变流动方向,使工作液流入泵轮时冲击泵轮叶片的背部,推动泵轮转动,这样,泵轮不仅受发动机曲轴的带动,而且受回流工作液的推动,使得泵轮的转矩增大,涡轮的输出转矩也随之增大,这就是液力变矩器的变矩(增大转矩)功能。

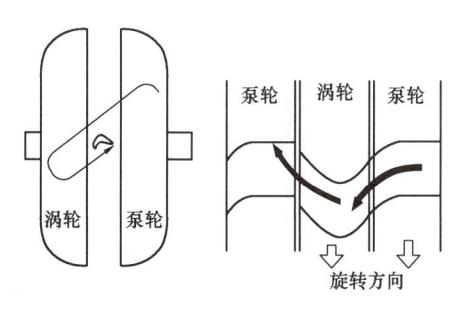

图 2-6　未设置导轮时工作液的流向 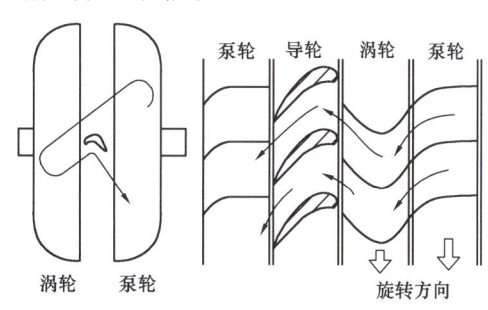　　　　图 2-7　设置导轮后工作液的流向

模块 2　自动变速器

2.带单向离合器的液力变矩器

虽然设置导轮可以增大涡轮的输出转矩,但只有在泵轮和涡轮转速相差较大时才能实现,在转速相差较小的情况下并不能实现。

如图2-8所示,当泵轮、涡轮转速差大时,两轮外缘处压力差大,使工作液循环流动速度大,即A向速度大,而涡轮旋转速度小,即B向速度小。此时,由涡轮回流至导轮的液流的实际速度为A向速度和B向速度的合成速度,其方向为C。液流在C向进入导轮叶片的前部,经导轮叶片变向后冲击泵轮叶片的背部,推动泵轮加快转动,最终增大涡轮输出转矩。

如图2-9所示,当泵轮、涡轮转速差小时,两轮外缘处压力差小,工作液循环流动速度小,即A向速度小,而涡轮旋转速度大,即B向速度大,A、B两向速度合成后的速度方向为C,C向就是液流由涡轮流向导轮的方向。在此方向,液流冲击导轮叶片背部,在叶片背部的作用下,工作液形成涡流,阻碍液流的正常流动,造成能量损失,不能达到变矩的目的。

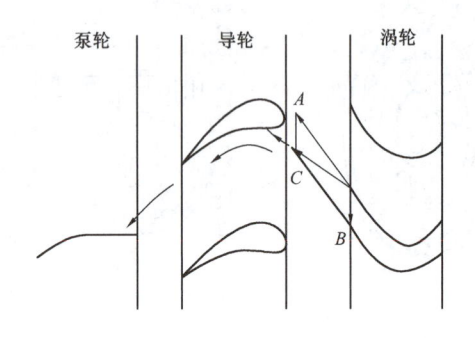

图2-8 转速差大时工作液的流向
A—工作液沿涡轮叶片的流动速度;
B—涡轮旋转速度(工作液圆周运动的速度);
C—工作液的实际流速

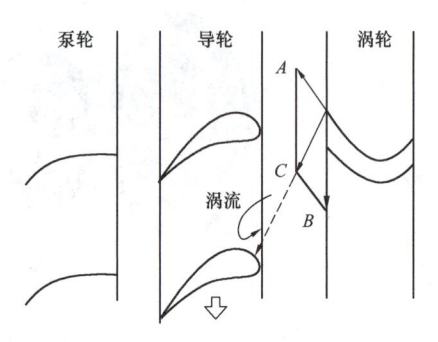

图2-9 转速差小时工作液的流向
A—工作液沿涡轮叶片的流动速度;
B—涡轮旋转速度(工作液圆周运动的速度);
C—工作液的实际流速

为消除泵轮、涡轮转速差小时因导轮引起的能量损耗,又加装了单向离合器,如图2-10所示。

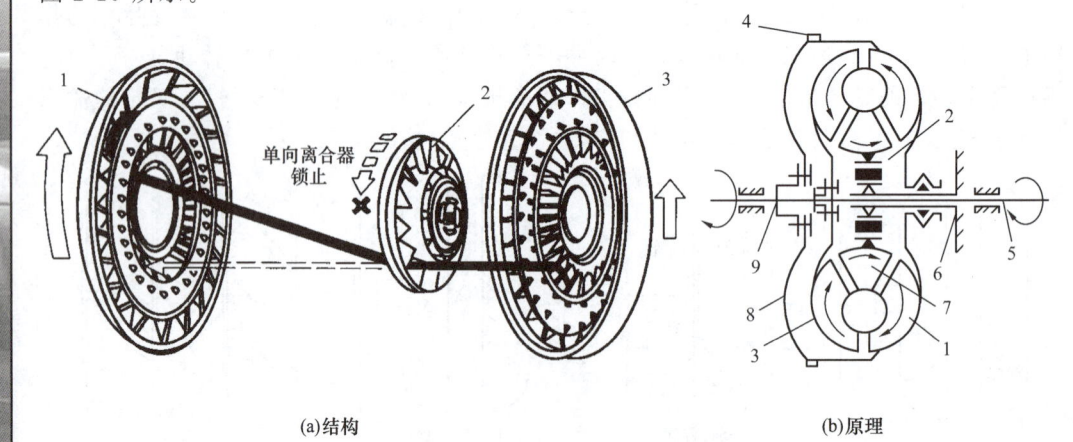

(a)结构 (b)原理

图2-10 装有单向离合器的液力变矩器

1—泵轮;2—单向离合器;3—涡轮;4—飞轮上的启动齿圈;5—液力变矩器输出轴;6—导轮轴;7—导轮;8—外壳;9—曲轴

单向离合器的内圈通过导轮轴固定在外壳上，单向离合器的外圈与导轮连接在一起。当泵轮、涡轮转速差大时，从涡轮流出的工作液冲击导轮叶片的前部，导轮被单向离合器锁止而不能逆向转动，如图2-11所示，液流被导轮叶片改变方向后冲击泵轮叶片背部，推动泵轮转动，实现变矩作用。

当泵轮、涡轮转速差小时，从涡轮流出的工作液冲击导轮叶片的背部，使导轮在单向离合器上转动，这样工作液便直接由涡轮冲击泵轮叶片的背部，如图2-12所示，大大减小了能量的消耗。此时导轮已不再起作用，即液力变矩器的变矩功能已消失，液力变矩器的作用和液力耦合器相同，液力变矩器相当于液力耦合器。因此，通常把导轮开始转动的这一点称为液力变矩器的耦合点。

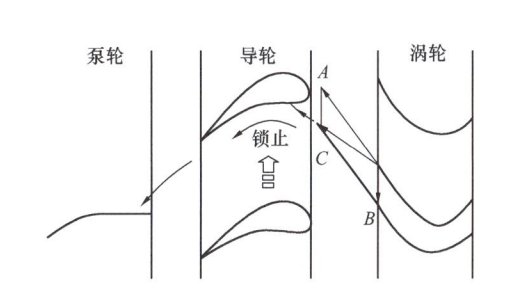

图2-11 加装单向离合器后转速差大时工作液的流向
A—工作液沿涡轮叶片的流动速度；
B—涡轮旋转速度（工作液圆周运动的速度）；
C—工作液的实际流速

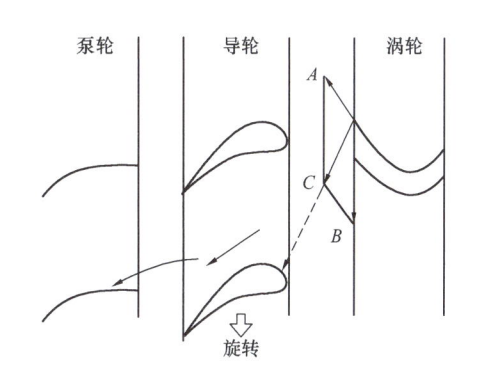

图2-12 加装单向离合器后转速差小时工作液的流向
A—工作液沿涡轮叶片的流动速度；
B—涡轮旋转速度（工作液圆周运动的速度）；
C—工作液的实际流速

装有单向离合器的液力变矩器有两种工作状态：变矩状态和耦合状态。通常我们把变矩器的工作状态又称变矩器的相，因此变矩器的这两种状态也称变矩器的两个相，这种变矩器又称二相综合式液力变矩器。

3.单向离合器

液力变矩器常用的单向离合器有楔块型和滚柱型两种。

（1）楔块型单向离合器

图2-13所示为楔块型单向离合器，主要由内圈、外圈、楔块和保持弹簧等组成。楔块通过保持弹簧固定在内、外圈之间。在液力变矩器上，单向离合器的内圈通过导轮轴固定在变矩器外壳上，外圈与导轮相连。

图2-13 楔块型单向离合器
1—楔块；2—内圈；3—外圈；4—保持弹簧

单向离合器的楔块为特殊的形状，如图2-14所示，一组对角的距离为l_1，小于内、外圈之间的径向距离l；另一组对角的距离为l_2，大于内、外圈之间的径向距离l。

当外圈沿图2-14(a)所示方向转动时，因$l_1 < l$，楔块倾斜在内、外圈之间，故外圈能够自由转动，这种状态称为自由状态。当外圈沿图2-14(b)所示方向转动时，因$l_2 > l$，楔块被卡死在内、外圈之间,故外圈不能转动,这种状态称为锁止状态。

楔块型单向离合器广泛应用在日本丰田各种类型的自动变速器上。

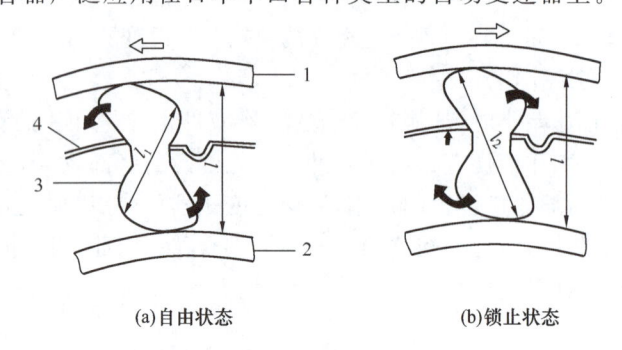

图 2-14 楔块型单向离合器的工作原理
1—内圈;2—外圈;3—楔块;4—保持弹簧

(2)滚柱型单向离合器

图 2-15 所示为滚柱型单向离合器,主要由内圈、外圈、滚柱、保持弹簧等组成。内圈通过导轮轴固定在变矩器外壳上,外圈与导轮连接在一起。在外圈上加工出若干个楔形槽,滚柱及保持弹簧放在其内部。

当外圈沿图 2-16(a)所示方向转动时,在摩擦力作用下,滚柱克服弹簧力滚向楔形槽的宽端,外圈及导轮能自由转动,即处于自由状态。

当外圈沿图 2-16(b)所示方向转动时,在摩擦力及弹簧力的作用下,滚柱滚向楔形槽的窄端,将内、外圈卡死,使外圈及导轮不能转动,即处于锁止状态。

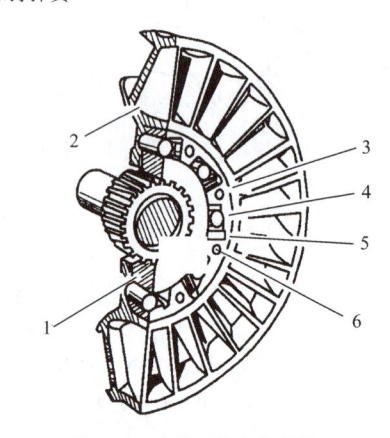

图 2-15 滚柱型单向离合器
1—内圈;2—导轮;3—外圈;4—滚柱;
5—保持弹簧;6—铆钉

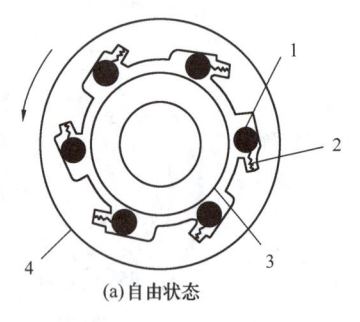

图 2-16 滚柱型单向离合器的工作原理
1—滚柱;2—保持弹簧;3—内圈;4—外圈

4.带锁止离合器的液力变矩器

在液力变矩器的导轮上安装单向离合器后,虽然能让液力变矩器在某转速范围内提高传递效率,但其效率仍达不到100%。为提高汽车的整体性能,又设计了带锁止离合器的液力变矩器。锁止离合器在车速、节气门开度等条件满足时,将泵轮和涡轮锁定在一起,使液力变矩器内的动力传递由液力传递转变为机械传递,传递效率达到100%。

(1) 带锁止离合器的液力变矩器的结构

带锁止离合器的液力变矩器如图2-17所示。锁止离合器的主要部件是锁止离合器压盘。锁止离合器压盘通过花键套装在涡轮轴上,两者之间可以存在轴向移动。锁止离合器压盘的两面有流动的工作液,两面工作液的压力差就是锁止离合器压盘轴向移动的动力。工作液的流动方向决定锁止离合器的工作状态,由控制装置根据汽车运行工况进行控制。

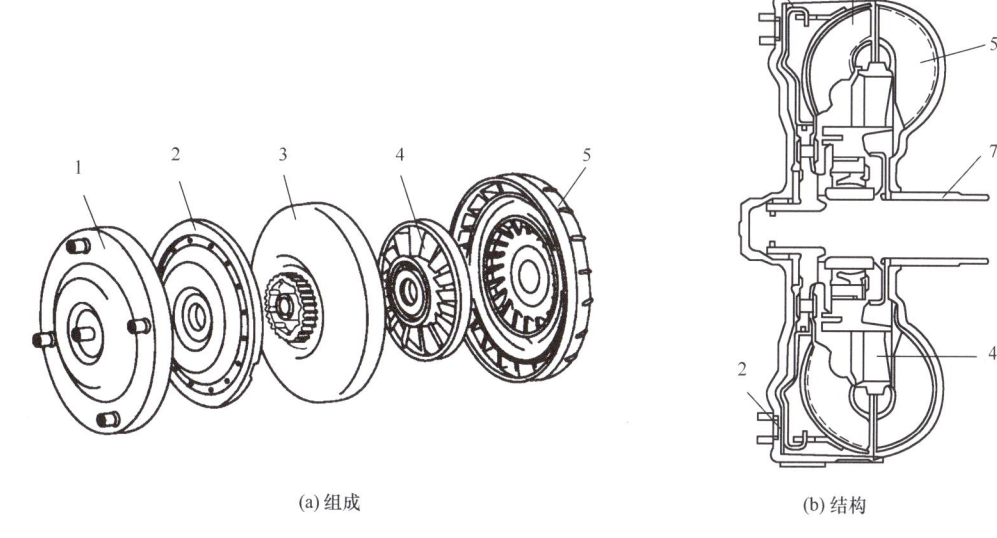

(a) 组成 (b) 结构

图2-17 带锁止离合器的液力变矩器

1—外壳;2—锁止离合器压盘;3—涡轮;4—导轮;5—泵轮;6—锁止离合器;7—输入轴

(2) 带锁止离合器的液力变矩器的工作原理

如图2-18(a)所示,当汽车车速低(一般在60 km/h以下)时,控制装置使工作液由B口流入,经过液力变矩器后从A口流出。在工作液压力的作用下,锁止离合器压盘右移,锁止离合器压盘与变矩器外壳分离,变矩器的动力传递由工作液来完成,即由泵轮经工作液传向涡轮。此时,变矩器在变矩或耦合状态下工作,能适应汽车行驶阻力大且变化多的要求。

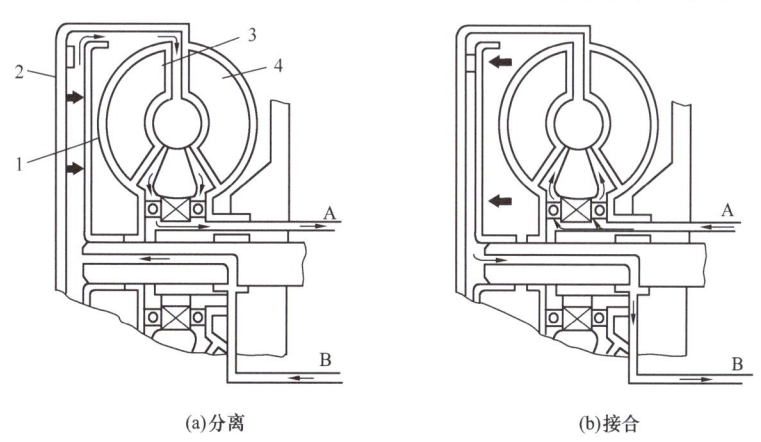

(a) 分离 (b) 接合

图2-18 锁止离合器的工作原理

1—锁止离合器压盘;2—变矩器外壳;3—涡轮;4—泵轮

如图 2-18(b)所示,当汽车车速高(一般在 60 km/h 以上)时,控制装置使工作液由 A 口流入,经液力变矩器后从 B 口流出。在工作液压力的作用下,锁止离合器压盘左移,压在变矩器外壳上,将泵轮、涡轮通过锁止离合器压盘和变矩器外壳连接在一起,泵轮和涡轮连接在一起,实现了机械传递,传递效率达到 100%,提高了汽车的燃油经济性。装上锁止离合器后,可使汽车节油 4%～6%。

在二相综合式液力变矩器的基础上,再加装锁止离合器,就可使液力变矩器具有三种工作状态：变矩状态、耦合状态、锁止状态,通常称这种变矩器为三相综合式液力变矩器。

5. 液力变矩器的工作特性

(1) 概念

① 变矩器的转速比 e

变矩器的涡轮转速和泵轮转速之比称为变矩器的转速比。即

$$e = n_{涡} / n_{泵}$$

式中　e——变矩器的转速比；

　　　$n_{涡}$——变矩器的涡轮转速；

　　　$n_{泵}$——变矩器的泵轮转速。

② 变矩器的转矩比 k

变矩器输出转矩(涡轮转矩)与输入转矩(泵轮转矩)之比称为变矩器的转矩比。即

$$k = M_{输出} / M_{输入}$$

式中　k——变矩器的转矩比；

　　　$M_{输出}$——变矩器的涡轮转矩；

　　　$M_{输入}$——变矩器的泵轮转矩。

③ 变矩器效率 η

变矩器输出功率与输入功率之比称为变矩器效率。即

$$\eta = P_{输出} / P_{输入} \times 100\%$$

式中　η——变矩器效率；

　　　$P_{输出}$——变矩器输出功率；

　　　$P_{输入}$——变矩器输入功率。

④ 变矩器失速点

变矩器转速比为零(涡轮不转动)时的工作点称为变矩器的失速点。失速点就相当于汽车起步时变矩器的工作状态。

⑤ 变矩器耦合工作点

在装有单向离合器的变矩器上,把导轮在涡轮回流液体作用下开始转动的工作点称为耦合工作点(耦合点)。在耦合工作点,导轮不再起作用,变矩器相当于一个耦合器。

（2）工作特性

图 2-19 所示为液力变矩器的工作特性曲线。从特性曲线可以看出：

① 液力变矩器的工作范围可划分为三个：变矩区、耦合区和锁止区。变矩区是指转矩比 k 大于 1 的区域，在该区域，变矩器的输出转矩大于变矩器的输入转矩，即转矩比 k 大于 1。耦合区是指转矩比 k 等于 1 且锁止离合器尚未锁止的区域，在该区域，变矩器已不再变矩，只是作为耦合器工作，其转矩比 k 理论上等于 1。锁止区是指锁止离合器已经锁止的区域。

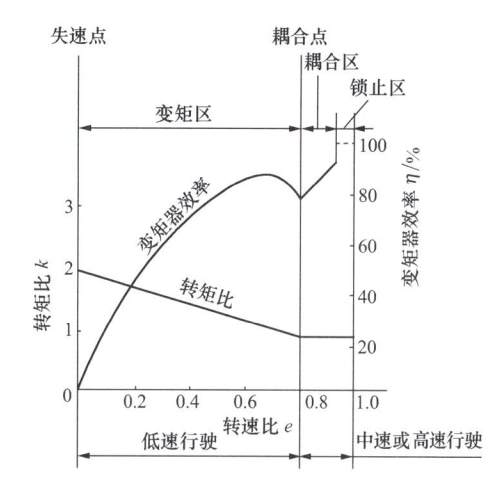

图 2-19 液力变矩器的工作特性曲线

② 在变矩区，液力变矩器的转矩比 k 随着转速比 e 的增大而减小。也就是说，在泵轮输出功率一定的条件下，涡轮的转矩与转速成反比。这一特性非常适合于汽车在一定范围内的自动变速。

在失速点时，转矩比最大，而此时正当汽车起步，需要最大的转矩。

③ 在变矩区，液力变矩器（装有单向离合器）的效率 η 随着转速比的增大不断增大，到接近耦合点时达到最大值，然后略有减小，其增长规律呈曲线状。进入耦合区后，变矩器效率 η 继续增大，到转速比 $e=0.95$ 时，如果没有锁止离合器，变矩器效率又迅速减小。此时，锁止离合器将泵轮和涡轮锁止在一起，使变矩器的效率达到 100%。变矩器效率的变化规律说明普通液力变矩器不能 100% 地将发动机的输出能量完全传递到变速系统，总存在能量损失，这部分能量损失包括工作液的摩擦损失及冲击叶片时的能量损失。损失的能量以热量的形式散发到工作液中，使工作液的温度升高，因此液力变矩器需要散热系统。

6. 液力变矩器的分类

（1）按液力变矩器的组成元件分类

按液力变矩器组成元件（指泵轮、导轮、涡轮）的数目可将液力变矩器分为三元件式、四元件式等。三元件液力变矩器结构简单，广泛应用在各类车型上。四元件液力变矩器有两个导轮。

（2）按液力变矩器的工作特性分类

按变矩器的工作特性可将液力变矩器分为单相、二相、三相液力变矩器等。不装单向离合器的变矩器称为单相液力变矩器，只能变矩；装有单向离合器的变矩器称为二相液力变矩器，具有变矩和耦合两种特性区域；装有锁止离合器和单向离合器的变矩器称为三相液力变矩器，具有变矩、耦合、锁止三种特性区域。

目前常用的液力变矩器是三元件二相和三元件三相综合式液力变矩器。

7. 液力变矩器的检查

液力变矩器的故障率很小,其检修的主要工作是检查导轮单向离合器、导轮固定套管以及固定液力变矩器的传动板。

检查之前,应先观察液力变矩器的外壳有无裂纹及损坏。若有,则应更换液力变矩器。

(1) 导轮单向离合器的检查

导轮单向离合器的常见故障是卡滞,不能实现单向转动。

如图 2-20 所示,检查导轮单向离合器需要使用两个专用工具,即固定导轮单向离合器内、外圈的工具。先按图 2-20(a) 所示将固定内圈的专用工具伸入液力变矩器内,再按图 2-20(b) 所示,将固定外圈的专用工具伸入液力变矩器内,并将其推入液力变矩器轮毂上的槽内固定,然后转动固定内圈的专用工具,如图 2-20(c) 所示。导轮单向离合器正常时,沿逆时针方向不能转动,沿顺时针方向能自由转动,且无卡滞现象。导轮单向离合器在顺时针方向的转动转矩应小于 2.5 N·m,否则应更换液力变矩器。若沿顺时针方向转动时有卡滞现象,则可把液力变矩器清洗一下再试验。若仍旧卡滞,则应更换液力变矩器。

(a) 放入固定内圈的专用工具　　(b) 放入固定外圈的专用工具　　(c) 转动固定内圈的专用工具

图 2-20　检查导轮单向离合器

(2) 传动板的检查

① 检查传动板的端面跳动。如图 2-21 所示,转动曲轴一周,用千分表测量传动板的端面跳动。正常时,传动板的端面跳动应小于 0.2 mm,否则应更换传动板。

② 检查传动板上的启动齿圈。启动齿圈上的齿应完好无损。若有损坏,则应更换传动板。

更换传动板时,应注意垫片的方向、传动板的定位及固定螺栓的拧紧力矩。传动板的拧紧力矩为 83 N·m。

(3) 导轮固定套管(变矩器轴套)的检查

如图 2-22 所示,将液力变矩器固定在发动机曲轴输出端的传动板(相当于飞轮)或某驱动板上,装上千分表,然后转动曲轴一圈,用千分表检查液力变矩器导轮固定套管的径向跳动。正常时,导轮固定套管的径向跳动应小于 0.3 mm。若测量的径向跳动量大于 0.3 mm,则应调整其安装位置。若调整后的径向跳动仍然超过标准,则应更换液力变矩器总成。

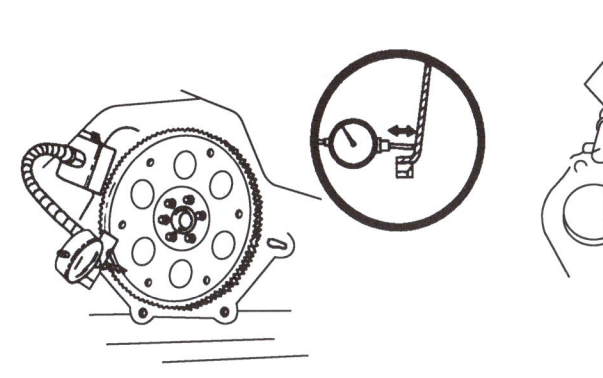

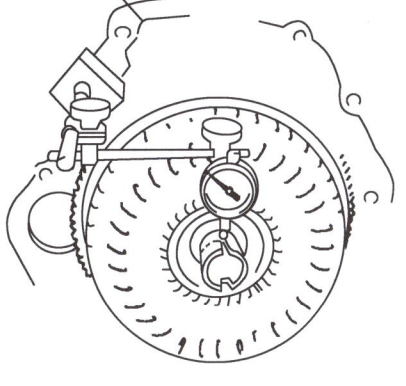

图 2-21 检查传动板　　　　图 2-22 检查导轮固定套管

(4) 液力变矩器的清洗

当导轮单向离合器出现卡滞现象时,应对液力变矩器进行清洗。清洗方法:将液力变矩器内的工作液全部倒出,并向液力变矩器内加注适量的新工作液,并转动和摇动液力变矩器片刻,再将工作液倒出。重复上述步骤 1 或 2 次即可。

2.3　行星齿轮变速系统

由液力变矩器的工作特性可知,液力变矩器可在一定范围内自动变矩、变速。但变矩能力与变矩效率之间存在着不可调和的矛盾:变矩比最大(在失速点)时,变矩效率为零;变矩效率最高时,变矩器又不能变矩(转矩比为 1),而且即使液力变矩器出现最大的变矩效果,变矩比也只不过在 2 左右,变矩能力不够大,不能满足汽车实际运行的需要。因此,只有将液力变矩器与齿轮变速系统配合使用,汽车才能有良好的变速性能,才能适应在不同道路上行驶的需要。

目前大部分自动变速器采用行星齿轮变速系统。行星齿轮变速系统由行星齿轮机构和换挡执行元件(也称变速执行机构)两大部分组成。

2.3.1　行星齿轮机构

行星齿轮机构是变速系统的变速装置。行星齿轮机构中各元件的不同工作组合形成了变速器不同的传动比和传动方向。

1.行星齿轮机构的结构

行星齿轮机构由太阳轮、行星齿轮(简称行星轮)、行星齿轮架(简称行星架)和环齿圈等组成,如图 2-23 所示。行星轮的轴固定在行星架上,一般有 2~4 个行星轮。行星轮装在太阳轮和环齿圈之间,与太阳轮和环齿圈上的齿相啮合。行星轮既可以绕其自身轴自转又可以绕太阳轮公转,正如太阳系中的行星运动一样,既有自转又有公转,因此把该齿轮机构称作行星齿轮机构。

(a)结构　　　　　　　　　　　　　(b)原理

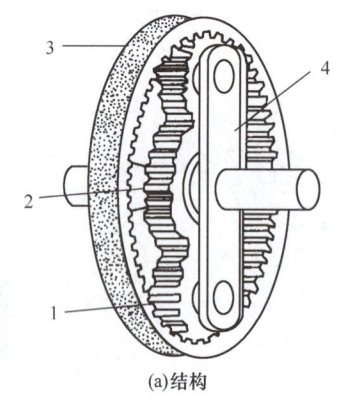

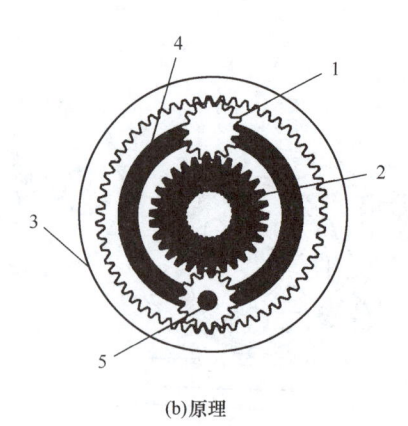

图2-23　行星齿轮机构

1—行星轮；2—太阳轮；3—环齿圈；4—行星架；5—行星齿轮轴

2.行星齿轮机构的变速原理

行星齿轮机构中有三个可活动的元件：太阳轮、行星架（包括行星轮）、环齿圈。若固定其中一个元件，则另外两个元件可构成具有一定传动比的齿轮变速装置。

传动比的计算公式为

传动比＝主动轮转速／从动轮转速＝从动轮齿数／主动轮齿数

（1）固定行星架时，活动元件为太阳轮和环齿圈。若太阳轮为主动件，环齿圈为从动件，则传动比为

i_0＝太阳轮转速／环齿圈转速＝环齿圈齿数／太阳轮齿数

该传动比大于1，而且太阳轮与环齿圈的转动方向相反，这相当于汽车上的倒挡。

（2）固定环齿圈时，太阳轮和行星架为活动元件。若太阳轮为主动件，行星架为从动件，则传动比为

i_1＝太阳轮转速／行星架转速＝1＋环齿圈齿数／太阳轮齿数＝1＋i_0

该传动比大于2，且太阳轮与行星架的转动方向相同。利用该传动路线可降低转速、增大转矩，这相当于汽车上的前进1挡。

（3）固定太阳轮时，环齿圈和行星架为活动元件。若环齿圈为主动件，行星架为从动件，则传动比为

i_2＝环齿圈转速／行星架转速＝1＋太阳轮齿数／环齿圈齿数＝1＋1/i_0

该传动比大于1，但小于i_1，且环齿圈和行星架的转动方向相同，这相当于汽车上的前进2挡。

（4）特殊情况下，当将行星齿轮机构中任意两元件连接在一起作为主动件（或从动件），另一元件作为从动件（或主动件）时，将形成传动比i_3＝1的传动，这相当于汽车上的前进3挡。因传动比为1，因此该挡又称直接挡，在该挡位进行动力传递，其转矩和转速都不发生变化。

（5）固定太阳轮时，若将行星架作为主动件，环齿圈作为从动件，则传动比为

$i_{超}$＝行星架转速／环齿圈转速＝1/i_2＝环齿圈齿数／（太阳轮齿数＋环齿圈齿数）

该传动比小于1，且行星架和环齿圈的转动方向相同。利用该传动路线可提高转速、

减小转矩,这相当于汽车上的超速挡。

(6)当所有元件都不受约束时,各元件之间不能进行动力传递,这相当于汽车上的空挡。

上述各种传动情况可归纳为表2-1。

表2-1 行星齿轮机构的各种传动

序号	固定件	主动件	从动件	传动比	传动特点	相当挡位
1	行星架	太阳轮	环齿圈	$i_0=$环齿圈齿数/太阳轮齿数 >1	转向相反 减速增矩	倒挡
2	环齿圈	太阳轮	行星架	$i_1=1+i_0>2$	转向相同 减速增矩	前进1挡
3	太阳轮	环齿圈	行星架	$i_2=1+1/i_0>1$	转向相同 减速增矩	前进2挡
4	无	任意两元件	另一元件	$i_3=1$	转向相同 转速、转矩相同	前进3挡(直接挡)
5	太阳轮	行星架	环齿圈	$i_{超}=1/i_2=i_0/(1+i_0)<1$	转向相同 增速减矩	前进4挡(超速挡)
6	无	无	无	无	无动力传递	空挡

由以上分析可知:行星齿轮机构的各个传动比只取决于太阳轮和环齿圈的齿数,与行星轮的齿数无关。行星轮虽然没有齿数,但依靠行星架、太阳轮、环齿圈实现传动,可作为主动件,也可作为从动件。假设行星轮的齿数为 $Z_{行星轮}$,由以上计算可得到

$$Z_{行星轮}>Z_{环齿圈}>Z_{太阳轮}$$

据此可判断行星齿轮机构的各种传动是减速增矩,还是增速减矩。

以上是单排行星齿轮机构的各种传动情况。现在汽车上多采用二排或三排行星齿轮机构。

2.3.2 换挡执行元件

在行星齿轮机构中,要想实现某个传动比的传动,就必须对行星齿轮机构三元件(太阳轮、行星架、环齿圈)中的任一元件进行约束,这种约束装置就是换挡执行元件。

行星齿轮变速系统的换挡执行元件有离合器、制动器、单向离合器三种。行星齿轮变速系统中的单向离合器与液力变矩器中的单向离合器在结构及工作原理上相同。

1.离合器

离合器的作用是将行星齿轮变速系统的输入轴与行星齿轮机构中的任一元件连接起来,把液力变矩器输出的能量传递给行星齿轮机构,或者将行星齿轮机构中的任意两个元件连接起来,以实现直接传动。离合器的工作受控于自动变速器控制装置。

(1)离合器的结构

自动变速器中所使用的离合器一般为湿式多片式离合器,如图2-24所示,离合器主要由钢片、摩擦片、离合器鼓、离合器活塞、活塞回位弹簧、O形密封圈等组成。

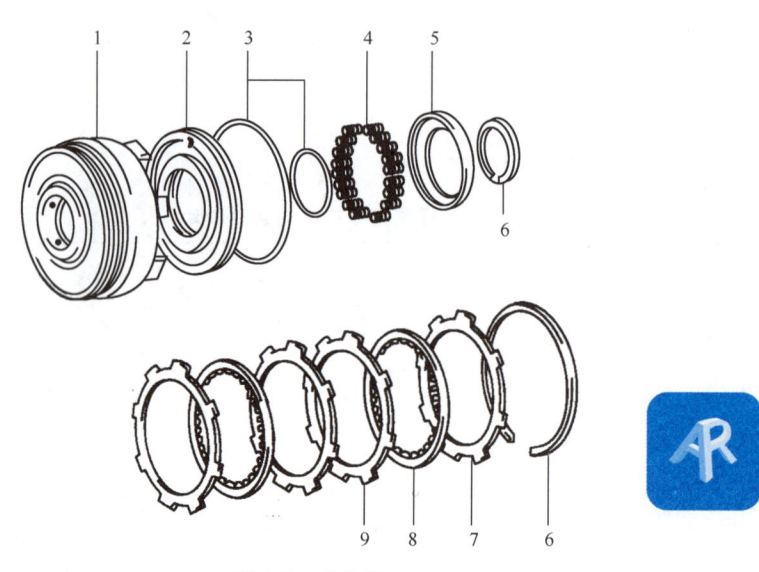

图 2-24 离合器

1—离合器鼓;2—离合器活塞;3—O形密封圈;4—活塞回位弹簧;
5—弹簧座;6—卡簧;7—法兰;8—摩擦片;9—钢片

钢片的外圈加工出若干个凸齿,与离合器鼓上的凹槽相配合。摩擦片的内圈加工出花键,与离合器花键毂相配合。钢片与摩擦片相间放置。

(2)离合器的工作原理

当需要把离合器花键毂上的力传递到离合器鼓上时,离合器活塞受液压作用将钢片和摩擦片压紧在一起,钢片与摩擦片之间产生摩擦力,通过摩擦力实现力的传递。当离合器花键毂和离合器鼓需要分离时,控制系统将加在离合器活塞上的液压撤去,在活塞回位弹簧的作用下,离合器活塞复位,加在钢片和摩擦片上的压力消失,二者又能自由转动,动力传递路径中断。

离合器鼓与离合器活塞形成一个密封腔室,其内部通过油道和外部控制油路相通。当工作液向腔室内流动、使腔内液压增大时,离合器活塞右移,压迫钢片与摩擦片。当控制液压撤去时,在活塞回位弹簧的作用下,离合器活塞左移,加在钢片和摩擦片上的压力消失,如图 2-25 所示。

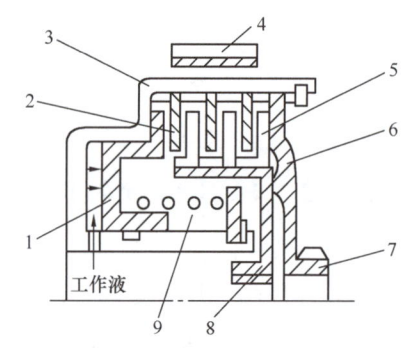

图 2-25 离合器的工作原理

1—离合器活塞;2—钢片;
3—外壳(离合器鼓);4—制动带;5—摩擦片;
6—压板;7—太阳轮;8—离合器花键毂;
9—活塞回位弹簧

湿式摩擦片式离合器靠摩擦力传递动力。摩擦力的大小取决于离合器活塞的压力和钢片、摩擦片的数目。在离合器活塞压力保持不变的情况下,可通过增加钢片、摩擦片的数目来提高离合器传递动力的能力。一般来说,离合器摩擦片的片数为 2～6 片,钢片的数目应等于或大于摩擦片的片数,因此,这种离合器的轴向尺寸不大。另外,由于该离合器属于湿式离合器,因而接合过程比较柔和,无严重冲击现象,并且能传递较大的转矩。

活塞回位弹簧多采用周向均匀分布的螺旋弹簧,也有的离合器采用膜片弹簧、波形弹簧。

(3)泄油装置

如图 2-26 所示,在离合器控制油腔壁上通常设有泄油球阀。设置该泄油球阀的目的是防止离合器分离不彻底。因为在离合器分离时,离合器常常处于高速旋转状态,离合器活塞工作油腔内的部分油液在离心力的作用下甩向油腔外壁,造成活塞回位弹簧无法推动离合器活塞完全复位,致使离合器分离不彻底,产生换挡冲击、摩擦片磨损加剧、变速器油温升高等不良现象。

设置泄油球阀后,当油腔进油时,泄油球阀在油液压力的作用下将泄油孔关闭,油腔内压力增大,将钢片和摩擦片压紧在一起;当油腔泄油时,油压对钢球的推力减小,在离心力的作用下钢球被甩向外边,泄油孔开启,残余油液在离心力的作用下从泄油球阀阀口流出,离合器快速并彻底分离。

泄油球阀的主要缺点是进油初期密封不严,存在泄漏,使油腔压力建立缓慢。为克服此缺点,人们设计了液压平衡式活塞,如图 2-27 所示。液压平衡式活塞是在活塞的两边分别设置活塞液压工作油腔和活塞液压平衡油腔,用两腔室中的油液离心力平衡来消除油腔内油液离心力对活塞回位弹簧回位的阻碍作用。

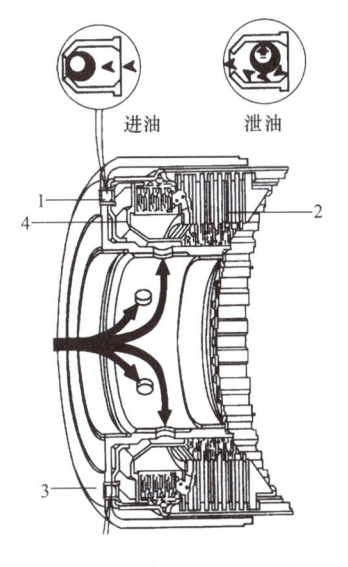

图 2-26　离合器上的泄油球阀
1—泄油球阀;2—摩擦片;
3—离合器鼓;4—离合器活塞

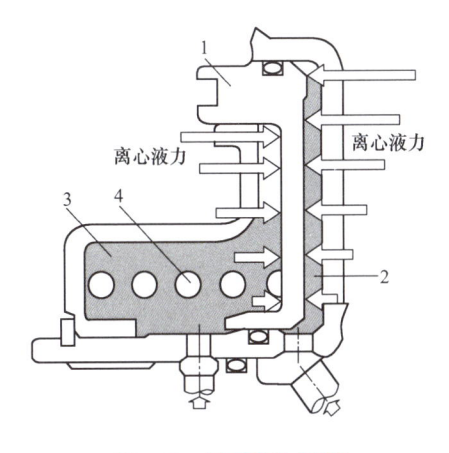

图 2-27　液压平衡式活塞
1—离合器活塞;2—活塞液压工作油腔;
3—活塞液压平衡油腔;4—活塞回位弹簧

(4)离合器的技术要求

离合器的主要技术要求是离合器片间的间隙。一般地,相邻两片间的平均间隙为 0.3~0.5 mm,总间隙因片数的不同而不同。离合器片间的总间隙就是离合器的活塞行程,离合器的活塞行程决定离合器的工作状况。若离合器活塞行程过大,则会造成离合器片间打滑,说明离合器有磨损;若离合器活塞行程过小,则会造成离合器分离不彻底,加快离合器片的磨损。

离合器片的厚度一般为 1.5～2 mm,可用厚度测量工具测量,也可用观察法判断磨损是否严重。具体方法是观察摩擦片的摩擦层,其摩擦层不应脱落、变色,表面印有的数字不应有磨损。若存在上述现象,则说明离合器摩擦片磨损严重。钢片、法兰的主要故障是翘曲或磨损严重,通过观察或测量即可判断其能否继续使用。

离合器的主要故障是离合器片磨损。磨损严重时会造成离合器打滑。离合器打滑可通过油液温度或水温反映出来。当油液温度过高,或油液冷却器与水箱在一起的汽车水温过高时,则有可能是离合器打滑造成的。

出现离合器打滑现象,可先检查钢片和摩擦片的磨损情况。若磨损严重,则应更换;若钢片和摩擦片均合格,而离合器仍打滑,则说明活塞行程过大。此时可通过调整法兰的厚度来调整离合器活塞行程。一般地,各厂家都有不同厚度的法兰系列配件,更换较厚的法兰即可消除离合器打滑现象,但法兰太厚容易造成离合器活塞行程过小,使离合器分离不彻底。

2. 制动器

制动器的作用是固定行星齿轮机构中的元件,实现某种传动比的传动。固定元件的方法是将行星齿轮机构的某元件和变速器壳体连接起来。

自动变速器上常用的制动器有两种:片式制动器和带式制动器。

(1)片式制动器

片式制动器的结构和前述湿式多片式离合器完全相同,如图 2-28 所示。所不同的是,制动器的制动鼓是固定不动的,被固定在变速器壳体上。钢片通过其上的花键与制动鼓的内花键相连,因而钢片也是固定不动的。摩擦片通过内花键与行星齿轮机构上需要固定的元件相连。

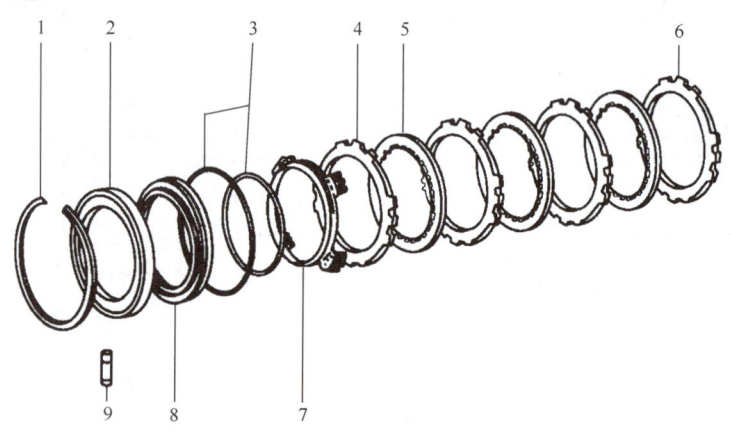

图 2-28 片式制动器

1—卡簧;2—制动鼓;3—O 形密封圈;4—钢片;5—摩擦片;
6—法兰;7—活塞回位弹簧;8—活塞;9—制动鼓密封垫

当行星齿轮机构上的元件需要固定时,控制装置向活塞施加液压,推动活塞移动,将钢片与摩擦片挤压在一起,产生摩擦力,将行星齿轮机构上的元件固定。当行星齿轮机构上元件的固定需要解除时,控制装置将施加在活塞上的液压释放,活塞在活塞回位弹簧的作用下复位,解除了加在钢片与摩擦片之间的压力,二者之间的摩擦力消失,元件的固定解除。

片式制动器具有接合平顺性好、小间隙无须调整等优点,因此,广泛应用在各种车型上。片式制动器的缺点是轴向尺寸大。

(2)带式制动器

带式制动器主要由制动鼓、制动带、推杆、活塞等组成,如图 2-29 所示。制动带的一端通过固定销固定在变速器壳体上,另一端由固定在活塞上的推杆顶住。制动带套在制动鼓的外面。制动鼓与行星齿轮机构上需要制动的元件相连。

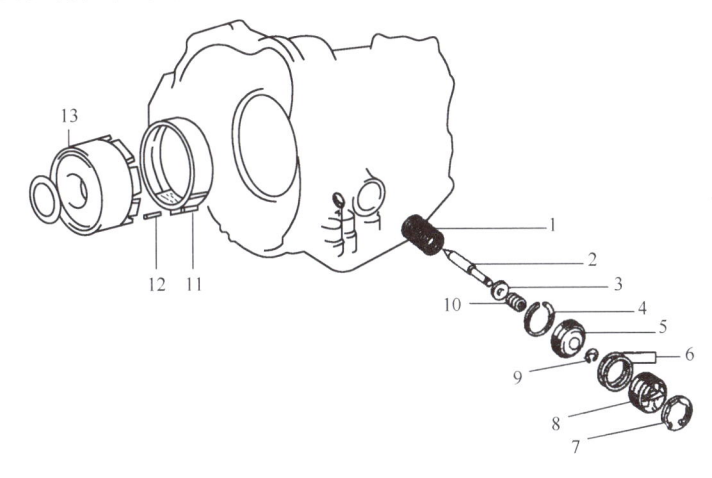

图 2-29 带式制动器

1—外弹簧;2—推杆;3—平面垫;4—油环;5—活塞;6—O 形密封圈;7—卡簧;
8—盖;9—E 形卡簧;10—内弹簧;11—制动带;12—固定销;13—制动鼓

如图 2-30 所示,当自动变速器上的元件需要固定时,控制装置向活塞施加液压,推动活塞移动,活塞又带动其上的推杆移动,顶住制动带,制动带将制动鼓抱紧。由于制动带内接触面涂有摩擦材料,因此在制动带与制动鼓间产生较强摩擦力,将行星齿轮机构上的元件固定。

当行星齿轮机构上元件的固定需要解除时,控制装置将施加在活塞上的液压释放,活塞在活塞回位弹簧的作用下,带动推杆后退,制动带放松,制动带与制动鼓间的摩擦力消失,元件的固定被解除。

带式制动器具有结构简单、维修方便、轴向尺寸小等优点,但带式制动器工作的平顺性比较差。为此,在带式制动器的制动油路中多装有缓冲阀,这样可使作用在活塞上的液压按先快后慢的规律增大,使制动器接合过程柔和,改善了制动器的工作性能。在现代汽车自动变速器上,带式制动器仍有一定的应用范围。

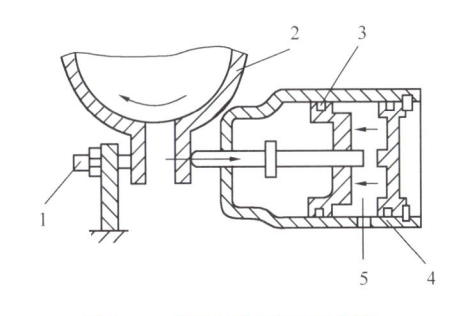

图 2-30 带式制动器的工作原理

1—调整螺钉;2—制动带;3—活塞;4—制动油缸;5—工作液

(3)制动器的技术要求

制动器的技术要求和离合器相同。

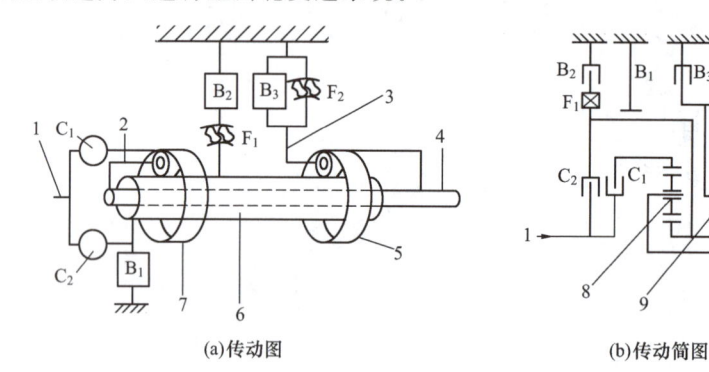

2.3.3 辛普森行星齿轮变速系统

行星齿轮变速系统有很多形式,其中以辛普森(Simpson)行星齿轮变速系统应用最为广泛。传统的辛普森行星齿轮变速系统为一个三速行星齿轮变速系统,即在前进挡位有三种不同的传动比。该变速系统的结构特点是拥有前、后两排行星齿轮机构,而且共用一个太阳轮,如图2-31所示。目前使用的多为辛普森行星齿轮变速系统的改进型,即在原基础上改进为四速行星齿轮变速系统。

辛普森行星齿轮变速系统

(a)传动图　(b)传动简图

图2-31　辛普森行星齿轮变速系统

1—输入轴;2、8—前行星排;3、9—后行星排;4—输出轴;5—后齿圈;6—太阳轮;7—前环齿圈;
C_1、C_2—离合器;B_1、B_2、B_3—制动器;F_1、F_2—单向离合器

改进后的辛普森行星齿轮变速系统有两种:一种是在原辛普森行星齿轮变速系统的基础上,再加一个超速行星排,形成三行星排四速辛普森行星齿轮变速系统;另一种是对原双行星排三速辛普森行星齿轮变速系统进行改进,通过改变前、后行星排各元件的组成方式和增加换挡执行元件,使其变为带超速挡的双行星排四速辛普森行星齿轮变速系统。

图2-32所示为三行星排四速辛普森行星齿轮变速系统。该系统共有三个行星排:超速行星排、前行星排、后行星排。

前、后行星排共用一个太阳轮。前行星排的行星架和后行星排的环齿圈连接在一起,作为行星齿轮变速系统的动力输出端。

超速行星排位于前、后行星排的前部(也有的位于后部),发动机的动力由超速输入轴输入。超速输入轴与超速行星架相连,超速环齿圈作为超速行星排的输出端与输入轴相连。

三行星排四速辛普森行星齿轮变速系统的换挡执行元件有离合器C_0、C_1、C_2,制动器B_0、B_1、B_2、B_3,单向离合器F_0、F_1、F_2。其中超速离合器C_0用于连接超速行星架和超速太阳轮。

超速单向离合器F_0的作用是保护超速离合器C_0。当发动机刚启动时,油路中油压较低,作用在超速离合器C_0上的压力较小,使离合器摩擦片容易打滑,产生磨损。当与超速离合器C_0并列装上超速单向离合器F_0时,超速单向离合器F_0反向锁止,这样在超速离合器C_0摩擦片间不会产生打滑,使超速离合器C_0得到保护。

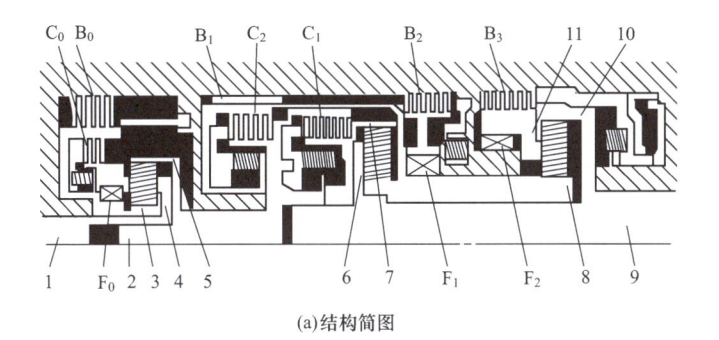

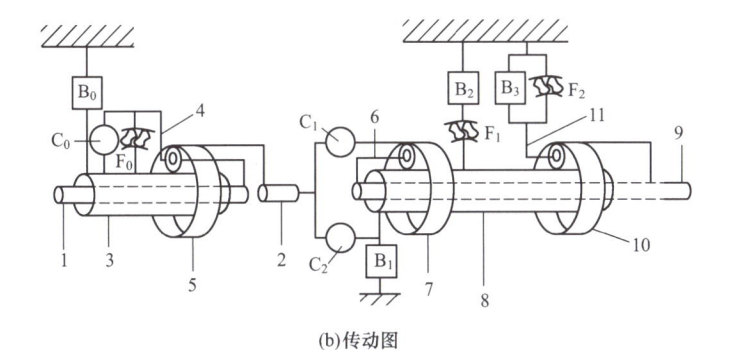

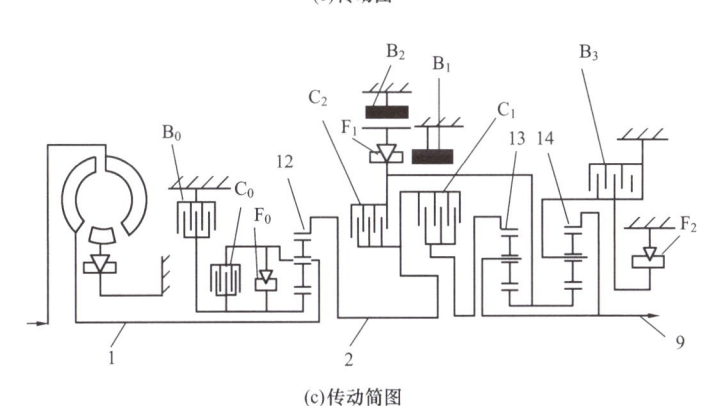

图 2-32　三行星排四速辛普森行星齿轮变速系统

1—超速输入轴；2—输入轴；3—超速太阳轮；4—超速行星架；5—超速环齿圈；6—前行星架；7—前环齿圈；8—太阳轮（前、后行星排共用）；9—输出轴；10—后环齿圈；11—后行星架；12—超速行星排；13—前行星排；14—后行星排；C_0—超速离合器；B_0—超速制动器；F_0—超速单向离合器；C_1—前进离合器；C_2—直接离合器；B_1—2 挡滑行制动器；B_2—2 挡制动器；B_3—低倒挡制动器；F_1—第一单向离合器；F_2—第二单向离合器

超速制动器 B_0 用于固定超速太阳轮。

离合器 C_1 用于连接输入轴和前环齿圈。

离合器 C_2 用于连接输入轴和前、后行星排共用的太阳轮。

制动器 B_1 用于固定前、后行星排共用的太阳轮。

制动器 B_2 和第一单向离合器 F_1 共同工作可单向锁止前、后行星排的太阳轮。

制动器 B_3 用于固定后行星架。

第二单向离合器 F_2 用于单向锁止后行星架。

该四速辛普森行星齿轮变速系统可提供 4 个前进挡(四速因此而得名)和倒挡、空挡、停车挡、制动 1 挡、制动 2 挡。这些不同的挡位是利用换挡执行元件对行星齿轮变速机构的不同约束获得的。

1.停车挡(P 挡位)

在停车挡,行星齿轮变速系统中除超速离合器 C_0 以外的其他换挡执行元件都不动作,行星齿轮机构中各元件自由转动,不传递动力,汽车不运行。但是在停车挡,换挡杆(手控连杆机构)控制停车闭锁凸轮动作,使固定在变速器外壳上的停车闭锁爪啮入变速系统输出轴的外齿中,将输出轴固定,驱动轮不能转动,将汽车停在规定的位置,如图 2-33 所示。

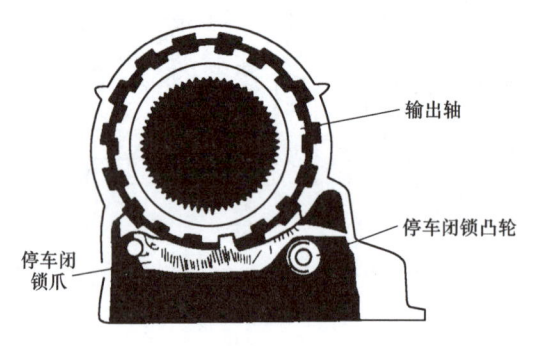

图 2-33　驻车装置

2.空挡(N 挡位)

在空挡,行星齿轮变速系统中除超速离合器 C_0 以外的其他换挡执行元件均不动作,行星齿轮机构各元件自由转动,不传递动力,汽车不能行驶。

在空挡,由于停车闭锁爪并不工作,当有外力作用在汽车上或汽车停在斜坡时,汽车仍可以移动。因此,在汽车长时间停车时,不应将换挡杆拨至空挡,而应拨至停车挡,以防车辆溜动,发生事故。

3.倒挡(R 挡位)

在倒挡时,换挡执行元件中超速离合器 C_0、超速单向离合器 F_0、离合器 C_2 和制动器 B_3 工作,如图 2-34 所示。

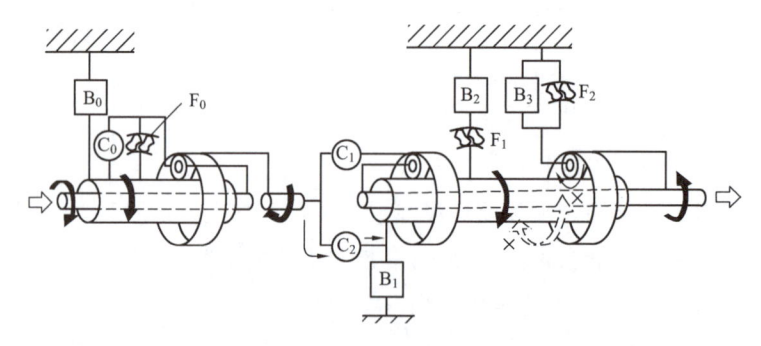

图 2-34　倒挡传动图

超速离合器 C_0、超速单向离合器 F_0 工作时，将超速行星排的行星架和太阳轮连接起来，使超速行星排由超速输入轴到前、后行星排的输入轴形成传动比为 1 的直接传动。

离合器 C_2 工作时，将输入轴和前、后行星排的太阳轮连接起来。

制动器 B_3 工作时，将后行星排的行星架固定起来。

当输入轴的动力经离合器 C_2 输入到太阳轮时，由于前行星排中另两个元件（行星架及环齿圈）均没有约束，因此前行星排空转，不传递动力。而后行星排的行星架被制动器 B_3 固定，因此，太阳轮的动力经行星轮（自转）传递给后环齿圈，经输出轴输出。后环齿圈的转动方向与太阳轮相反，形成倒挡。

4.前进 1 挡（D 挡位 1 挡）

在前进 1 挡，换挡执行元件中超速离合器 C_0、超速单向离合器 F_0、离合器 C_1、第二单向离合器 F_2 工作，如图 2-35 所示。

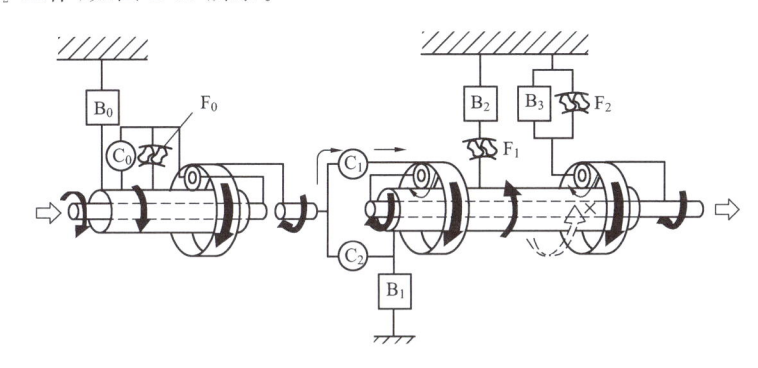

图 2-35 前进 1 挡传动图

当超速离合器 C_0、超速单向离合器 F_0 工作时，将超速输入轴的动力直接传递给输入轴。

离合器 C_1 工作时，将输入轴和前环齿圈连接在一起。

第二单向离合器 F_2 工作时，将后行星架单向锁止。

在前进 1 挡，汽车起步时，行星齿轮变速系统的输出轴尚未转动，前行星架因此也被固定。当发动机的动力经超速行星排、离合器 C_1 传到前环齿圈时，因前行星架被固定，动力传到太阳轮（前、后行星排共用一个太阳轮），太阳轮的转动方向与前环齿圈相反。在后行星排，因太阳轮的作用，后行星架被第二单向离合器 F_2 单向锁止，太阳轮的动力经行星轮（自转）又传到后环齿圈，后环齿圈的转动方向与太阳轮相反，这时，后环齿圈的转动方向和前环齿圈又变成一致。这样，输出轴便在后环齿圈作用下开始旋转。

汽车起步后，前行星架也随着输出轴慢慢转动。这时，经离合器 C_1 输送到前环齿圈的动力分两路传递到输出轴：一路是前环齿圈带动前行星架转动，直接将动力传至输出轴；另一路是前环齿圈的动力经太阳轮、后环齿圈传至输出轴。这样动力经齿轮变速系统传递后，其转矩增大，转速降低，汽车以较大的转矩克服行驶阻力低速前进。

5. 前进 2 挡(D 挡位 2 挡)

在前进 2 挡,换挡执行元件中超速离合器 C_0、超速单向离合器 F_0、离合器 C_1、制动器 B_2、第一单向离合器 F_1 工作,如图 2-36 所示。

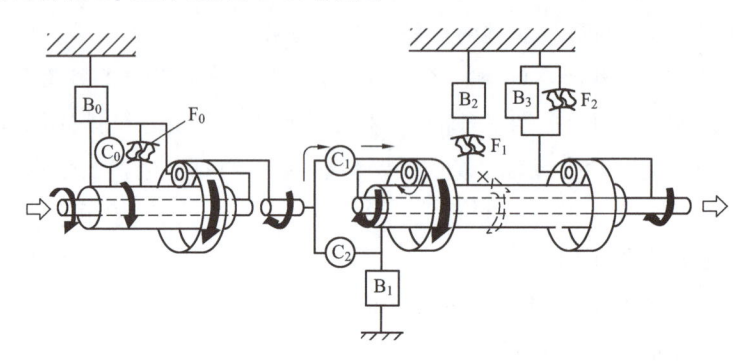

图 2-36 前进 2 挡传动图

超速离合器 C_0、超速单向离合器 F_0 工作时,将超速输入轴的动力直接传至前、后行星排的输入轴。

制动器 B_2 工作时,将第一单向离合器 F_1 的外座圈固定。第一单向离合器 F_1 与制动器 B_2 共同作用,可将太阳轮单向锁止。

变速器在前进 2 挡工作时,发动机的动力经过超速行星排、离合器 C_1 传到前环齿圈,因太阳轮被 B_2 和 F_1 单向锁止,所以前环齿圈的动力经前行星架传至输出轴。

6. 前进 3 挡(D 挡位 3 挡,又称直接挡)

在前进 3 挡,换挡执行元件中超速离合器 C_0、超速单向离合器 F_0、离合器 C_1、离合器 C_2 及制动器 B_2 工作,如图 2-37 所示。

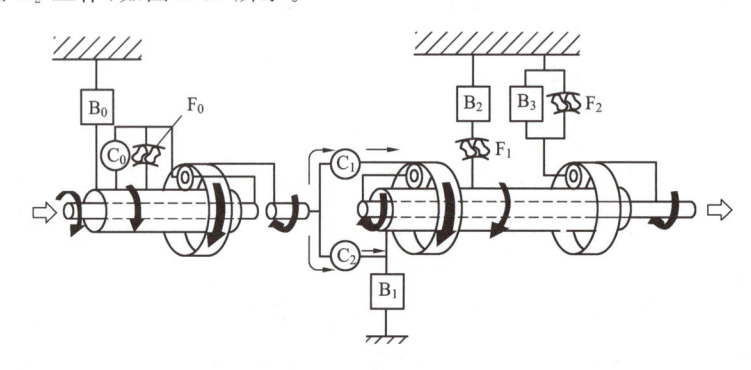

图 2-37 前进 3 挡传动图

超速离合器 C_0、超速单向离合器 F_0 工作时,将超速输入轴的动力经超速行星排传至前、后行星排的输入轴。

离合器 C_1 工作时,将输入轴的动力传至前环齿圈。

离合器 C_2 工作时,将输入轴的动力传至太阳轮。

制动器 B_2 工作时,将第一单向离合器 F_1 的外座圈固定。在该挡位,太阳轮转动方向为顺时针,因此 F_1 不会锁止太阳轮,即 F_1 在前进 3 挡不工作,只在前进 2 挡及由前进

2挡转换到前进3挡过程中起作用。

变速器在前进3挡工作时,超速输入轴的动力经超速行星排传至前、后行星排的输入轴。输入轴的动力分两路传递:一路经离合器C_1传至前环齿圈;另一路经离合器C_2传至太阳轮。前环齿圈的转速和转动方向与太阳轮相同,并同时作为前行星排的主动件,因此,前行星架作为从动件,将会以相同转速和方向转动,并经输出轴向外传送。由于在整个动力传递过程中,齿轮变速系统的传动比为1,即输入轴和输出轴转速相同,因此常把该挡位称为直接挡。

7.超速挡(D挡位4挡,又称O/D挡)

在超速挡,换挡执行元件中超速制动器B_0、离合器C_1、离合器C_2及制动器B_2工作,如图2-38所示。

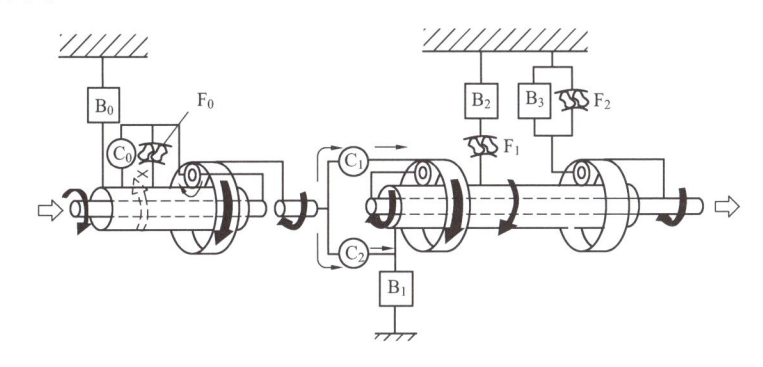

图2-38 超速挡传动图

超速制动器B_0工作时,将超速太阳轮固定。

离合器C_1工作时,将输入轴和前环齿圈连接在一起。

离合器C_2工作时,将输入轴和太阳轮连接在一起。

制动器B_2工作时,将第一单向离合器F_1的外座圈固定住。

变速器工作时,超速输入轴的动力传至超速行星架,因超速太阳轮被超速制动器B_0固定,因此,动力由超速行星架传至超速环齿圈。由行星齿轮变速机构的工作原理可知,动力从行星架向环齿圈的传递过程可使转速升高,属于超速传动。转速升高的超速环齿圈的动力传至前、后行星排的输入轴,再经离合器C_1、C_2分别传至前环齿圈、太阳轮。在前环齿圈和太阳轮两主动件的作用下,前行星架以相同转速和方向转动,然后经输出轴输出。输出轴的转速高于行星齿轮变速系统超速输入轴的转速,实现了超速传动,因此,该传动挡又称为超速挡。

8.2挡位2挡

当换挡杆位于2挡位时,汽车的最高车速受到限制。变速器最高能升到2挡,或者从高速挡(直接挡、超速挡)被强制降至2挡,并且在2挡位还有发动机的制动作用,因此,又称2挡位2挡为制动2挡。

在2挡位2挡时,换挡执行元件中的超速离合器C_0、超速单向离合器F_0、离合器C_1、制动器B_1、制动器B_2、第一单向离合器F_1工作,如图2-39所示。

超速离合器 C_0、超速单向离合器 F_0 工作时，将超速输入轴和前、后行星排的输入轴连接起来。

离合器 C_1 工作时，将前、后行星排的输入轴和前环齿圈连接起来。

制动器 B_1、B_2 及第一单向离合器 F_1 工作时，将前、后行星排的太阳轮固定住，使其既不能沿顺时针方向转动，又不能沿逆时针方向转动。

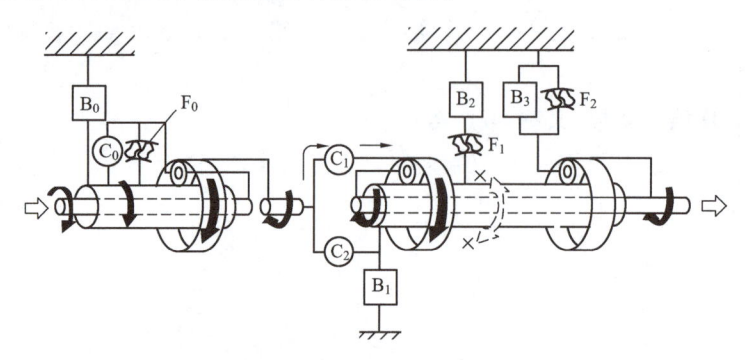

图 2-39　2 挡位 2 挡传动图

在汽车正常前进、变速器由 1 挡升至 2 挡时，发动机驱动汽车前进，发动机的动力经变速器传至汽车驱动轮，此时制动器 B_1、B_2 及第一单向离合器 F_1 共同将前、后行星排的太阳轮固定住，变速系统的动力传递路径与 D 挡位 2 挡相同。

当汽车减速行驶、变速器由高速挡（如超速挡）强制降入 2 挡时，在汽车惯性的作用下，变速器输出轴转速高于发动机转速。由于在 2 挡位 2 挡时制动器 B_1 投入工作，将太阳轮固定住，使 2 挡的动力传递能逆向进行，变速器输出轴带着输入轴转动，因此汽车便在发动机的作用下强制减速，实现了发动机的制动作用。

假如变速系统在汽车减速时换挡执行元件的工作情况与 D 挡位 2 挡相同，由 B_2、F_1 单向锁止前、后行星排的太阳轮，因此动力的逆向传递（由输出轴到输入轴）便不能实现。这是因为动力逆向传递时，输出轴带动前行星架转动，前行星架又会带动太阳轮沿顺时针方向转动（太阳轮沿顺时针方向转动不受第一单向离合器 F_1 的限制），这样前行星架的动力就不能传递给前环齿圈，发动机就不能作为阻力矩去强制降低汽车车速，发动机的制动作用就不能实现，而汽车会在惯性作用下仍然高速行驶。

变速器在 2 挡位 1 挡时的动力传递路径同 D 挡位 1 挡。

9. L 挡位

当换挡杆位于 L 挡位时，变速系统只能在 1 挡工作，且在 1 挡有发动机制动作用，因此又称 L 挡位 1 挡为制动 1 挡。

在 L 挡位 1 挡时，换挡执行元件中的超速离合器 C_0、超速单向离合器 F_0、离合器 C_1、制动器 B_3、第二单向离合器 F_2 工作。与 D 挡位 1 挡相比，所不同的是，在 L 挡位 1 挡时，制动器 B_3 投入了工作，如图 2-40 所示。

在 D 挡位 1 挡时，虽然制动器 B_3 没有工作，但在汽车正常行驶时，后行星架因有沿逆时针方向转动的趋势而被第二单向离合器 F_2 锁止，可以实现前进 1 挡的动力传递。但在汽车减速(动力逆向传递)时,因第二单向离合器 F_2 不能在顺时针方向锁止后行星架,因而动力逆向传递中断,发动机制动作用不能实现。

当汽车在 L 挡位 1 挡行驶时,制动器 B_3 投入工作,后行星架被制动器 B_3 固定住,既不能沿逆时针方向转动,又不能沿顺时针方向转动,可以实现变速系统在 1 挡的正、反向动力传动,因而能够实现发动机的制动作用。

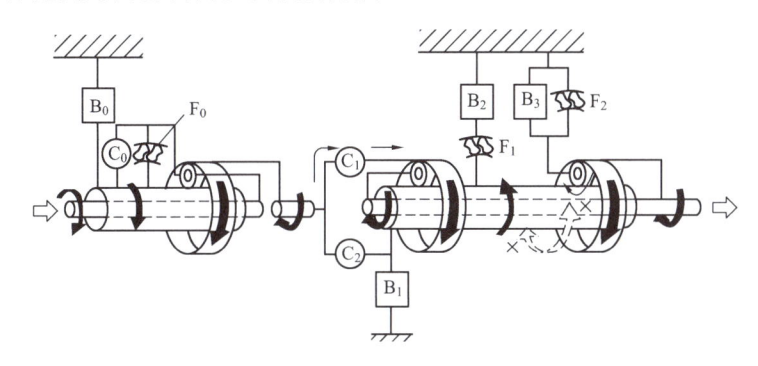

图 2-40　L 挡位 1 挡传动图

从上述各个挡位的分析可以看出,变速系统的各种传动(各挡位)是靠变速系统换挡执行元件的不同工作组合实现的。表 2-2 为换挡执行元件在各挡位时的工作情况。

表 2-2　　　　　换挡执行元件在各挡位时的工作情况

换挡杆位置	传动挡位	C_0	C_1	C_2	B_0	B_1	B_2	B_3	F_0	F_1	F_2
P	停车挡	○									
R	倒挡	○		○				○	○		
N	空挡	○									
D	1 挡	○	○							○	○
D	2 挡	○	○				○			○	
D	3 挡	○	○	○			○				
D	超速挡		○	○	○		○				
2	1 挡	○	○							○	○
2	2 挡	○	○			○	○			○	
L	1 挡	○	○					○		○	○

注:○表示换挡执行元件工作。

由表 2-2 可看出,各换挡执行元件都有其特殊的适用场合。

离合器 C_1 是工作在除倒挡以外的任何前进挡中,因此常把离合器 C_1 称为前进离合器。

离合器 C_2 工作时,会产生直接传动,因此常把离合器 C_2 称为直接离合器。又因离合器 C_2 在倒挡和两个前进高挡工作,所以又称其为倒挡与高挡离合器。

制动器 B_1 工作时,发动机在 2 挡滑行(滑行是指发动机怠速或低速运转时靠汽车惯性运行)时具有制动作用,因此常把制动器 B_1 称为 2 挡滑行制动器。

制动器 B_2 工作时,变速系统位于前进 2 挡,因此常把制动器 B_2 称为 2 挡制动器。

制动器 B_3 工作时,变速系统处于 1 挡或倒挡,因此常把制动器 B_3 称为低倒挡制动器。

单向离合器 F_1 的作用之一是在前进 2 挡时和 B_2 一同单向锁止太阳轮;作用之二(也可以说是设置 F_1 的主要原因)是防止由前进 2 挡升至前进 3 挡时,前行星排各换挡执行元件间发生干涉现象。在前进 2 挡时,前环齿圈为主动件,行星架为从动件。当变速器由前进 2 挡升至前进 3 挡时,太阳轮由固定件变为运动元件。正常的换挡过程应当是:太阳轮的锁止一旦解除,离合器 C_2 应立即接合,将动力传至太阳轮。若在锁止和接合之间存在交叉或间隙,则均会造成换挡冲击及换挡执行元件的磨损。

假如没有单向离合器 F_1,太阳轮只被制动器 B_2 固定,则制动器 B_2 的释放时机及离合器 C_2 的接合时机就很难掌握。但在设置了单向离合器 F_1 后,太阳轮被 B_2 和 F_1 单向锁止,即在逆时针方向被锁止,在顺时针方向仍能正常运转。这就使换挡时刻仅受一个换挡执行元件(离合器 C_2)控制,即离合器 C_2 接合的时刻就是换挡时刻。一旦离合器 C_2 接合,太阳轮就顺时针转动,太阳轮在逆时针方向的锁止随即解除,这样就防止了前进 2 挡升至前进 3 挡时的换挡冲击。因此常称单向离合器 F_1 为 2 挡单向超越离合器。

单向离合器 F_2 的一个作用是在前进 1 挡时单向锁止后行星架;另一个作用是在 1 挡升至 2 挡时,防止变速系统换挡执行元件间的运动干涉。在 1 挡升至 2 挡时,后行星排的行星架约束需要被解除,而太阳轮又要被锁止。若没有单向离合器 F_2,只用制动器 B_3 固定后行星架,则有可能造成行星架的约束解除后,太阳轮还没有被锁止,或者太阳轮已被锁止,但后行星架的约束还没有被解除,这就会使各运动件间产生干涉现象,造成换挡冲击。而使用了单向离合器 F_2 后,后行星架被单向锁止,1 挡换 2 挡的时机只取决于太阳轮被锁止的时机,即制动器 B_2 开始工作的时刻就是 1 挡换 2 挡的时刻。一旦太阳轮被锁止,在后环齿圈的作用下,后行星架立即顺时针转动,逆时针方向的锁止随即解除,使换挡过程很平顺。因此,常把单向离合器 F_2 称为 1 挡(低挡)单向超越离合器。

2.4 液压控制系统

液压控制系统主要由油泵、主油路油压调节装置、换挡控制装置、变矩器锁止离合器控制装置、缓冲安全装置等组成。

自动变速器工作时,油泵作为液压控制系统的动力源,向主油路连续供油。油液经主油路油压调节装置调压后,流向换挡控制装置、变矩器锁止离合器控制装置、缓冲安全装置等,作为其工作油液。换挡控制装置及变矩器锁止离合器控制装置根据液压信号控制

工作液的流向,从而控制换挡执行元件和液力变矩器的工作状态,使自动变速器自动换挡和液力变矩器自动锁止。

2.4.1 液压控制阀的基本工作原理

自动变速器的液压控制系统使用了很多液压控制阀,如调压阀、换挡控制阀等。液压控制阀按其用途可分为方向控制阀、压力控制阀、流量控制阀三种。

1.方向控制阀

方向控制阀用于控制油液流动的方向。在自动变速器液压控制系统中常把方向控制阀称作换向阀。

(1)换向阀的工作原理

图 2-41 所示为换向阀的原理,它由阀体和滑阀组成。阀体上有两个凸肩环,用以改变油液的流向。

当滑阀位于阀体内左位时,进油口 P 和出油口 A 相通,与出油口 B 不相通,油液从 P 口流入,从 A 口流出,图 2-42(a)所示为其工作简图。当滑阀位于阀体内右位时,进油口 P 和出油口 B 相通,与出油口 A 不相通,从 P 口流入的油液,经由 B 口流出,图 2-42(b)所示为其工作简图。

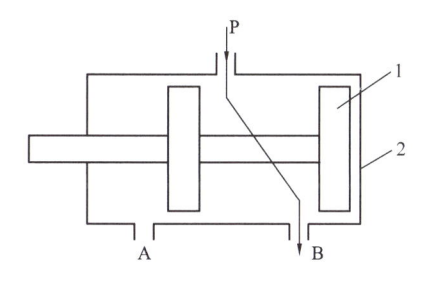

图 2-41 换向阀的原理
P—进油口;A、B—出油口;1—滑阀;2—阀体

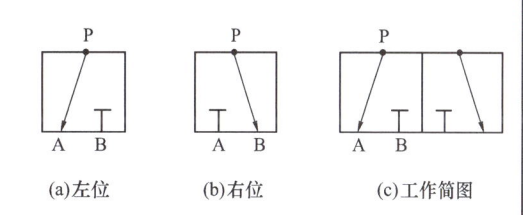

图 2-42 换向阀的工作原理
(a)左位 (b)右位 (c)工作简图

由于滑阀在阀体内有两个位置,阀体向外有三个油口(一个进油口,两个出油口),因此称该阀为二位三通阀。将该阀在两个位置时的工作简图(油路导通情况)用一个图表示出来,就是二位三通阀的工作简图,如图 2-42(c)所示。

(2)换向阀的种类

根据换向阀滑阀的操纵方式不同,可将其分为手动、液动等多种形式。

利用人力使滑阀移动的换向阀称为手动换向阀,如图 2-43 所示。当扳动手动杆时,滑阀在阀体内可以左右移动,从而改变油液流动方向。自动变速器中由换挡杆控制的手动阀就属于手动换向阀。

利用液压使滑阀移动的换向阀称为液动换向阀,如图 2-44 所示。

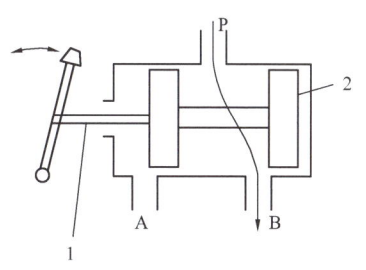

图 2-43 手动换向阀
P—进油口;A、B—出油口;
1—手动杆;2—滑阀

(a)左端施加油压　　　　　　　(b)右端施加油压

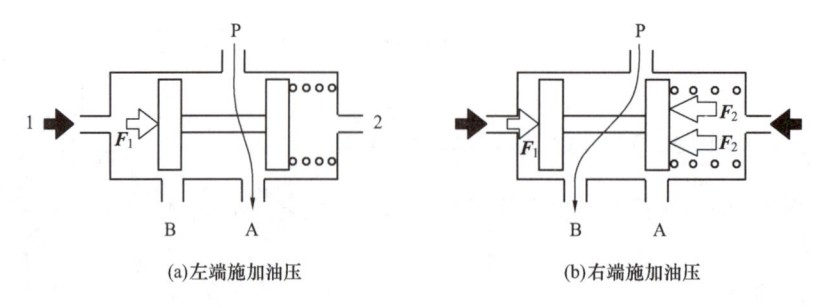

图2-44　液动换向阀

1、2—进出油口；P—进油口；A、B—出油口

当通过进出油口1对滑阀左端施加液压时,滑阀克服弹簧力向右移动,使进油口P和出油口A相通。当通过进出油口2对滑阀右端施加液压后,滑阀在液压力F_2和弹簧力的作用下,克服液压力F_1的作用移向左端,使进油口P和出油口B相通。这样,换向阀在两端液压作用下,便可改变油液的流动方向。

2.压力控制阀

压力控制阀的作用是调节油路中工作液的压力。

(1)压力控制阀的工作原理

图2-45所示为压力控制阀的原理。油泵输出的液压油作用在滑阀的底部,滑阀上部作用着弹簧力。当油液作用在滑阀底部的力大于弹簧力时,滑阀上移,打开回油口,一部分油液通过回油口直接流回油箱,使系统油压减小。当油液作用在滑阀底部的力小于弹簧力时,滑阀下移,关闭回油口,系统油压又增大。如此,即可将系统油压稳定在某一值。

系统油压的大小取决于作用在滑阀上部的弹簧力和滑阀底部的横截面面积。当滑阀不变时,改变弹簧的预紧力就可以改变系统的油压。

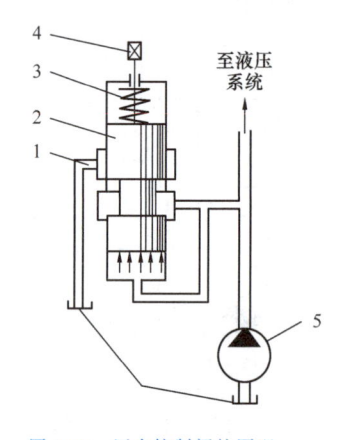

图2-45　压力控制阀的原理

1—回油口；2—滑阀；3—弹簧；
4—调压螺钉；5—油泵

(2)压力控制阀的种类

常用的压力控制阀有稳压阀和调压阀。

①稳压阀。当作用在压力控制阀滑阀上部的力固定时,经过压力控制阀调节后,系统压力将保持稳定,这种压力控制阀称为稳压阀。

②调压阀。如图2-46所示,若作用在滑阀上、下端面上的力是变化的,则系统压力也将随之变化,即系统压力可根据作用在上、下端面上的压力自动变化,这种压力控制阀称为调压阀。

滑阀所受的力有:从进出油口3输入的控制液液压对端面A向下的作用力;从进出油口5输入的控制液液压对端面C向上的作用力;弹簧对端面C向上的作用力F_2;系统液压对滑阀的作用力F_1。由于端面B的面积大于端面A的面积,因此,系统液压对滑阀的作用力是向下的。

当作用在滑阀上的合力向上时,滑阀上移,关小回油口,系统油压增大;当作用在滑阀上的合力向下时,滑阀下移,打开回油口,系统油压减小。

由于进出油口 3 和 5 的液压是可调的,因此,系统油压也是可调的。通过改变作用在滑阀上、下端面的油压,即可调节系统油压。

3. 流量控制阀

流量控制阀的作用是通过控制流过阀门的液体流量,达到改变执行机构运动速度的目的。流量控制阀改变流量的办法是改变横截面面积。

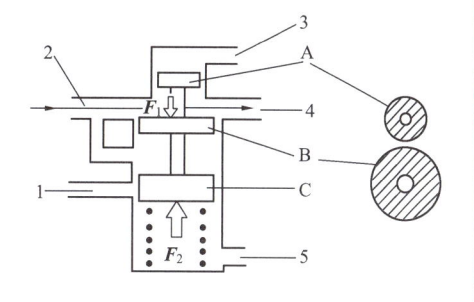

图 2-46 调压阀
1—回油口;2、3、4、5—进出油口;
A、B、C—滑阀凸肩环端面

4. 其他种类的阀门

在自动变速器液压控制系统中,单向节流阀和缓冲阀作为改善换挡质量的阀门,应用十分广泛。

(1) 单向节流阀

单向节流阀用于控制作用在换挡执行元件(离合器、制动器)上的油压变化速率,以改善换挡质量。

单向节流阀是单向阀和节流阀的组合,如图 2-47 所示。单向节流阀布置在换挡阀和换挡执行元件之间的油路上。

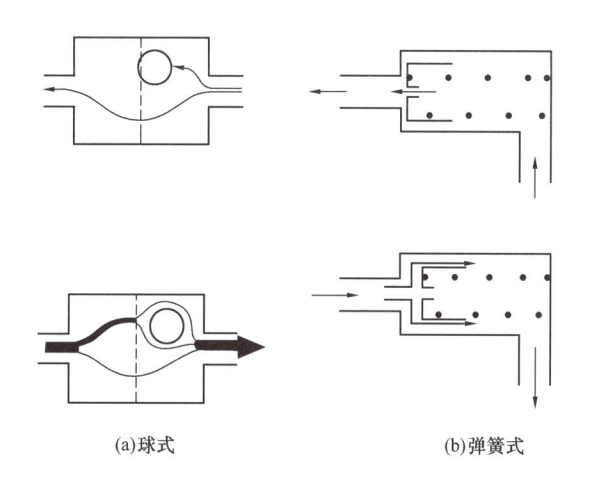

(a) 球式　　(b) 弹簧式

图 2-47 单向节流阀

当换挡执行元件工作时,工作液经单向节流阀流向换挡执行元件。此时,单向节流阀中的单向阀关闭,工作液只能经节流阀流过,这样就使作用在换挡执行元件上液压的增长速率减小,减小了换挡冲击,改善了换挡质量。

当换挡执行元件工作结束、需要泄去加在其上的工作液时,单向节流阀中的单向阀导通,单向阀和节流阀同时泄油,使泄油速率增大,加速了换挡执行元件的分离,避免了换挡执行元件的磨损及换挡执行元件间的动作干涉。

(2) 缓冲阀

如图 2-48 所示,缓冲阀由缓冲弹簧和活塞组成,并联在换挡执行元件的工作油路上。缓冲阀不工作时,缓冲阀的活塞上无外力作用,缓冲弹簧恢复自然状态。当控制系统接通换挡执行元件的油路时,系统油压将会压缩缓冲阀的缓冲弹簧,活塞下移,部分工作油液进入缓冲阀,使得换挡执行元件在工作初期所受的液体压力减小,换挡执行元件的摩擦片接合平稳,减小了换挡冲击。

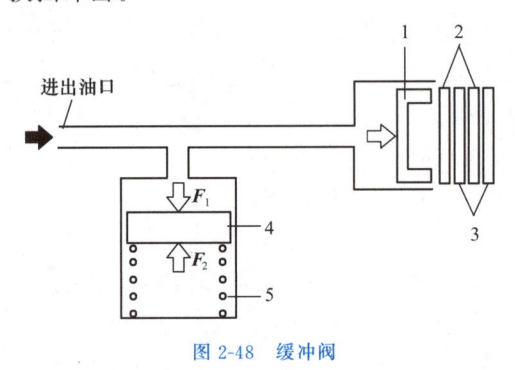

图 2-48 缓冲阀
1—换挡执行元件;2—钢片;3—摩擦片;4—活塞;5—缓冲弹簧

2.4.2 液压控制系统各组成部分的结构与工作原理

液压控制系统由油泵、主油路压力调节阀、节气门阀、换挡控制阀、变矩器锁止离合器控制装置、其他装置等组成。油泵的介绍此处略。

1. 主油路压力调节阀

主油路压力调节阀(简称主调压阀)就是压力控制阀,其作用是根据汽车的运行状况(车速、节气门开度等)自动调节控制系统主油路的油压,以满足自动变速器在不同工况时的需求。

如图 2-49 所示,主油路压力调节阀主要由滑阀、调压柱塞、弹簧及阀体等组成。自动变速器不工作时,在弹簧的作用下,滑阀位于上端,调压柱塞位于下端,回油口被滑阀关闭。自动变速器在前进挡工作时,主调压阀的滑阀受以下几个力的作用:作用在滑阀上端截面 A 处的来自油泵的油压;作用于滑阀下部的弹簧力;通过调压柱塞作用在滑阀下部的节气门油压(随节气门开度变化的油液压力)。当发动机低速运转时,油路压力较小,在弹簧力和节气门油压的作用下,滑阀位于阀体上端,回油口仍旧关闭。随着发动机转速的升高,油泵输出的油液增多,油压增大,作用在滑阀上端的力增大,当该力克服了弹簧力和节气门油压的作用时,滑阀下移,打开回油口,泄去一部分压力油,使主油路压力减小。

在上述压力调节过程中,节气门油压是随着节气门开度变化的,因此调节后的主油路压力也是变化的,并且随着节气门油压的增大而增大。这样的压力变化是为了满足换挡执行元件在大负荷时需要较大油压的要求,从而保证自动变速器在大负荷时能传递较大动力。

自动变速器在倒挡工作时,作用在滑阀上的力除去前进挡中所有的压力外,还增加一个来自手动阀的主油路压力。该压力通过调压柱塞作用在滑阀下端,使得倒挡时主油路压力比其他挡位均大。这是因为在自动变速器上为减小自动变速器的尺寸,减少了倒挡离合器和制动器的摩擦片数,在此基础上,若要不减小传递的转矩,就必须增大作用在摩擦片间的压力,即增大倒挡时的主油路压力。

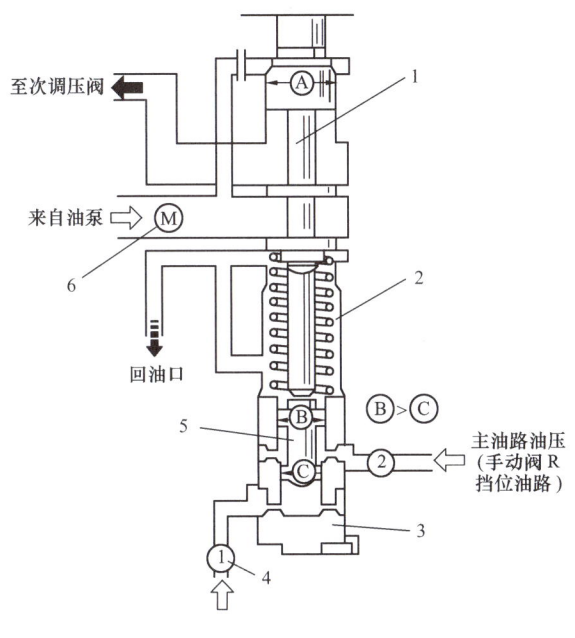

图 2-49 主油路压力调节阀

1—滑阀;2—弹簧;3—阀体;4—节气门油压表;5—调压柱塞;6—主油路油压表

2.节气门阀

节气门阀的作用是将节气门开度的变化转换为油液压力的变化,用以调节主油路油压和液力变矩器油压。

图 2-50 所示为机械式节气门阀的工作原理。当驾驶员踩下加速踏板时,便通过节气门拉杆带动凸轮转动,凸轮通过弹簧顶动节气门阀内滑阀,滑阀移动,开大进油口,节气门油压增大。当驾驶员松开加速踏板时,滑阀关小进油口,节气门油压减小。如此,即可将节气门开度转变为油压信号。

3.换挡控制阀

换挡控制阀根据其控制方式可分为手控制阀(又称手动阀)和自动换挡阀两种。手动阀由驾驶员通过换挡杆操纵,用于选择汽车的行驶挡位,即停车挡位(P挡位)、倒挡位(R挡位)、空挡位(N挡位)、前进挡位(D挡位)、前进制动挡位(2挡位或L挡位)。手动阀改变挡位的方法是通过移动手动阀内的滑阀来改变主油路的流向,从而改变所控制的换挡执行元件,

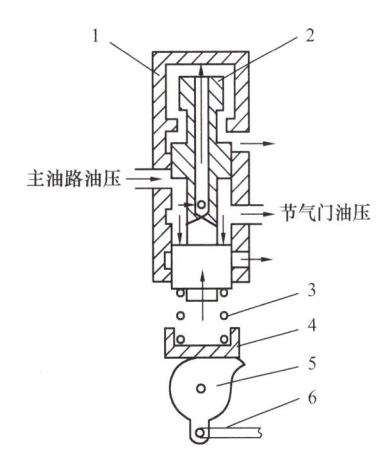

图 2-50 机械式节气门阀的工作原理

1—阀体;2—滑阀;3—弹簧;4—弹簧座;
5—凸轮;6—节气门拉杆

实现挡位变换。自动换挡阀用于实现各级前进挡(手动阀在前进挡D挡位)之间的自动变换,这就是说自动变速器的自动变速仅指各前进挡之间的自动变换,自动变速器的"自动"因此而得名。利用自动换挡阀内滑阀位置的变化,改变主油路油液的供给方向,改变换挡执行元件的工作状态,可实现各级前进挡间的变换。

从以上介绍可知,手动阀在各挡位均起作用,而自动换挡阀仅在手动阀处于前进挡位时起作用。手动阀只有一个,而自动换挡阀的数量则根据前进挡数目确定。例如,4速变速器汽车有前进1挡、前进2挡、前进3挡(直接挡)、前进4挡(超速挡)共4个挡,因此该车自动变速器有3个换挡阀,分别是1挡-2挡换挡阀(简称1-2换挡阀)、2挡-3挡换挡阀(简称2-3换挡阀)、3挡-4挡换挡阀(简称3-4换挡阀)。

(1)手动阀

手动阀的作用是由驾驶员选择自动变速器的挡位。自动变速器的挡位就是指换挡杆位置,例如,丰田车换挡杆位置有六个:P、R、N、D、2、1。驾驶员通过换挡杆来控制手动阀的位置,如图2-51所示。

手动阀实际是一个换向阀,主要由滑阀和加工有多个油孔的阀体组成,如图2-52所示。滑阀在阀体内的位置数与换挡杆的挡位数相同。阀体上其中的一个油孔与系统主油路相通,通有主油路压力油,其他油孔则通过油路与各挡位的换挡执行元件或换挡阀相通。变换滑阀在阀体中的位置,可改变主油路压力油的供油方向,将主油路压力油转换到任意一个挡位的控制油路。

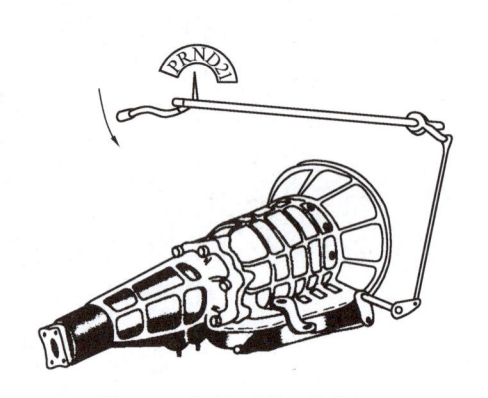

图2-51 手动阀受控于换挡杆

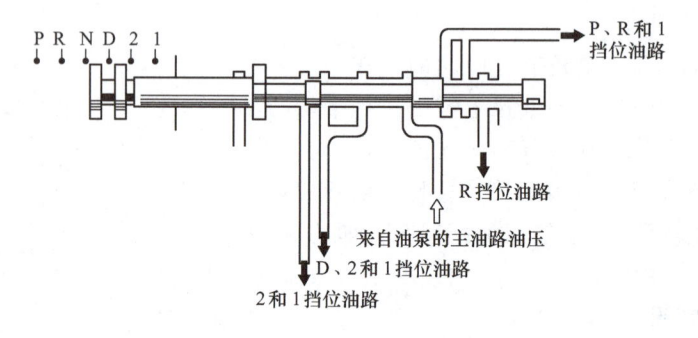

图2-52 手动阀的结构

(2)自动换挡阀

自动换挡阀的作用是自动控制各前进挡之间的变换。和手动阀一样,自动换挡阀也是一个换向阀。每个自动换挡阀仅控制相邻两个挡的工作油路。

图2-53所示为自动换挡阀的工作原理。该换挡阀的阀体上有五个油路,其中一个接系统主油路,另有两个是回油口,还有两个通向相邻的高、低挡换挡执行元件(离合器、制动器)。滑阀的左端作用着弹簧力,右端作用着液压。两端作用力的大小决定着滑阀的位置,也决定了主油路的流向。

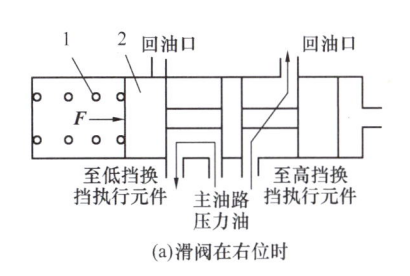

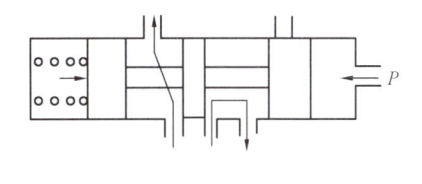

图 2-53 自动换挡阀的工作原理

1—弹簧；2—滑阀

当滑阀右端没有液压时,滑阀右移,主油路和低挡换挡执行元件的工作油路相通,而高挡换挡执行元件的工作油路和回油口相通,变速器降挡;当液压作用在滑阀右端时,滑阀左移,主油路和高挡换挡执行元件的工作油路相通,而低挡换挡执行元件的工作油路和回油口相通,变速器升挡。这样,在滑阀右侧液压的作用下,自动换挡阀自动变换前进挡。

4.变矩器锁止离合器控制装置

变矩器锁止离合器控制装置的作用是根据汽车行驶速度,适时控制变矩器锁止离合器的工作(离合器的接合与分离),而达到提高汽车动力传递效率和改善汽车行驶性能的双重目的。

当汽车车速上升到一定值时,自动控制锁止离合器接合,使变矩器变成纯机械传动,传动效率提高到100%。当汽车车速降到某一值时,自动控制锁止离合器分离,使变矩器能随车速变化自动改变输出转矩,以便克服行驶阻力并自动换挡,提高汽车的行驶性能。

变矩器锁止离合器控制装置主要组件是锁止阀。

锁止阀的作用是改变变矩器内工作液的流动方向,而控制锁止离合器的接合与分离。图 2-54 所示为锁止阀的工作原理。当主油路油压作用在锁止阀下端时,由于下凸肩环的截面积大于上凸肩环的截面积($S_B > S_A$),因此作用在锁止阀下端的油液压力大于作用在上端的油液压力和弹簧力之和,锁止阀上移,从而改变了流过变矩器的工作液流向,使锁止离合器接合。当无油压作用在锁止阀下端时,锁止阀在上端弹簧和主油路油压的作用下,向下移动,又使变矩器内工作液流向变回到原来的方向,锁止离合器又分离。

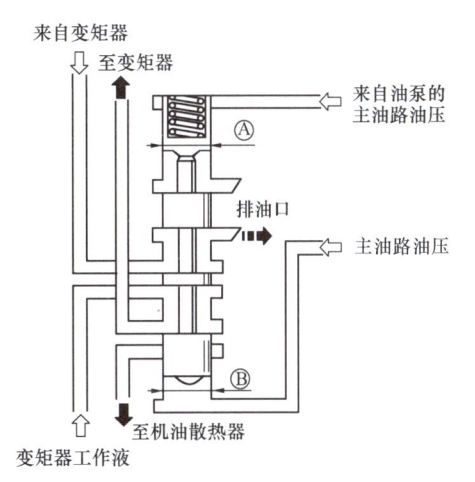

图 2-54 锁止阀的工作原理

锁止离合器的工作包括锁止离合器的接合和锁止离合器的分离。

(1)锁止离合器的接合

如图 2-55 所示,自动变速器在超速挡工作且转速达到一定值时,主油路油压作用在锁止阀的下端。由于锁止阀的上凸肩环的截面积小于下凸肩环的截面积,因此在主油路油压的作用下锁止阀滑阀向上移动。锁止阀滑阀的上移改变了变矩器工作液的流向,使变矩器工作液逆向流过变矩器,变矩器工作液的压力作用在锁止离合器压盘的右侧,推动锁止离合器压盘压向前盖,并接合在一起,依靠摩擦力使锁止离合器压盘与前盖形成整体并一起转动。此时,发动机的转矩依靠摩擦力将动力100%地传递到自动变速器的输入轴。

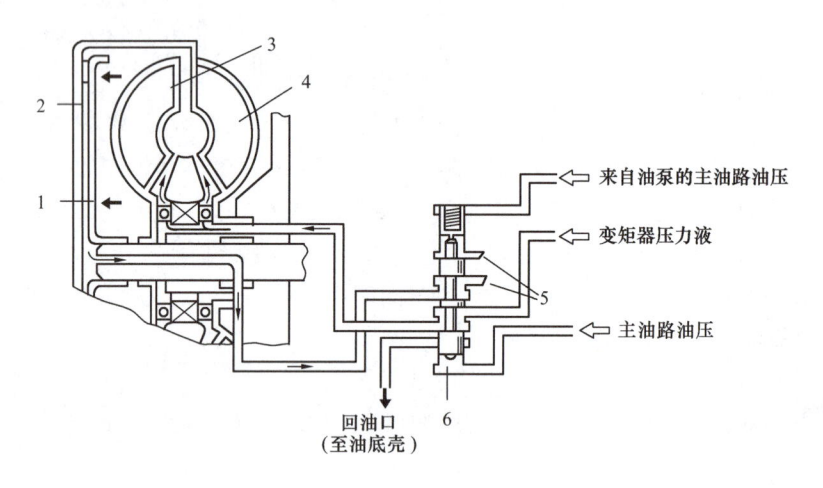

图 2-55 锁止离合器的接合

1—锁止离合器;2—前盖;3—涡轮;4—泵轮;5—泄油口;6—锁止阀

(2)锁止离合器的分离

如图 2-56 所示,当自动变速器在超速挡运转但转速低或自动变速器不在超速挡工作等工况时,锁止阀滑阀的下端无压力油,此时在锁止阀上部主油路油压和弹簧力的作用下,滑阀下移。滑阀的下移改变了变矩器工作液的流向,使工作液正向流过变矩器,并作用在锁止离合器压盘的左侧,推动锁止离合器压盘离开前盖,使锁止离合器分离。此时,发动机的动力经变矩器变矩后,输送到自动变速器的输入轴。

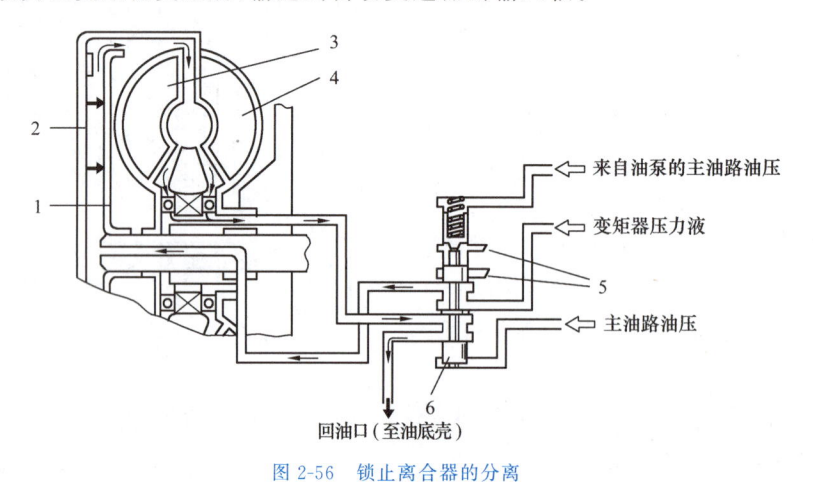

图 2-56 锁止离合器的分离

1—锁止离合器;2—前盖;3—涡轮;4—泵轮;5—泄油口;6—锁止阀

5.其他液压装置

自动变速器的液压控制系统除上述主要液压控制阀外,还有许多其他的液压阀,它们对改善自动变速器的工作性能、保证其正常工作有很重要的作用。

(1)缓冲器

缓冲器又称减震阀,也称储能器,其作用是缓冲换挡冲击,使换挡执行元件的接合更柔和、平稳,改善换挡质量。

如图 2-57 所示,缓冲器由缓冲活塞、缓冲弹簧及阀体组成。缓冲器对外有四个油路接口,其中一个接口接主油路,将主油路压力一直加在三个缓冲活塞的背部,并同缓冲弹簧一起向外推动缓冲活塞。另外三个接口分别接至三个换挡执行元件(一般接至前进离合器 C_1、直接离合器 C_2 和 2 挡制动器 B_2),换挡执行元件工作时,将加在换挡执行元件的压力引向缓冲活塞的正面,向内推动缓冲活塞。

在变速器控制系统控制某换挡执行元件工作时,换挡装置将主油路油压同时加在缓冲器和换挡执行元件的活塞上。在换挡执行元件接合初期,作用在换挡执行元件活塞上的油压迅速增大,很快克服了换挡执行元件的空行程(自由间隙);当油压增大到一定程度时,便克服缓冲器背部主油路油压和弹簧力的作用,推动缓冲活塞移动,向缓冲器内部充油,从而降低了作用在换挡执行元件上的油压增长率。这样就使作用在换挡执行元件上的油压按先快后慢的规律增大,使接合过程平稳柔和。

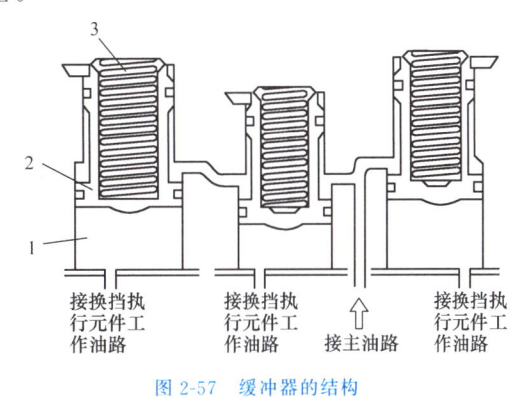

图 2-57 缓冲器的结构

1—阀体;2—缓冲活塞;3—缓冲弹簧

(2)倒挡离合器顺序阀和倒挡制动顺序阀

倒挡离合器顺序阀和倒挡制动顺序阀均用于减小换挡冲击,改善换挡质量。

①倒挡离合器顺序阀

倒挡离合器顺序阀的作用是减小直接离合器 C_2 的接合冲击,改善换挡质量。

如图 2-58 所示,直接离合器 C_2 有两个活塞:内活塞和外活塞。这两个活塞均有其独立的工作油路。内活塞的工作油路承受着来自 2-3 换挡阀的主油路油压,同时该主油路油压还作用在倒挡离合器顺序阀的右端,对倒挡离合器顺序阀施加向左的作用力;外活塞的工作油路受倒挡离合器顺序阀的控制。当作用在倒挡离合器顺序阀右端的压力克服了作用在左端的弹簧力时,顺序阀左移,接通外活塞的工作油路,外活塞工作。这就是说外活塞在内活塞工作之后才能开始工作,如此可减小换挡冲击。

倒挡离合器顺序阀仅在倒挡时起作用,在其他挡(指 D 挡位 3 挡和 4 挡)时不起作用。这是因为在 D 挡位 3 挡或 4 挡,没有主油路油压作用在 B 处,所以外活塞不能工作,不存在内、外活塞的工作顺序。在 D 挡位 3 挡或 4 挡,直接离合器 C_2 只有内活塞起作用。

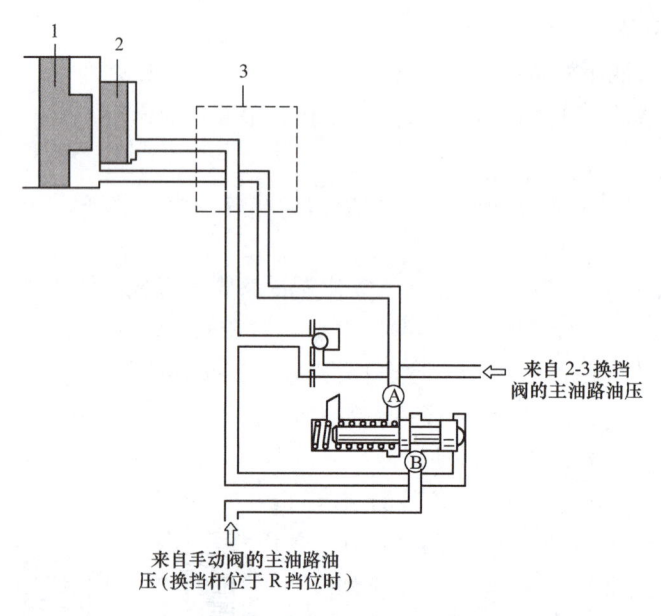

图 2-58 倒挡离合器顺序阀的工作原理
1—直接离合器(C_2外活塞);2—直接离合器(C_2内活塞);3—中心支架

②倒挡制动顺序阀

倒挡制动顺序阀的作用是在倒挡(R挡位)或制动1挡(L挡位)时减小1挡、倒挡制动器B_0的接合冲击,改善换挡质量。

如图2-59所示,倒挡制动顺序阀控制着低倒挡制动器B_3内、外活塞的工作顺序。通向低倒挡制动器B_3内活塞的工作油路只有在通向低倒挡制动器B_3外活塞的油路打开且克服弹簧力将滑阀顶起时才能接通,这就是说内活塞在外活塞工作之后才能开始工作,如此就减小了倒挡时的换挡冲击。

图 2-59 倒挡制动顺序阀的工作原理

2.5 电子控制系统

2.5.1 电子控制系统的组成

电子控制系统是利用节气门位置传感器和车速传感器来监测节气门开度和汽车车速

的。传感器将节气门开度和汽车车速转变为电信号向电控单元输入,电控单元根据其内存的程序对输入的信号进行比较、判断后,向控制换挡阀工作的电磁阀输出信号,控制换挡阀的工作,实现正确换挡。

电子控制系统由传感器、电控单元和执行器三部分组成。

电子控制系统的传感器主要包括节气门位置传感器、车速传感器、冷却水温传感器、发动机转速传感器以及一些控制开关,其作用是感知汽车行驶状况和发动机运转状况,并将其转变为电信号,输入电控单元。

电控单元是控制系统的中枢,其接收传感器的输出信号并进行处理,然后向执行器输出执行信号,控制自动变速器的换挡时刻和变矩器的锁止时刻。有的车型上专设一个自动变速器电控单元(ECT ECU),也有的车型上将自动变速器电控单元和发动机电控单元合为一体,这就是发动机和自动变速器电控单元(发动机和 ECT ECU)。

电子控制系统的执行器是指几个电磁阀。这些电磁阀根据电控单元输出的控制信号控制换挡阀的工作。

图 2-60 所示为电子控制系统的控制原理。

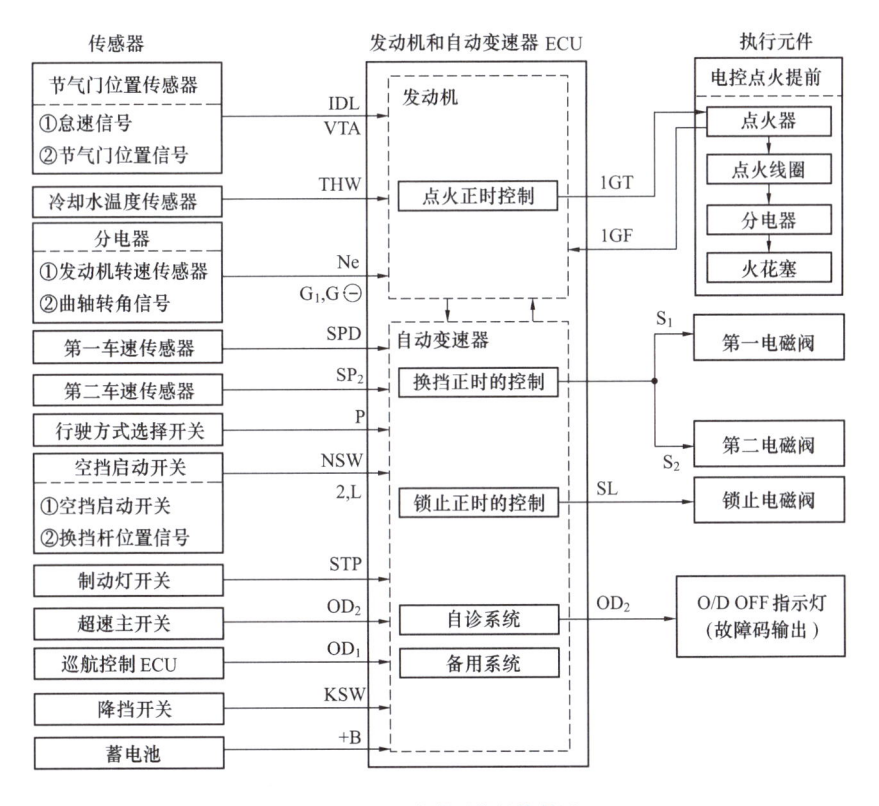

图 2-60 电子控制系统的控制原理

图 2-61、图 2-62 分别为丰田自动变速器电子控制系统的元件布置和电路。

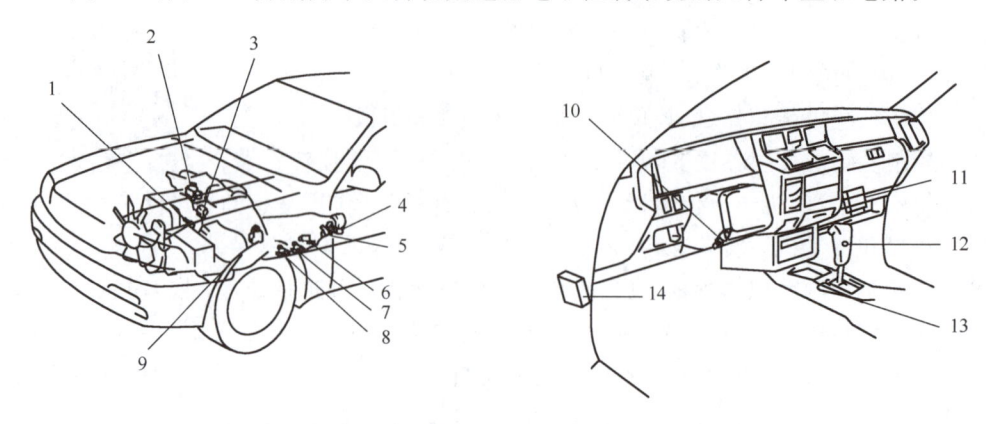

图 2-61　丰田自动变速器电子控制系统的元件布置

1—冷却水温度传感器；2—节气门位置传感器；3—检测插头；4—第一车速传感器；
5—第二车速传感器；6—第二电磁阀；7—第一电磁阀；8—锁止电磁阀；9—空挡启动开关；
10—制动灯开关；11—发动机和自动变速器 ECU；12—O/D 开关；13—行驶方式选择开关；14—巡航控制 ECU

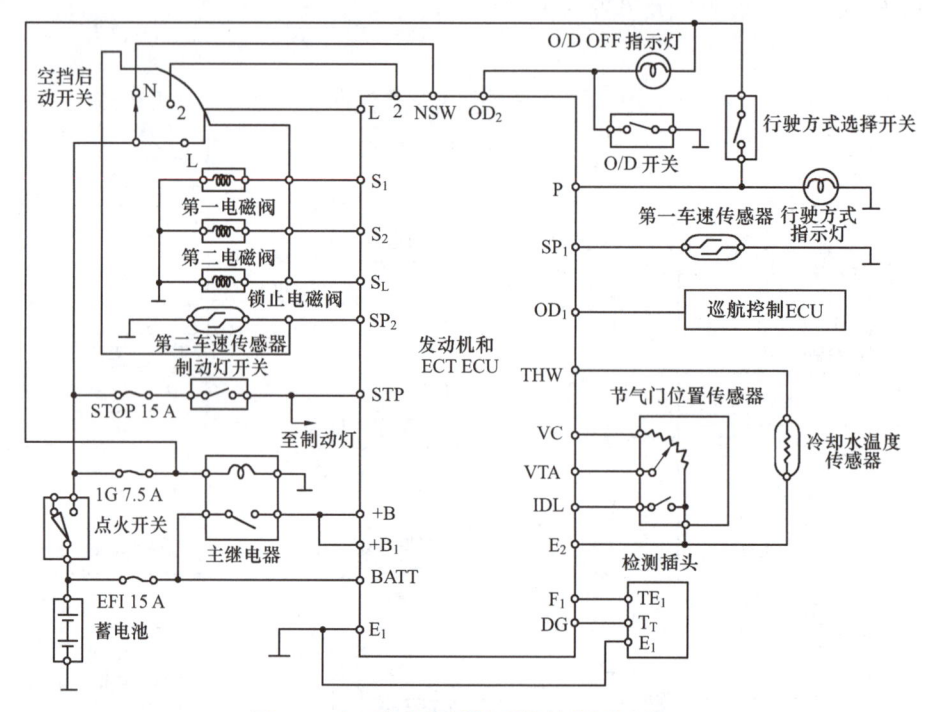

图 2-62　丰田自动变速器电子控制系统的电路

2.5.2　传感器

1.节气门位置传感器

节气门位置传感器的作用是监测发动机节气门开度，并将节气门开度转变为电信号向电控单元输出，电控单元根据该信号和车速信号控制自动变速器的换挡和变矩器锁止离合器的接合与分离。

在装备自动变速器的轿车上,发动机电控系统和变速器电控系统常常共用同一个节气门位置传感器。为了更准确地反映发动机负荷大小,当选用触点式节气门位置传感器时,一般采用多触点式节气门位置传感器。触点数目多,能更精确地反映发动机负荷的变化,以便更加准确地控制自动变速器的换挡时刻和变矩器锁止离合器的锁止时刻。如图2-63所示,该多触点式节气门位置传感器向外有8个端子,分别与传感器内部触点连接,其中端子IDL、ACC$_1$、ACC$_2$、PSW输出的信号用于控制发动机的工作,L$_1$、L$_2$、L$_3$及IDL输出的信号用于自动变速器的控制,E为搭铁。

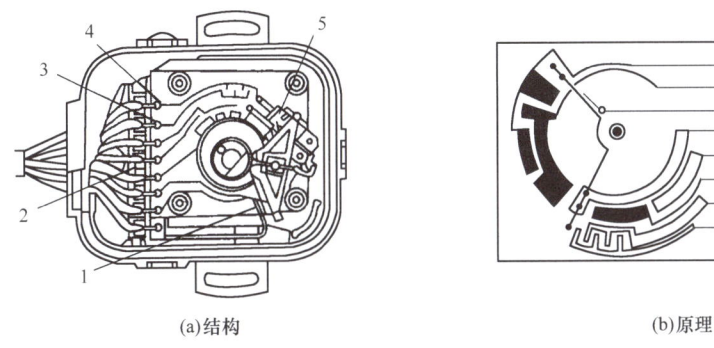

(a)结构　　(b)原理

图 2-63　多触点式节气门位置传感器

1—怠速触点;2—PSW输出信号;3—ACC$_1$输出信号;4—ACC$_2$输出信号;5—加、减速检测触点

图2-64所示为该多触点式节气门位置传感器的输出特性。当节气门处于不同的开度时,各个触点开闭状态的工作组合不同。当节气门完全关闭时,怠速触点IDL闭合,IDL端子输出低电位;当节气门开度处于7%~15%时,触点L$_3$闭合,L$_3$端子输出低电位;其他开度时各端子的状态见表2-3。

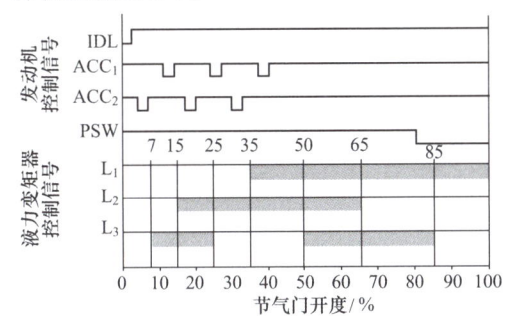

图 2-64　多触点式节气门位置传感器的输出特性

表 2-3　多触点式节气门位置传感器的输出特性

节气门开度/%	传感器输出信号			
	IDL	L$_1$	L$_2$	L$_3$
0	0	1	1	1
0~7	1	1	1	1
7~15	1	1	1	0
15~25	1	1	0	0
25~35	1	1	0	1
35~50	1	0	0	0
50~65	1	0	0	0
65~85	1	0	1	0
85~100	1	0	1	1

注:"1"表示触点断开,输出高电位;"0"表示触点闭合,输出低电位。

2.车速传感器

车速传感器的作用是将汽车行驶速度转变成电信号输入电控单元,用于控制变速器换挡时刻和变矩器锁止时刻。为了实现车速传感器失效保护功能,一般装有两个车速传感器:主车速传感器和辅助车速传感器。两个车速传感器的安装位置因车而异,有的将两个车速传感器都安装在自动变速器上,有的将主车速传感器安装在自动变速器上,将辅助车速传感器安装在组合仪表内。常用的车速传感器有舌簧开关式和电磁感应式两种。

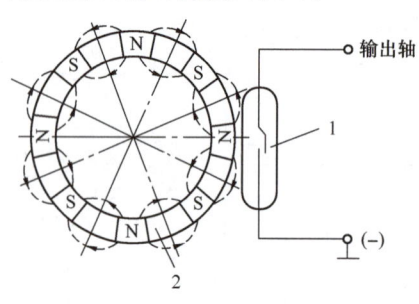

(1)舌簧开关式车速传感器

舌簧开关式车速传感器主要由旋转磁铁(带有若干对磁极)和舌簧开关管组成,如图2-65所示。旋转磁铁安装在自动变速器的输出轴上,舌簧开关管安装在自动变速器的壳体上,并靠近旋转磁铁。

当旋转磁铁在自动变速器输出轴的带动下转动时,其上的磁极便周期性地接近和离开舌簧开关管,舌簧开关管内被磁化了的舌簧开关便在磁铁磁极的作用下周期性地通断。

当舌簧开关管开关串联在电路中时,舌簧开关便使电路周期性地通断,从而产生脉冲信号。若旋转磁铁上有4对磁极,那么,旋转磁铁每转一圈便产生4个脉冲信号。如此,电控单元根据单位时间内脉冲信号的数量就可计算出汽车的行驶速度。

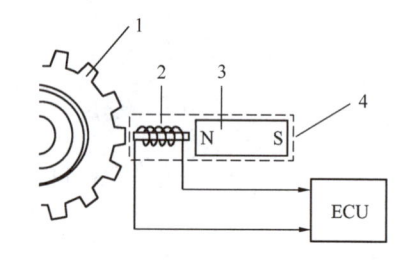

(2)电磁感应式车速传感器

电磁感应式车速传感器主要由永久磁铁和电磁感应线圈组成,如图2-66所示。电磁感应线圈绕在与磁铁相连的铁芯上。传感器安装在自动变速器外壳上,并对准自动变速器输出轴上的齿轮(传感器转子)。

图2-65 舌簧开关式车速传感器
1—舌簧开关管;2—旋转磁铁

图2-66 电磁感应式车速传感器
1—传感器转子;2—电磁感应线圈;3—永久磁铁;4—传感信号发生器

当齿轮转动时,齿轮上的凸齿便不断地靠近和离开传感器,使磁路不断周期性地变化,通过感应线圈内的磁通也不断周期性地变化,感应线圈因此产生了周期性的脉冲信号。该信号输入电控单元后,由电控单元根据单位时间内的脉冲数计算出汽车的行驶速度。

3.挡位开关和空挡启动开关

挡位开关和空挡启动开关是一个多功能开关,安装在自动变速器手动阀摇臂轴上,由换挡杆带动与手动阀摇臂轴一起转动。

挡位开关的作用是监测换挡杆(手动阀)的位置,将换挡杆的位置转换为电信号后输入电控单元,同时控制仪表板上挡位指示灯的工作。电控单元根据输入的挡位开关信号来控制自动变速器的工作。挡位开关信号不同,电控单元所选择的控制程序也不同。以图 2-67 所示丰田自动变速器的挡位开关为例,当电控单元的 N、2 或 L 端子接收到高电位信号时,便判断换挡杆位于 N、2 或 L 挡位;当电控单元的 N、2 和 L 端子都没有接收到高电位信号时,便判断换挡杆位于 D 挡位。

空挡启动开关的作用是控制启动机只有在换挡杆处于 P 挡位或 N 挡位时才能工作,发动机才能启动。以图 2-67 所示丰田自动变速器的空挡启动开关为例,当换挡杆处于 P 挡位或 N 挡位时,空挡启动开关才能接通启动继电器的工作电路,启动机才能工作。

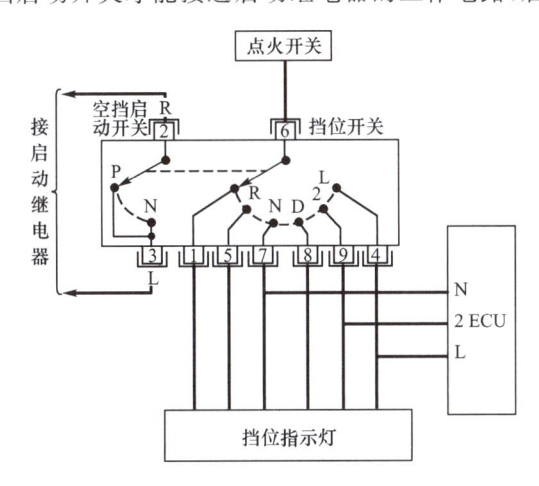

图 2-67 丰田自动变速器挡位开关和空挡启动开关

4.行驶方式选择开关

行驶方式选择开关用于选择自动变速器的控制模式。自动变速器一般有标准模式(又称正常模式,NORMAL,简称"NORM"或"N")和动力模式(POWER,简称"PWR"或"P")两种行驶方式。

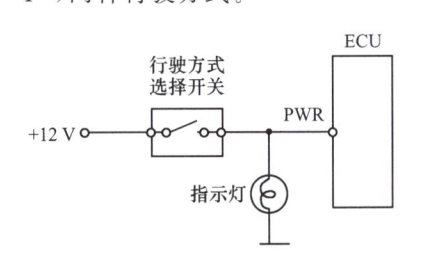

自动变速器的标准模式行驶方式,既考虑了经济性,又考虑了动力性,而其动力模式行驶方式则仅仅考虑了汽车的动力性,没有考虑其经济性。电控单元根据行驶方式选择开关信号来控制程序,控制自动变速器的工作模式。

图 2-68 所示为行驶方式选择开关的工作电路。

图 2-68 行驶方式选择开关的工作电路

当行驶方式选择开关打开时,行驶方式选择开关指示灯灭,电控单元 PWR 端子的电位为零,此时,电控单元控制自动变速器按标准模式工作。当行驶方式选择开关闭合时,行驶方式选择开关指示灯亮,电控单元 PWR 端子电位变为 12 V,此时,电控单元控制自动变速器按动力模式工作。

5.超速主开关

超速主开关用于控制自动变速器超速挡的工作。超速主开关安装在换挡杆上。

图 2-69 所示为超速主开关的工作电路。当超速主开关(O/D 开关)断开(超速主开关按钮按下)时,O/D OFF 指示灯(超速行驶切断指示灯)灭,电控单元的 OD_2 端子接收到

12 V 的高电位信号,此时,电控单元控制自动变速器可进入超速挡工作;当超速主开关接通时,O/D OFF 指示灯亮,电控单元的 OD₂ 端子接收到低电位信号,此时,电控单元控制自动变速器不能进入超速挡工作。

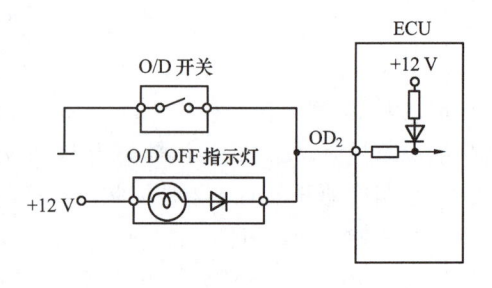

图 2-69 超速主开关的工作电路

6.降挡开关(自动跳合开关)

降挡开关的作用是监测节气门开度是否达到节气门全开的位置(一般指节气门开度大于 85%)。当节气门开度到达全开位置时,降挡开关便闭合,同时向电控单元输入一个降挡信号。电控单元根据此信号控制自动变速器降低一个挡位,以满足汽车对动力性的要求。

2.5.3 电控单元

电控单元的作用是接收反映汽车行驶状况和发动机运转状况的各传感信号,并对其进行分析处理后,向执行器(第一电磁阀、第二电磁阀、锁止电磁阀、油压电磁阀)发出执行指令,控制自动变速器的换挡正时、锁止正时及油压。另外,电控单元还具有超速挡控制、缓冲器背压控制、发动机转矩控制、故障自诊断和失效保护等功能。

1.换挡正时的控制

(1)自动换挡图

换挡正时(换挡时刻)是指自动变速器换挡杆在前进挡位(D、2 或 L)时,几个前进挡(指 1 挡、2 挡、3 挡、超速挡)之间的自动变换时刻。电子控制自动变速器的换挡动作取决于节气门开度和汽车车速。对应于每一节气门开度,自动变速器都有一最佳换挡车速,使汽车的经济性或动力性达到最佳。通过试验可得到自动变速器在各个节气门开度下的最佳换挡车速,把它们之间的关系用图线表示出来,就得到自动换挡图,如图 2-70 所示。

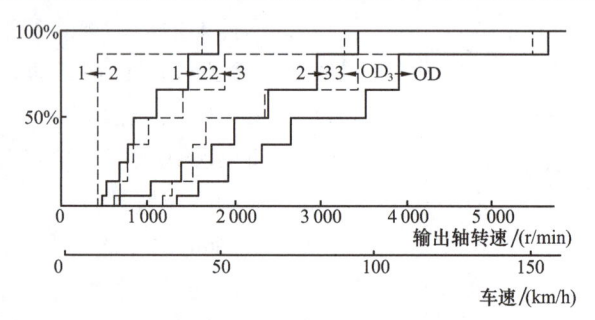

图 2-70 自动变速器的自动换挡图

对于电子控制自动变速器,由于模拟节气门开度的电参数是阶梯式变化的,因此,其自动换挡图也是阶梯式的。

另外,为使汽车有不同的行驶方式,各型号电子控制自动变速器 ECU 的内部存储了几个反映不同换挡规律的自动换挡图。

(2)换挡正时的控制过程

电子控制自动变速器在工作时,电控单元首先根据行驶方式选择开关和空挡启动开关输入的行驶方式(指标准行驶方式和动力行驶方式)信号和换挡杆的位置信号(N、D、2、L)从存储器中选择相应的自动换挡图,然后,再根据汽车行驶中节气门位置传感器和车速传感器提供的节气门开度信号和汽车车速信号,在选定的自动换挡图上确定最佳换挡时刻。当在某节气门开度下,汽车达到电控单元内存的最佳换挡车速时,电控单元便向执行器(换挡电磁阀)发出指令,控制换挡。控制换挡阀工作的换挡电磁阀一般有两个:第一换挡电磁阀和第二换挡电磁阀。

2.变矩器锁止正时的控制

变矩器是靠工作液将发动机转矩传递给变速系统,并吸收和缓冲来自发动机和传动系统的扭转振动,使汽车能自动平稳变速。但变矩器的固有缺点是动力传递效率低,为此,人们设计了带锁止离合器的变矩器,让汽车在高速时锁止变矩器,使其变成纯机械传动。变矩器的锁止时刻由电控单元根据各传感器输入的信号进行控制。最佳的锁止时刻应使汽车既能获得好的动力性和经济性,又能满足自动变速器的换挡要求,使汽车获得良好的行驶性。变矩器的最佳锁止时刻受节气门开度、汽车车速、冷却液温度、行驶方式、挡位等参数的影响。通过试验可获得各种工况下的最佳锁止时刻,并将其编程存入电控单元的存储器。

自动变速器工作时,电控单元先根据行驶方式选择开关和挡位开关输入的行驶方式信号(标准模式或动力模式)和挡位信号(D、2、L),选出相应的变矩器最佳锁止程序,然后再根据节气门位置传感器和车速传感器输入的节气门开度信号和汽车车速信号,从变矩器最佳锁止程序中确定出最佳锁止时刻,并通过锁止电磁阀的开或关,控制锁止转换阀动作,变换变矩器液压油路,使变矩器锁止离合器接合或分离。

锁止离合器在下列情况下将切断锁止电磁阀的电路,使锁止离合器分离。

(1)制动灯开关接通(制动)时。

(2)节气门怠速触点闭合(节气门全关)时。

(3)水温低于60 ℃时。

(4)自动变速器升挡或降挡时。

在制动或发动机怠速时使锁止离合器分离,其目的是防止驱动轮在被抱死或转速低时发动机熄火。

在水温低时,使锁止离合器分离,其目的是加快预热,使发动机尽快达到正常工作温度。

在换挡时,使锁止离合器停止工作,其目的是减小换挡时的冲击。

另外,电控单元除利用锁止电磁阀来控制锁止正时外,还利用它来调节锁止离合器的液压,以使锁止离合器柔和地接合与分离。

3.超速挡的控制

当换挡杆位于D挡位且超速主开关位于"ON"位(超速主开关断开,O/D OFF指示灯不亮)时,电控单元根据其接收的超速主开关信号,控制变速器可以升入超速挡工作。反之,当换挡杆上的超速主开关位于"OFF"位(超速主开关接通,O/D OFF指示灯亮)时,电控单元控制变速器不能升入超速挡工作。

在下列情况下,即使换挡杆位于D挡位且超速主开关位于"ON"位,自动变速器也不能升入超速挡工作。

(1)冷却水温低于60 ℃时。

(2)汽车使用巡航控制系统在超速挡行驶且其实际车速低于设定车速约4 km/h时,巡航控制ECU将向发动机和自动变速器ECU输出指令,发动机和自动变速器ECU便控制解除超速行驶。

4.缓冲器背压的控制

在自动变速器换挡时,由电控单元控制作用在缓冲器背压腔的背压,进而控制作用在换挡执行元件上的液压,使制动器、离合器接合柔和,达到换挡平顺的目的。

5.发动机转矩的控制

在某些较先进的电子控制自动变速器上,电控单元还具有发动机转矩控制功能。其控制过程是:在电控单元控制自动变速器换挡的同时,也控制推迟发动机的点火时刻或减小喷油量,减小发动机输出转矩,这样就减小了换挡冲击。待换挡结束后,电控单元又控制恢复正常的点火时刻或喷油量。

6.故障自诊断

电子控制自动变速器的电控单元都设有故障自诊断系统,故障自诊断系统根据传感器的输入信号是否在规定范围内、执行器工作时的反馈信号是否正常来判断传感器、执行器及其相关电路是否有故障。一旦某电路信号出现异常,故障自诊断系统便判定该电路及其有关的传感器或执行器有故障,并将指示这些故障的信息以故障码的形式储存下来,同时,使O/D OFF指示灯亮起来(按下超速挡开关也不能让其熄灭),警告驾驶员自动变速器有故障,应及时修理。

当O/D OFF指示灯亮起,显示自动变速器电子控制系统有故障时,可按各车型规定的步骤提取故障信息,并按故障信息指示的故障范围进行检查、修理。

7.失效保护功能

失效保护功能是指当自动变速器电控单元检测到某传感器、执行器及其工作电路出现故障时,电控单元将控制自动变速器按预先存储的程序继续工作。不同的车型,其失效保护功能的内容是不相同的。现以丰田自动变速器为例说明失效保护功能。丰田自动变速器最重要的失效保护功能有以下两项:

(1)车速传感器的失效保护功能

丰田自动变速器设有两个车速传感器:辅助车速传感器(No.1车速传感器)和主车速传感器(No.2车速传感器)。主车速传感器用于自动变速器的换挡控制;辅助车速传感器是车速表的传感信号,并作为换挡控制的备用信号。当主车速传感器失效时,电控单元便利用辅助车速传感器控制换挡。

(2)电磁阀的失效保护功能

用于换挡控制的电磁阀有两个:第一电磁阀和第二电磁阀。这两个电磁阀的失效保护情况见表2-4。

表 2-4　　　　　　　　　丰田自动变速器电磁阀失效保护

换挡杆位置	正常 电磁阀 第一	正常 电磁阀 第二	正常 传动挡位	第一电磁阀失效 电磁阀 第一	第一电磁阀失效 电磁阀 第二	第一电磁阀失效 传动挡位	第二电磁阀失效 电磁阀 第一	第二电磁阀失效 电磁阀 第二	第二电磁阀失效 传动挡位	两电磁阀失效 电磁阀 第一	两电磁阀失效 电磁阀 第二	两电磁阀失效 传动挡位
D	ON	OFF	1挡	×	OFF	超速挡	ON	×	1挡	×	×	超速挡
D	ON	ON	2挡	×	ON	3挡	ON	×	1挡	×	×	超速挡
D	OFF	ON	3挡	×	ON	3挡	OFF	×	超速挡	×	×	超速挡
D	OFF	OFF	超速挡	×	OFF	超速挡	OFF	×	超速挡	×	×	超速挡
2	ON	OFF	1挡	×	OFF	超速挡	ON	×	1挡	×	×	3挡
2	ON	ON	2挡	×	ON	3挡	ON	×	1挡	×	×	3挡
2	OFF	ON	3挡	×	ON	3挡	OFF	×	3挡	×	×	3挡
L	ON	OFF	1挡	×	OFF	1挡	ON	×	1挡	×	×	1挡
L	ON	ON	2挡	×	ON	2挡	ON	×	1挡	×	×	1挡

注：×—电磁阀失效；ON—电磁阀通电；OFF—电磁阀断电。

锁止电磁阀用于变矩器的锁止控制。当该电磁阀失效时，电控单元便控制停止变矩器锁止离合器的工作，使变矩器锁止离合器一直处于分离状态。

2.5.4　执行器

自动变速器电子控制系统的执行器是指控制换挡阀和锁止阀动作的电磁阀。电磁阀的工作由电控单元控制。一般电子控制自动变速器有三个电磁阀：第一电磁阀、第二电磁阀和锁止电磁阀。第一和第二电磁阀用于控制换挡阀的动作，锁止电磁阀用于控制锁止阀的动作。另外，在某些电子控制自动变速器上还设有一个油压电磁阀，该电磁阀用于控制主油路油压，使主油路油压随节气门开度的变化而变化，从而满足自动变速器传递转矩的要求，这种电磁阀的动作由电控单元主要根据节气门开度信号进行控制。在设有油压电磁阀的电子控制自动变速器上将彻底取消节气门阀。

无论何种电磁阀，其基本结构都是相同的，都是由电磁线圈、阀门、阀门弹簧等组成的。

当电磁阀通电时，电磁线圈产生电磁吸引力，吸动阀门，打开泄油口，使油路上油压减小；当电磁阀断电时，电磁线圈无电磁吸引力，在阀门弹簧的作用下，阀门复位，关闭泄油口，使油路中油压增大。如此，电磁阀通过控制泄油口的开和闭来控制油路油压。电磁阀的用途不同，用于控制电磁阀动作的电信号也不同，据此可将电磁阀分为开关型电磁阀和脉冲线性型电磁阀。

开关型电磁阀的控制信号是恒定的。当向电磁阀加上恒定电压时，阀门打开；撤去恒定电压时，阀门关闭。

脉冲线性型电磁阀的控制信号是脉冲电信号。改变脉冲电信号的占空比可使电磁阀的泄油口有不同的开度。占空比是指脉冲电信号在一个周期内高电平时间所占的比率。脉冲电信号的占空比大，电磁阀的平均开度就大；占空比小，其平均开度就小。

2.5.5 电子控制系统的控制过程

电子控制自动变速器的控制过程包括自动变速器的换挡控制过程和变矩器锁止离合器的控制过程。

1. 电子控制自动变速器的换挡控制过程

电子控制自动变速器换挡阀的动作由电控单元通过换挡电磁阀控制。

（1）电子控制自动变速器的换挡控制原理

换挡电磁阀对换挡阀的控制过程如图 2-71 所示。换挡电磁阀控制着换挡阀左端的主油路。当电磁阀打开其泄油口时，换挡阀左端无主油路油压，在弹簧力作用下换挡阀位于左端，由主油路到换挡执行元件的油路是接通的，换挡执行元件工作；当电磁阀关闭其泄油口时，主油路压力油作用在换挡阀左端，推动换挡阀右移，切断了主油路和到换挡执行元件的油路，换挡执行元件停止工作。如此，实现了挡位变换，这就是换挡电磁阀对换挡阀的控制过程。

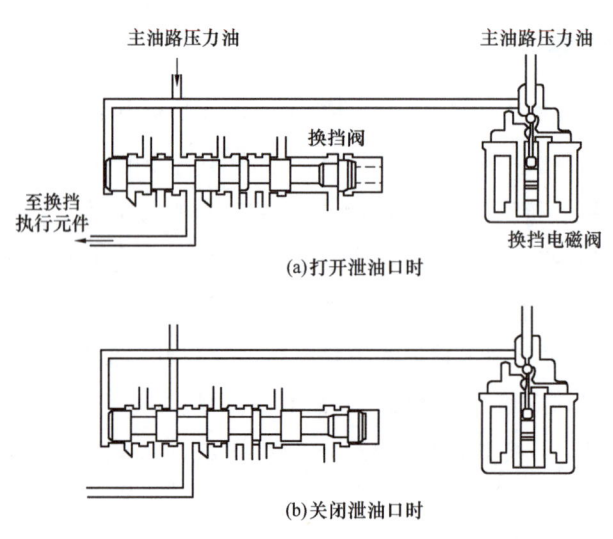

图 2-71 换挡电磁阀对换挡阀的控制过程

有四个前进挡的自动变速器设置有三个换挡阀，即 1-2 换挡阀、2-3 换挡阀、3-4 换挡阀。在电子控制自动变速器上，这三个换挡阀都受控于换挡电磁阀。自动变速器的型号不同，所使用的换挡电磁阀的数目也不同。有的使用三个换挡电磁阀，有的使用两个换挡电磁阀。目前，大部分电子控制自动变速器都采用两个换挡电磁阀，即用两个换挡电磁阀控制三个换挡阀的工作，如图 2-72 所示。

(a)1挡　　　　　　　　　　(b)2挡

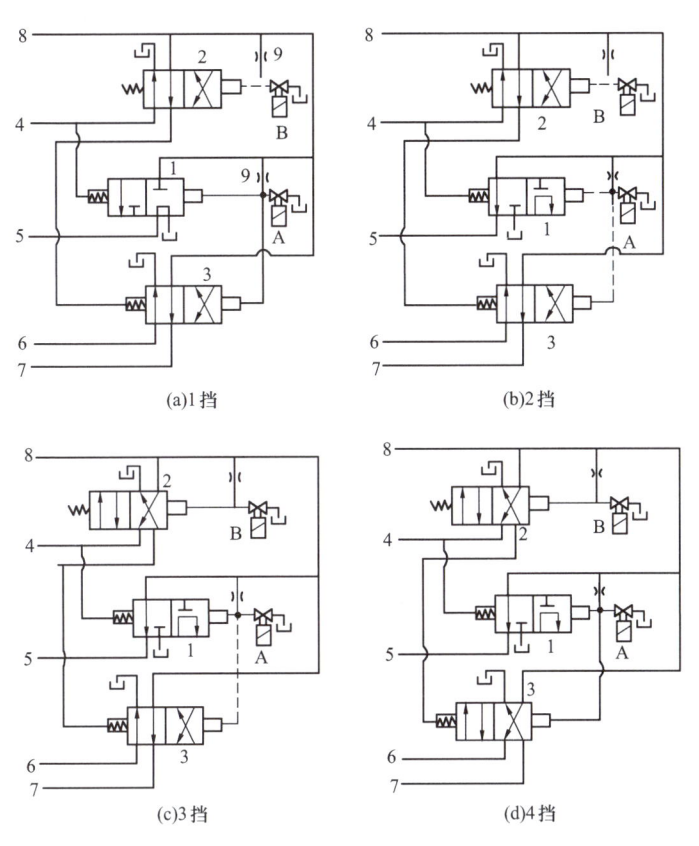

(c)3挡　　　　　　　　　　(d)4挡

图 2-72　四速电子控制自动变速器换挡阀的工作过程(使用两个换挡电磁阀)

1—1-2 换挡阀;2—2-3 换挡阀;3—3-4 换挡阀;4—3 挡油路;5—2 挡油路;6—超速制动器油路;
7—超速离合器油路;8—来自手动阀的主油路;9—节流阀;A、B—换挡电磁阀

在这种控制系统中,共有两个换挡电磁阀 A 和 B,它们控制着三个换挡阀(1-2 换挡阀、2-3 换挡阀、3-4 换挡阀)的工作。其中电磁阀 A 控制 1-2 换挡阀和 3-4 换挡阀,电磁阀 B 控制 2-3 换挡阀。当断电时,电磁阀关闭泄油口,来自手动阀的主油路压力作用于换挡阀的右端,该压力油推动滑阀克服左端弹簧力左移;反之,当通电时,电磁阀打开泄油口,换挡阀右端的油压消失,在弹簧力的作用下,滑阀右移。这样电磁阀通过控制换挡阀左、右位置的变换来改变来自手动阀主油路压力油的供给方向,从而实现挡位变换。

表 2-5 为 A、B 两个换挡电磁阀在自动变速器各挡位的工作情况。

表 2-5　A、B 两个换挡电磁阀在自动变速器各挡位的工作情况

换挡电磁阀	1挡	2挡	3挡	4挡(超速挡)
A	OFF	ON	ON	OFF
B	ON	ON	OFF	OFF

注:"ON"表示换挡电磁阀通电;"OFF"表示换挡电磁阀断电。

在 1 挡时,电磁阀 A 断电,电磁阀 B 通电。电磁阀 A 断电,其泄油口关闭,主油路压

力作用在1-2换挡阀和3-4换挡阀右端。1-2换挡阀在右端主油路油压作用下左移,此时,该阀上诸油路均不通;3-4换挡阀两端均作用着主油路油压,二者抵消,该阀在弹簧作用下右移,接通超速离合器的油路。电磁阀B通电,其泄油口打开,2-3换挡阀右端油压泄掉,该阀在弹簧作用下右移,此时,该阀将主油路油压引向3-4换挡阀左端。

在2挡时,电磁阀A、B均通电,1-2换挡阀、2-3换挡阀、3-4换挡阀右端油压均泄掉。此时,1-2换挡阀右移,接通2挡油路,3-4换挡阀仍处在右位,继续接通超速离合器油路;和1挡时一样,2-3换挡阀也继续将主油路油压引向3-4换挡阀左端。

在3挡时,电磁阀A通电,电磁阀B断电。电磁阀A通电,与2挡相同,1-2换挡阀接通2挡油路,3-4换挡阀接通超速离合器油路。电磁阀B断电,其泄油口关闭,主油路油压作用在2-3换挡阀右端,该阀左移,接通3挡油路,同时泄去3-4换挡阀左端的油压,并将主油路油压作用在1-2换挡阀左端。

在超速挡时,电磁阀A、B均断电,电磁阀泄油口关闭,主油路油压作用在1-2换挡阀、2-3换挡阀、3-4换挡阀右端。此时由于1-2换挡阀的左端也作用着主油压,因此仍保持在右位;3-4换挡阀滑阀左移,泄去超速离合器上的油压,同时将主油路油压加在超速制动器上;2-3换挡阀的工作情况和3挡时完全相同。

由上述分析可知,电控单元通过控制电磁阀的动作即可控制自动变速器的换挡过程。

(2)电子控制自动变速器的换挡控制过程

丰田电子控制自动变速器换挡执行元件及换挡电磁阀的工作情况见表2-6和表2-7。各挡位的控制过程如下:

表2-6　　丰田电子控制自动变速器换挡执行元件的工作情况

换挡杆位置	传动挡位	换挡执行元件								
		C_0	C_1	C_2	B_0	B_1	B_2	B_3	F_0	F_1	F_2
P	停车挡	○						○	○		
R	倒挡	○		○				○	○		
N	空挡	○									
D	1挡	○	○						○		○
D	2挡	○	○				○		○	○	
D	3挡	○	○	○			○		○		
D	超速挡		○	○	○		○		○		
2	1挡	○	○						○		○
2	2挡	○	○			○			○	○	
L	1挡	○	○					○	○		○

表 2-7　　　　　　　　　　丰田自动变速器换挡电磁阀的工作情况

换挡杆位置	传动挡位	电磁阀		
		1号电磁阀	2号电磁阀	3号电磁阀
P	停车挡			
R	倒挡			OFF
N	空挡			
D	1挡	ON	OFF	OFF
	2挡	ON	ON	OFF 或 ON
	3挡	OFF	ON	OFF 或 ON
	超速挡	OFF	OFF	OFF 或 ON
2	1挡	ON	OFF	OFF
	2挡	ON	ON	OFF 或 ON
L	1挡	ON	OFF	OFF

注："ON"表示电磁阀通电；"OFF"表示电磁阀断电。

①P挡位

当换挡杆在P挡位时，手动阀切断各供油油路。由于通向两个换挡电磁阀的油路中无压力油，因此1-2换挡阀、2-3换挡阀、3-4换挡阀在弹簧的作用下均处于右端位置。此时，只有主油路压力油通过3-4换挡阀作用在超速离合器C_0上，如图2-73所示。

②R挡位

当换挡杆位于R挡位时，手动阀接通直接离合器C_2、低倒挡制动器B_3的油路，使变速系统处于倒挡，同时，还将主油路通至主调压阀下端，使倒挡时主油路压力提高。其他油路同P挡位，如图2-74所示。

③N挡位

换挡杆在N挡位时控制系统工作油路与P挡位相同。

④D挡位

当换挡杆位于D挡位时，手动阀接通前进离合器C_1、第一和第二换挡电磁阀、1-2换挡阀和2-3换挡阀的油路（3-4换挡阀油路与主油路直接接通），其他油路同P挡位。自动变速器各前进挡之间的变换由电控单元根据传感器信号通过控制换挡电磁阀来实现。

a.D挡位1挡（前进1挡）：如图2-75所示，在D挡位1挡，电控单元控制第一换挡电磁阀通电，第二换挡电磁阀断电。

第一换挡电磁阀通电，其泄油口打开，2-3换挡阀右端失去油压，在弹簧力作用下，2-3换挡阀处于右端，来自手动阀的主油路压力经2-3换挡阀作用在3-4换挡阀左端。

第二换挡电磁阀断电，其泄油口关闭，主油路压力作用在1-2、3-4换挡阀右端。此时，1-2换挡阀在主油路压力作用下克服弹簧力左移，而3-4换挡阀因左右两端均作用着主油路压力，相互抵消，因此在弹簧力的作用下，3-4换挡阀仍处于右端，来自油泵的主油路压力油经3-4换挡阀作用在超速离合器C_0上。

b.D挡位2挡（前进2挡）：如图2-76所示，在D挡位2挡，电控单元控制第一、第二换挡电磁阀均通电。

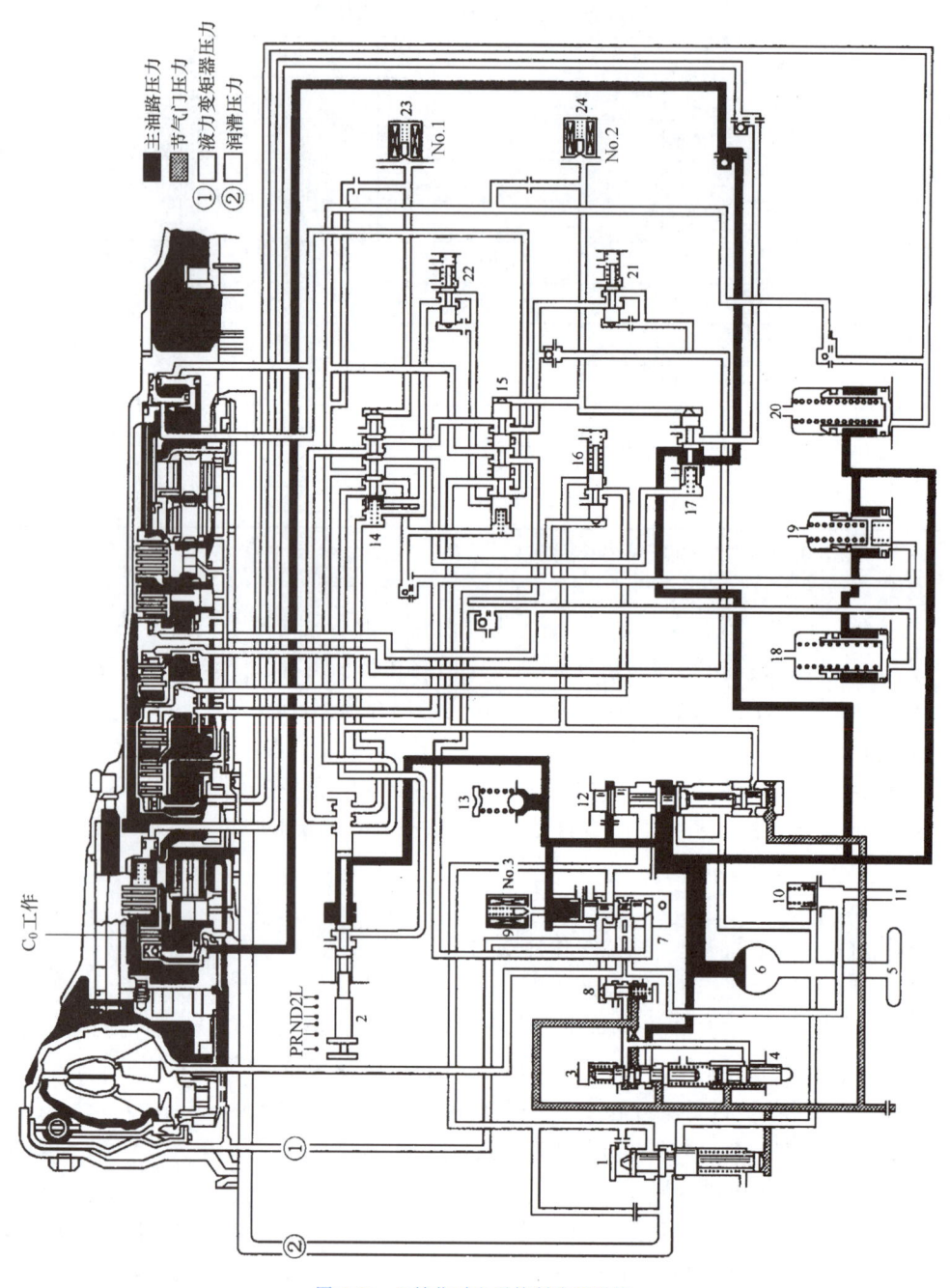

图 2-73　P 挡位时电子控制液压系统

1—次调压阀；2—手动阀；3—节气门阀；4—强制降挡柱塞；5—滤油器；6—油泵；7—锁止阀；8—逆转阀；9—3 号电磁阀(锁止电磁阀)；10—散热器旁通阀；11—接散热器；12—主调压阀；13—限压阀；14—2-3 换挡阀；15—1-2 换挡阀；16—倒挡离合器顺序阀；17—3-4 换挡阀；18—2 挡制动器 B_2 缓冲器；19—直接离合器 C_2 缓冲器；20—前进离合器 C_1 缓冲器；21—2 挡滑行调压阀；22—低挡滑行调压阀；23—1 号电磁阀(第一换挡电磁阀)；24—2 号电磁阀(第二换挡电磁阀)；C_0—超速离合器

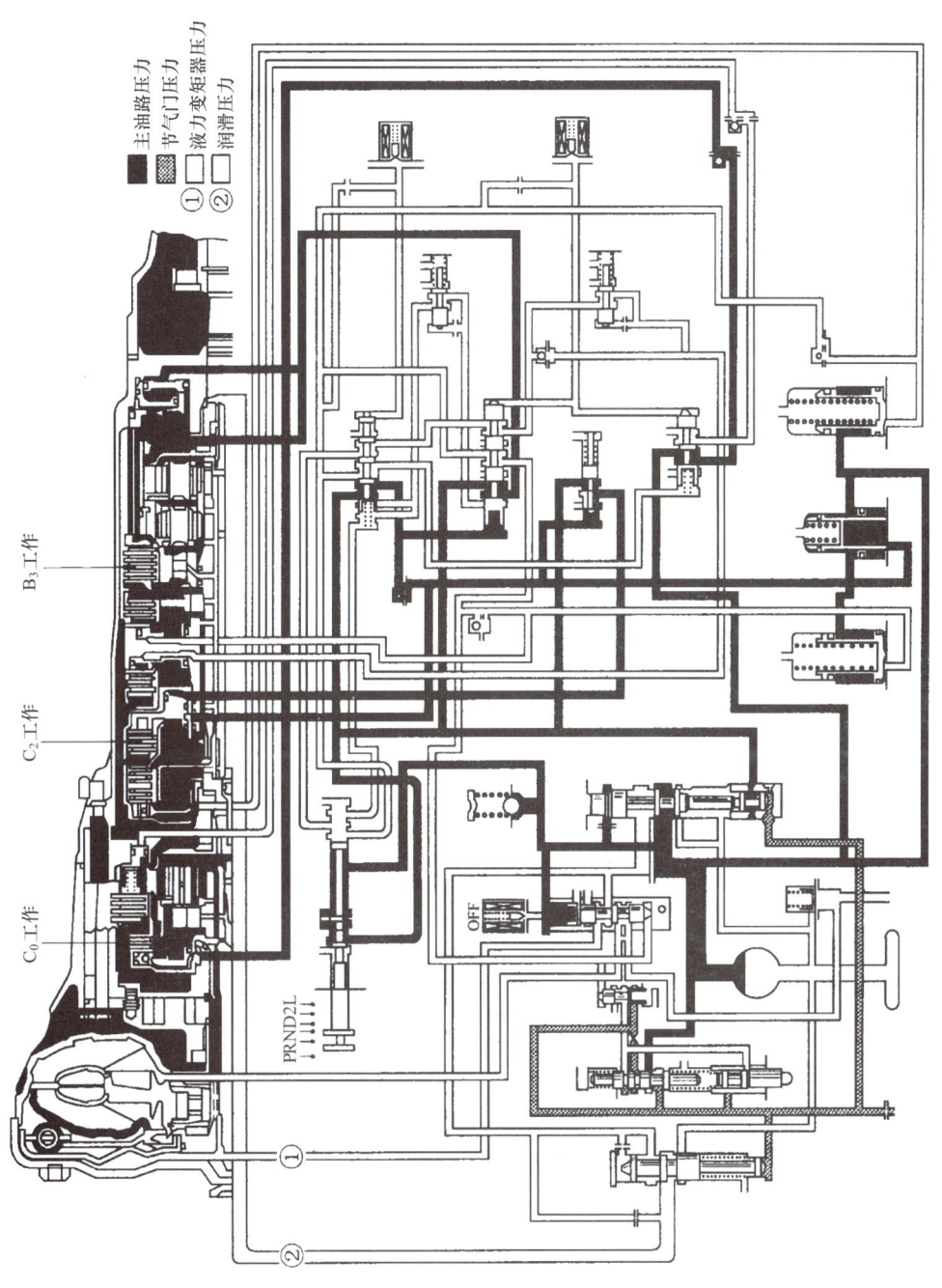

图 2-74 R 挡位时电子控制液压系统

C₀—超速离合器；C₂—直接离合器；B₃—低倒挡制动器

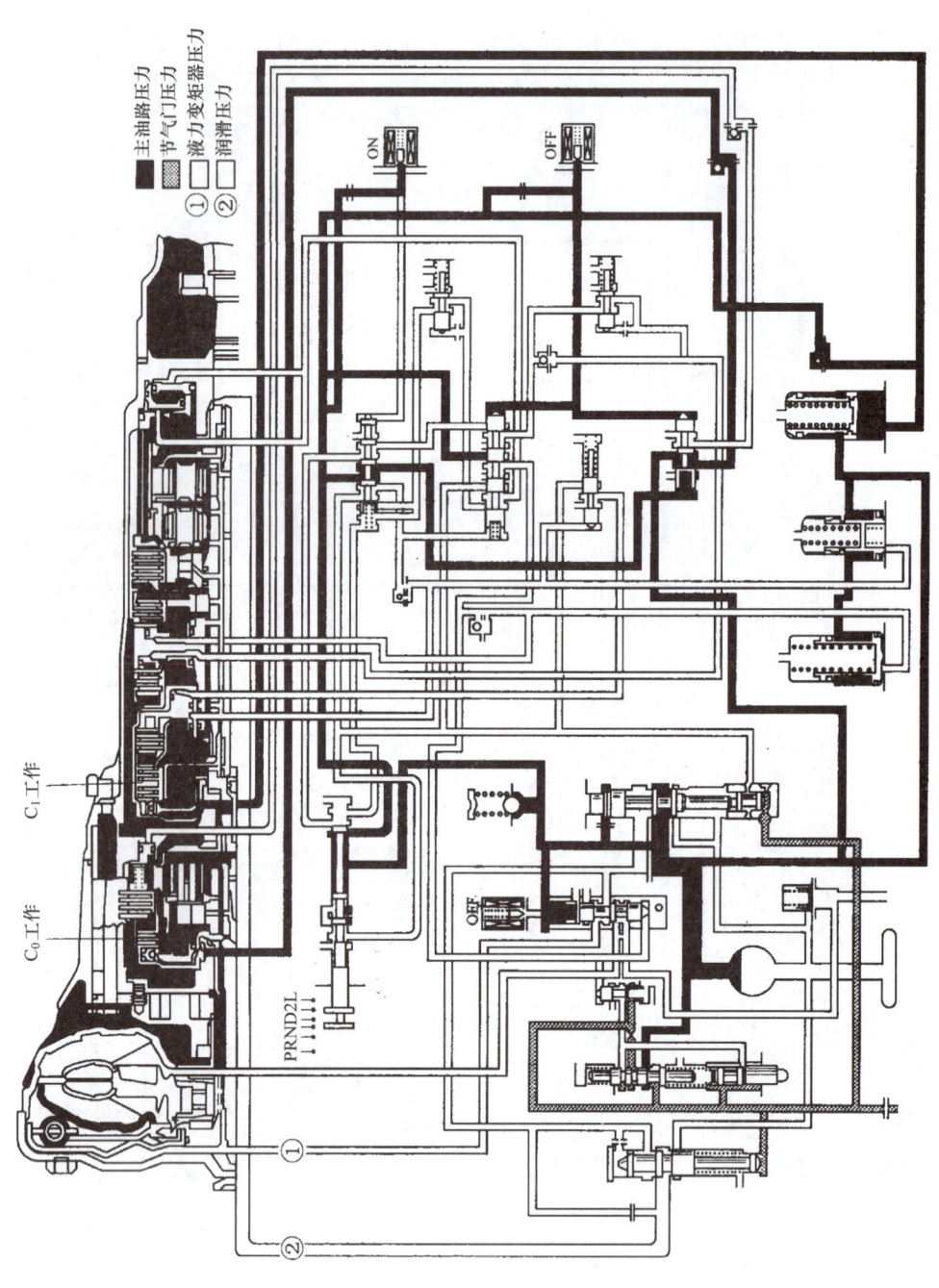

图 2-75 D挡位1挡时电子控制液压系统
C_0—超速离合器；C_1—前进离合器

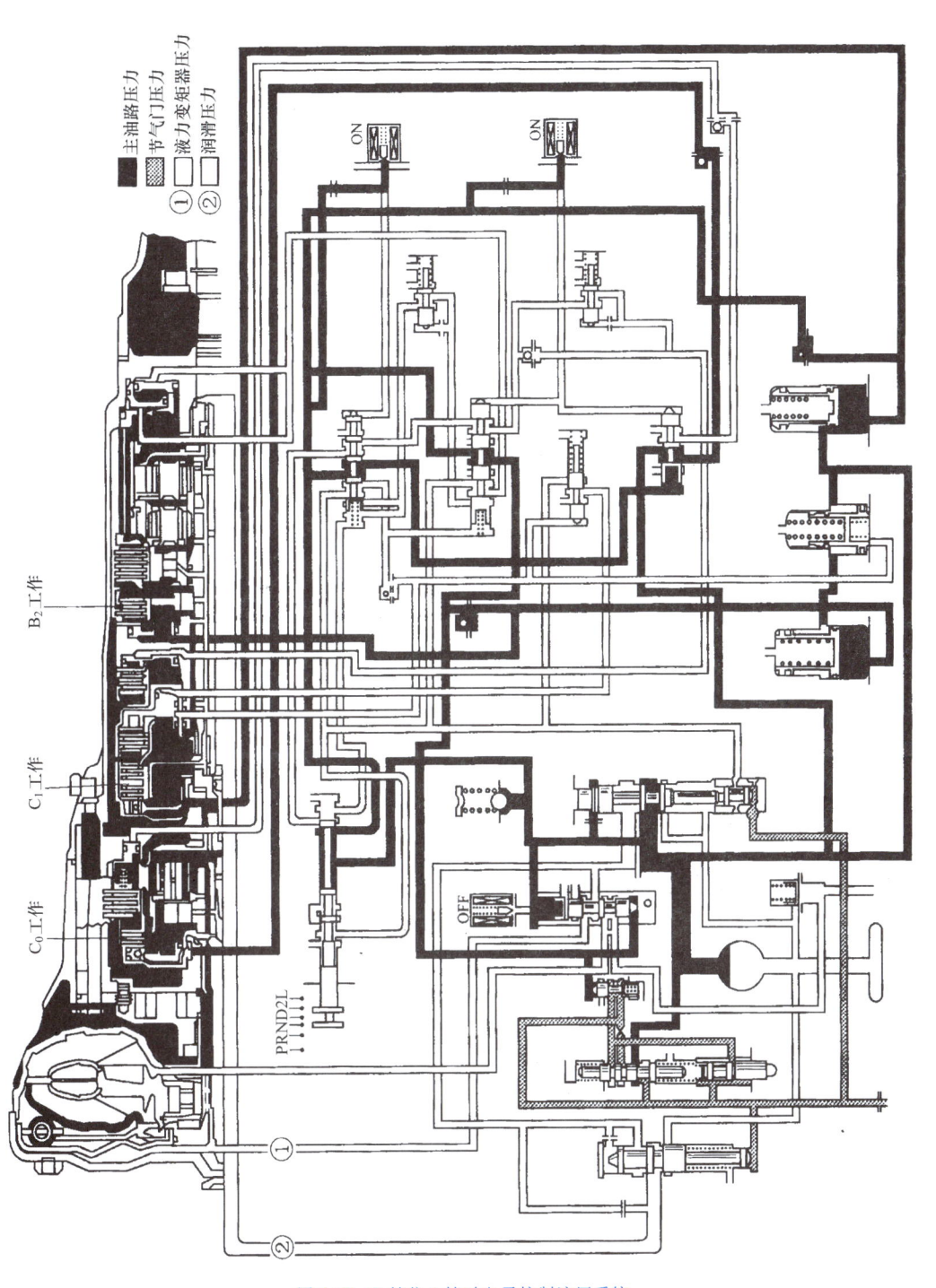

图 2-76 D 挡位 2 挡时电子控制液压系统

C_0—超速离合器；C_1—前进离合器；B_2—2 挡制动器

第一换挡电磁阀通电,该阀所控制的2-3换挡阀的油路同D挡位1挡。

第二换挡电磁阀通电,其泄油口打开,1-2换挡阀和3-4换挡阀右端均失去油压,1-2换挡阀移到右端,3-4换挡阀仍保持在右端。来自手动阀的主油路压力油经1-2换挡阀分别通到2挡制动器B_2、2挡制动器B_2缓冲器、逆转阀上端、锁止阀下端。和D挡位1挡相同,来自油泵的主油路压力油经3-4换挡阀作用于超速离合器C_0上。

c.D挡位3挡(直接挡):如图2-77所示,在D挡位3挡,电控单元控制第一换挡电磁阀断电,第二换挡电磁阀通电。

第一换挡电磁阀断电,其泄油口关闭,主油路油压作用在2-3换挡阀右端,使2-3换挡阀克服弹簧力移向左端。来自手动阀的主油路压力油经2-3换挡阀作用于1-2换挡阀左端、直接离合器C_2及其缓冲器上;与此同时,作用于3-4换挡阀左端的压力油经由2-3换挡阀到手动阀泄掉。但由于此时3-4换挡阀右端也无油压,因此3-4换挡阀的位置不变,仍处于右端。

第二换挡电磁阀通电,该电磁阀所控制的1-2换挡阀和3-4换挡阀的油路与D挡位2挡相同。

d.D挡位4挡(超速挡):如图2-78所示,在D挡位4挡,电控单元控制两换挡电磁阀均断电。

第一换挡电磁阀断电,该电磁阀所控制的2-3换挡阀的油路与D挡位3挡相同。

第二换挡电磁阀断电,其泄油口关闭,主油路油压作用在1-2换挡阀和3-4换挡阀右端。此时,由于1-2换挡阀两端均作用着主油路油压,因此,1-2换挡阀仍处于右端,1-2换挡阀所控制的主油路压力油作用在2挡制动器B_2及其缓冲器、逆转阀上端、锁止阀下端。3-4换挡阀在右端主油路油压的作用下,克服弹簧力移向左端,来自油泵的主油路压力油经3-4换挡阀作用在超速制动器B_0上。与此同时,作用在超速离合器C_0上的压力油经3-4换挡阀泄去。由上述分析可知:仅仅在超速挡时来自油泵的主油路压力油被3-4换挡阀切换到超速制动器B_0上,在其他挡位均作用在超速离合器C_0上。

⑤2挡位

当换挡杆位于2挡位时,手动阀除接通D挡位的所有油路外,还接通通向2挡滑行调压阀的油路,该油路的通断由1-2换挡阀控制,其他油路同P挡位。

a.2挡位1挡:如图2-79所示,在2挡位1挡时,电控单元控制第一换挡电磁阀通电,第二换挡电磁阀断电。

第二换挡电磁阀断电后,主油路油压作用在1-2换挡阀右端,1-2换挡阀左移。由手动阀至2挡滑行调压阀的油路被1-2换挡阀切断。因此,2挡位1挡的控制油路与D挡位1挡完全相同。

b.2挡位2挡:如图2-80所示,在2挡位2挡,电控单元控制两个换挡电磁阀均通电。

第二换挡电磁阀通电后,其泄油口打开,1-2换挡阀移至右端,接通了由手动阀到2挡滑行调压阀的油路。该油路压力油经2挡滑行调压阀加在2挡滑行制动器B_1上,使自动变速器在2挡位2挡有发动机制动作用。

在2挡位2挡时的其他油路同D挡位2挡。

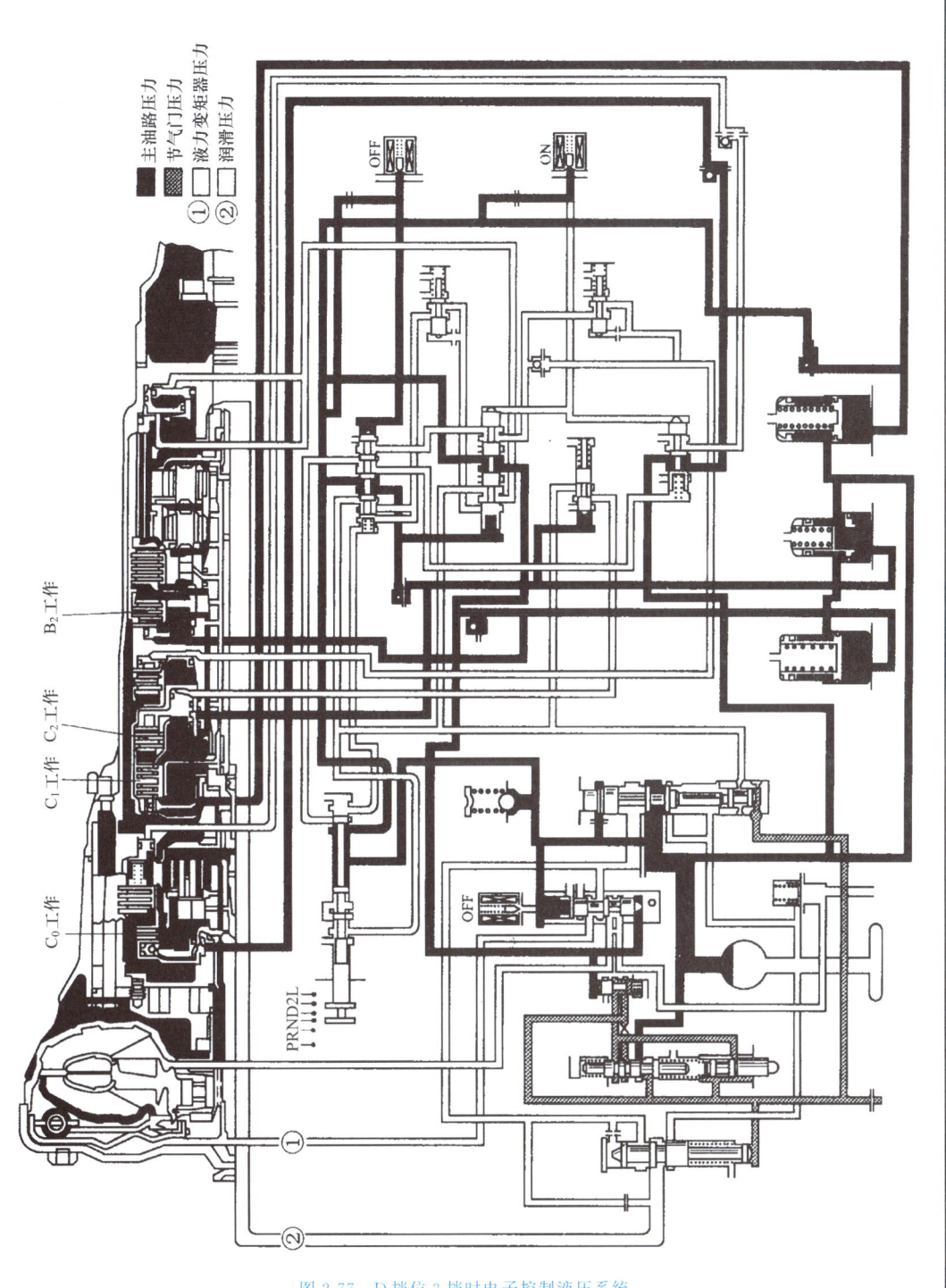

图 2-77　D 挡位 3 挡时电子控制液压系统

C_0—超速离合器；C_1—前进离合器；C_2—直接离合器；B_2—2 挡制动器

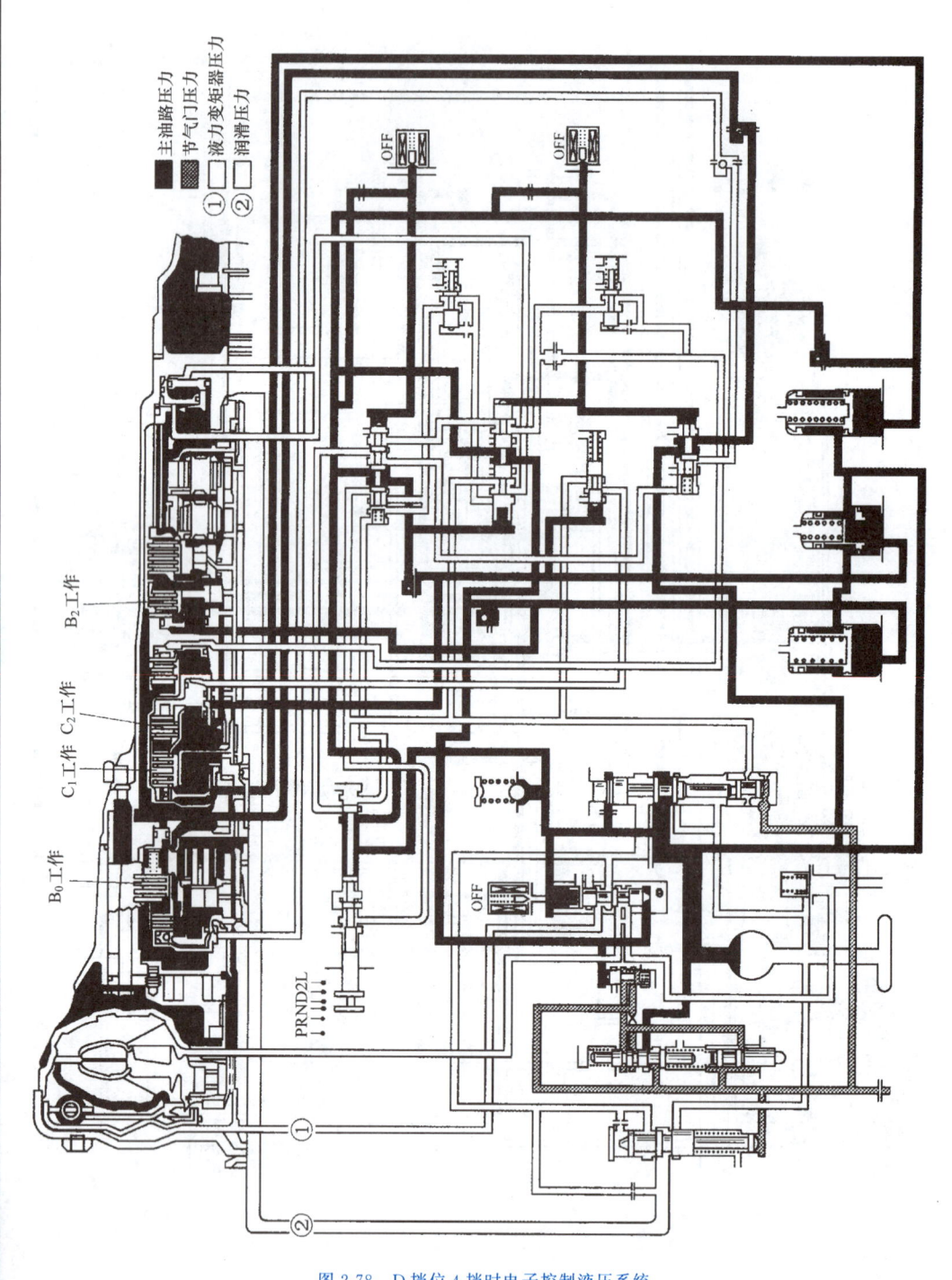

图 2-78 D挡位 4 挡时电子控制液压系统
B₀—超速制动器；C₁—前进离合器；C₂—直接离合器；B₂—2 挡制动器

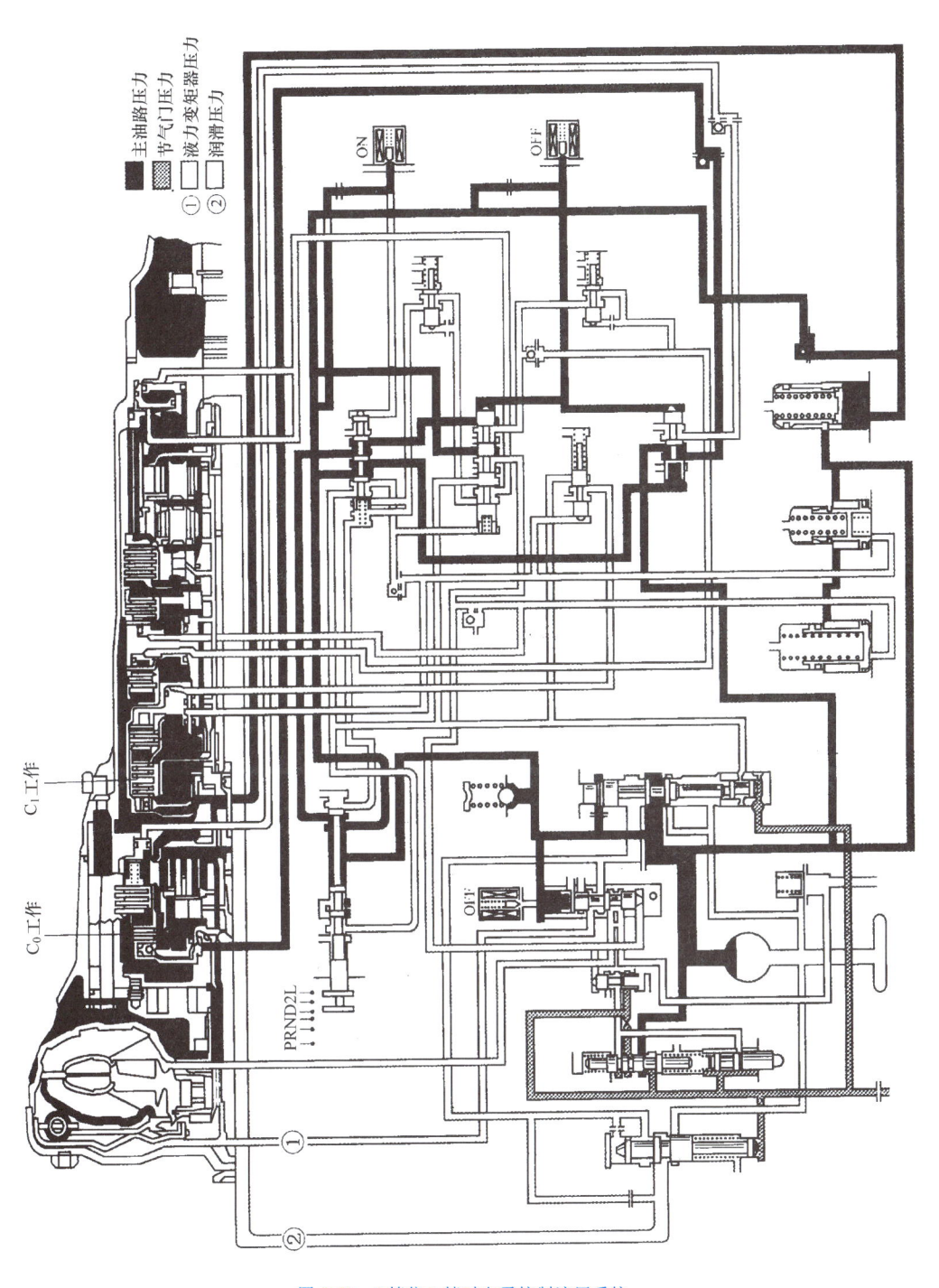

图 2-79 2挡位1挡时电子控制液压系统
C_0—超速离合器；C_1—前进离合器

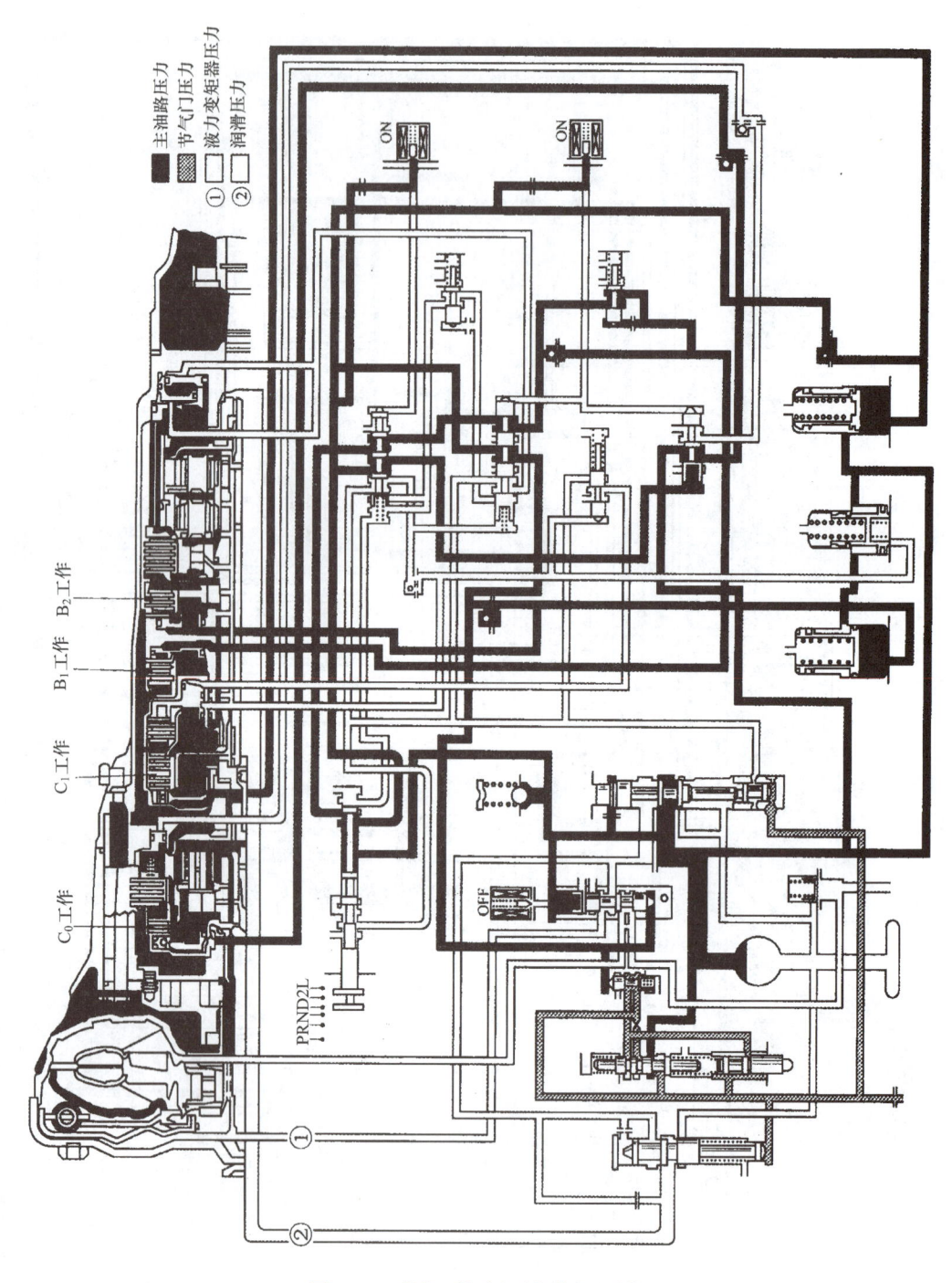

图 2-80　2 挡位 2 挡时电子控制液压系统

C_0—超速离合器；C_1—前进离合器；B_1—2 挡滑行制动器；B_2—2 挡制动器

⑥L挡位

如图2-81所示,当将换挡杆置于L挡位时,手动阀除接通2挡位的所有油路外,还接通一条经2-3换挡阀通向低挡滑行调压阀的油路。该油路用于控制低倒挡制动器B_3的工作,其他油路同D挡位1挡。

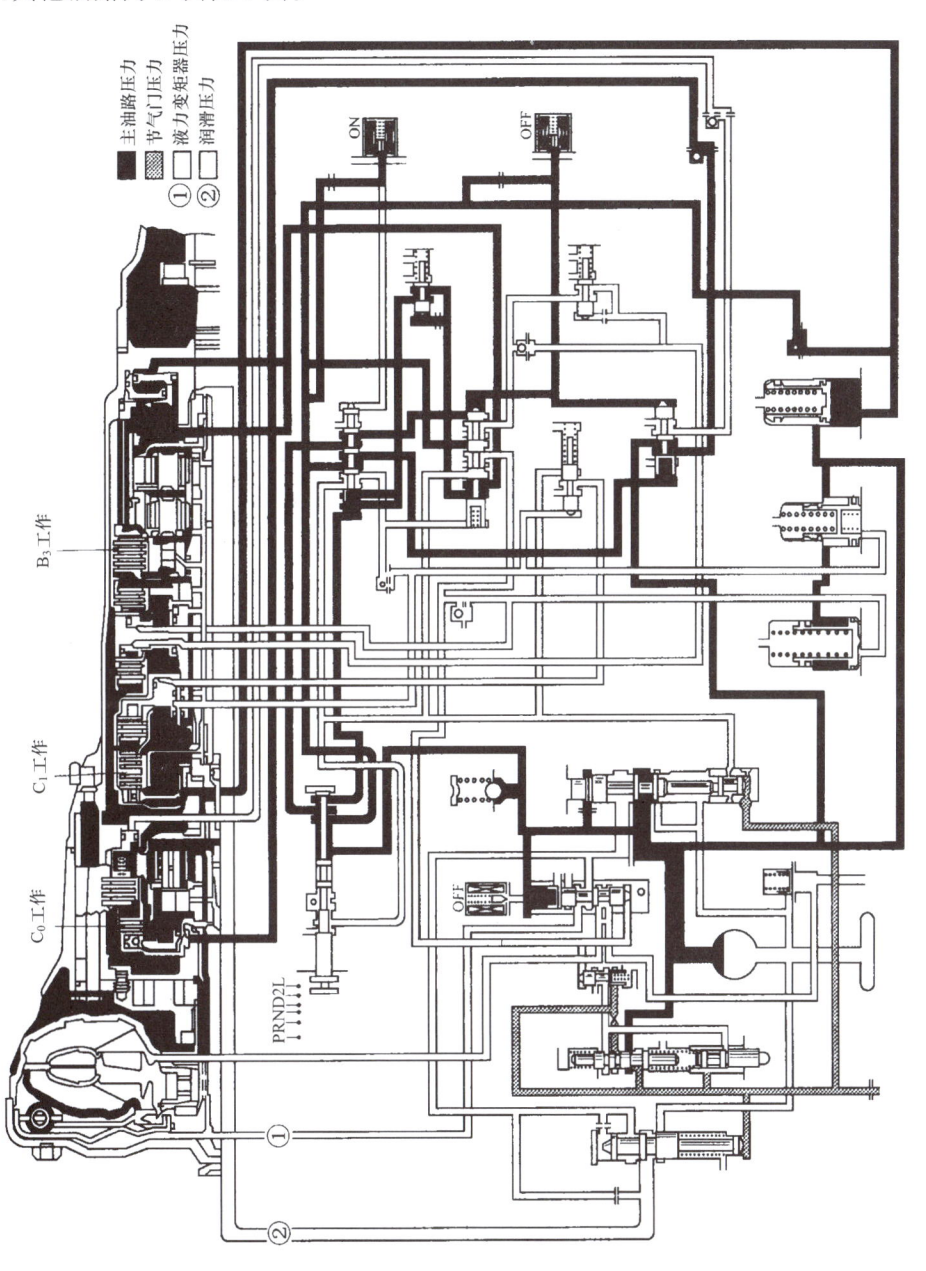

图2-81 L挡位时电子控制液压系统

C_0—超速离合器;C_1—前进离合器;B_3—低倒挡制动器

和 D 挡位 1 挡一样，在 L 挡位，电控单元控制第一换挡电磁阀通电，第二换挡电磁阀断电。这就使 2-3 换挡阀位于右端，1-2 换挡阀位于左端。来自手动阀的主油路压力油经过 2-3 换挡阀流向低挡滑行调压阀。该主油路压力油经低挡滑行调压阀调压后，通过 1-2 换挡阀作用于低倒挡制动器 B_3 的内、外活塞上。这就使自动变速器在 L 挡位具有发动机制动作用。

L 挡位的其他油路同 D 挡位 1 挡。

2. 变矩器锁止离合器的控制过程

各种型号电子控制自动变速器变矩器锁止离合器的控制过程稍有不同。现以图 2-82 所示丰田自动变速器变矩器锁止离合器为例，说明其工作过程。

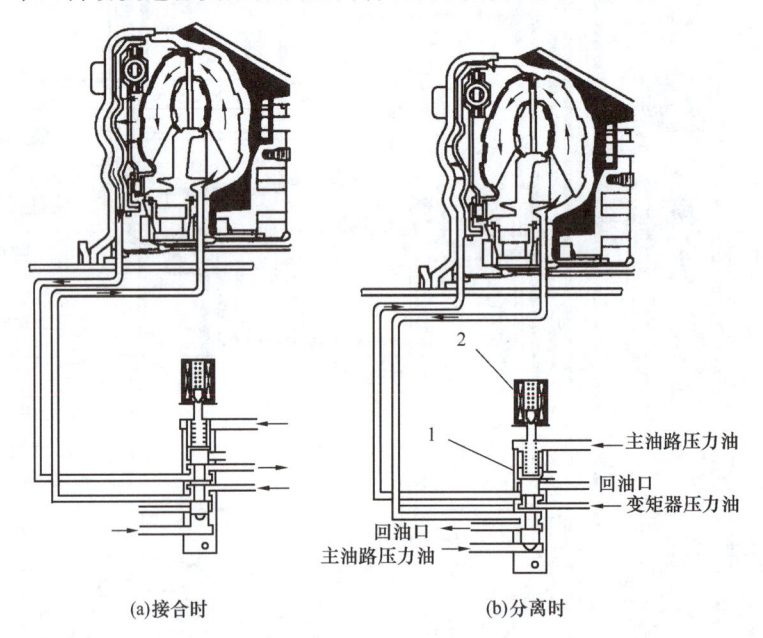

(a) 接合时　　(b) 分离时

图 2-82　丰田自动变速器变矩器锁止离合器的工作过程
1—锁止阀；2—锁止电磁阀

变矩器锁止离合器的工作过程是指变矩器锁止离合器的接合与分离过程，由锁止阀控制。当锁止阀位于上端时，经锁止阀流入变矩器内的工作液作用在锁止离合器压盘的右侧，使锁止离合器接合；当锁止阀位于下端时，经锁止阀流入变矩器内的工作液作用在锁止离合器压盘的左侧，使锁止离合器分离。

锁止阀的位置由作用在其上、下两端的油压控制。作用在锁止阀下端的主油路压力油受自动变速器工作挡位的控制。当自动变速器工作在 2 挡、3 挡（直接挡）或 4 挡（超速挡）时，均有主油路压力油通过换挡阀作用在锁止阀的下端，此油压给锁止阀一个向上的作用力。而作用在锁止阀上端的主油路压力油受锁止电磁阀的控制。当锁止电磁阀断电时，锁止电磁阀的泄油口关闭，主油路压力油作用在锁止阀的上端；当锁止电磁阀通电时，锁止电磁阀的泄油口打开，作用在锁止阀上端的压力油泄掉，油压消失。

当锁止阀上、下两端均作用着主油路压力油时，二者相互抵消，这样锁止阀便在锁止阀上端弹簧力的作用下，移向下端，流入变矩器的工作液作用在锁止离合器压盘的左侧，使锁止离合器分离。当锁止阀的上端无油压，而只有下端作用着主油路压力油时，锁止阀会在下端油压的作用下上移，流入变矩器的工作液经锁止阀变向后作用在锁止离合器压盘的右侧，锁止离合器接合。

由上述分析可知，变矩器锁止离合器接合的前提条件是，自动变速器处于2挡、3挡（直接挡）及4挡（超速挡），即汽车有较高的车速。在此条件满足的前提下，锁止离合器的工作就直接取决于电控单元控制的锁止电磁阀的工作。当电控单元控制锁止电磁阀通电时，自动变速器变矩器锁止离合器接合；当电控单元控制锁止电磁阀断电时，自动变速器变矩器锁止离合器分离。

2.6 自动变速器电子控制系统元件的检查

2.6.1 传感器的检查

自动变速器电子控制系统的主要传感器有辅助车速传感器（No.1车速传感器）、主车速传感器（No.2车速传感器）等。

1. 辅助车速传感器的检查

图2-83所示为辅助车速传感器（No.1车速传感器）的工作电路。辅助车速传感器由自动变速器输出轴通过从动齿轮驱动，转子轴每转一周便输出四个脉冲信号。该脉冲信号输入组合仪表，用于车速表的显示，同时由组合仪表内的整形电路整形变为更精确的方形波后，输送到发动机和ECT ECU，ECU根据这些脉冲信号的频率计算出车速。该车速用作自动变速器控制系统的备用信号。

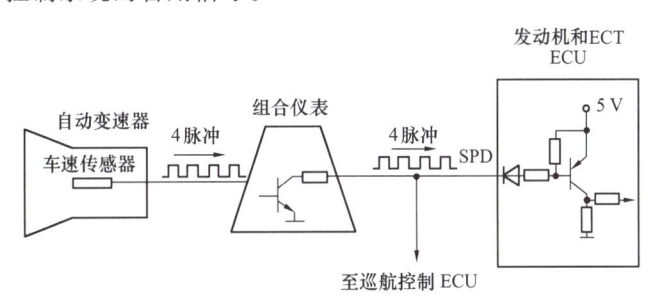

图2-83 辅助车速传感器（No.1车速传感器）的工作电路

辅助车速传感器的检查方法是：拔下组合仪表内传感器的线束插接器，把蓄电池正极接到端子1、负极接到端子2，如图2-84所示。正常情况下，轴每转一圈，端子3便与蓄电池负极导通四次。否则，说明车速传感器有故障，应更换。

2. 主车速传感器的检查

(1) 拔下主车速传感器(No.2 车速传感器)的线束插接器,在两端子间接上欧姆表,如图 2-85 所示。

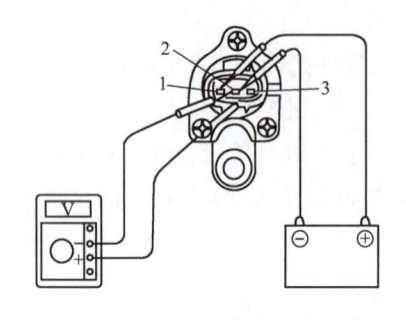

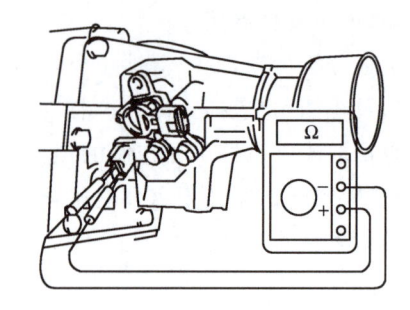

图 2-84　检查辅助车速传感器(No.1 车速传感器)　　图 2-85　检查主车速传感器(No.2 车速传感器)

(2) 顶起一侧的驱动轮,将换挡杆置于空挡。

(3) 转动驱动轮,欧姆表指针应能在 0～∞ Ω 摆动。否则,说明主车速传感器有故障,应更换。

2.6.2　开关的检查

自动变速器电子控制系统的开关有挡位开关和空挡启动开关、行驶方式选择开关、制动灯开关、超速主开关、降挡开关。

1. 挡位开关和空挡启动开关的检查

(1) 拆下挡位开关和空挡启动开关线束插接器,用手扳动手动阀。

(2) 用万用表欧姆挡测量手动阀在每个挡位时线束插接器上各端子间的导通情况。端子间的导通情况应符合表 2-8。

表 2-8　空挡启动开关端子间的导通情况

挡位	端子							
	2	3	6	1	5	7	8	9	4
P	●—●		●—●					
R			●—————●					
N	●—●				●			
D			●				●	
2			●					●
L			●						●

2. 行驶方式选择开关的检查

拆下行驶方式选择开关的线束插接器,用万用表欧姆挡检查行驶方式选择开关内端子之间的导通情况。当行驶方式选择开关处于"PWR"位(动力模式)时,两端子间应导通;在"NORM"位(标准模式)时,两端子间应不导通。若检查结果不符合上述要求,则应更换行驶方式选择开关。

3.制动灯开关的检查

拆下制动灯开关的线束插接器,用万用表欧姆挡检查制动灯开关两端子之间的导通情况。制动灯开关正常时,踩下制动踏板,两端子间应导通;松开制动踏板,两端子间应不导通。否则,应更换制动灯开关。

4.超速主开关的检查

拆下超速主开关的线束插接器,用万用表欧姆挡检查超速主开关两端子之间的导通情况。在超速主开关正常的前提下,当超速主开关位于"ON"位时,两端子间应断开;当超速主开关位于"OFF"位时,两端子间应导通。否则,应更换超速主开关。

5.降挡开关的检查

拆下降挡开关,用万用表欧姆挡检查其端子间导通情况。当压下降挡开关时,两端子间应导通;当松开降挡开关时,两端子间应不导通。否则,应更换降挡开关。

2.6.3 执行器的检查

自动变速器电子控制系统的执行器有第一换挡电磁阀、第二换挡电磁阀和锁止电磁阀。

1.检查电磁阀

检查电磁阀的方法有如下两种:

(1)从发动机和 ECT ECU 上拔下电磁阀的线束插接器,用万用表欧姆挡分别测量线束插接器上第一换挡电磁阀、第二换挡电磁阀、锁止电磁阀的接线端子与车身地线之间的电阻,其标准阻值为 11~15 Ω。否则,说明电磁阀及其线路有故障。若有故障,则应继续检查,以区分是电磁阀有故障,还是其线路有故障。

(2)把蓄电池电压分别加在第一换挡电磁阀、第二换挡电磁阀、锁止电磁阀的接线端子与车身地线之间,电磁阀正常时,应能听到电磁阀工作时发出的声音。否则,说明电磁阀及其工作线路有故障。此时,应进一步检查,以区分是线路有故障,还是电磁阀有故障。

2.检查电磁阀的密封性

当电磁阀内有杂质时,电磁阀可能会被卡住,造成关闭不严。此时,即使电磁阀本身工作正常,也不能使控制系统正常工作。因此,当电磁阀控制失常时,应进行密封性的检查。

第一换挡电磁阀、第二换挡电磁阀密封性的检查方法是:不通电时,向换挡电磁阀吹入低压压缩空气,换挡电磁阀应不漏气;当将蓄电池电压施加在换挡电磁阀上时,换挡电磁阀应通气。

锁止电磁阀的检查方法是:向锁止电磁阀吹入 490 kPa 的压缩空气,当把蓄电池电压加在锁止电磁阀上时,锁止电磁阀应不漏气;当无电压加在锁止电磁阀上时,锁止电磁阀应通气。

若检查结果与上述不符,则说明电磁阀密封不严,应当清洗。

2.7 自动变速器的故障诊断

自动变速器的故障现象及故障原因十分复杂,而自动变速器的拆装过程也很复杂,且拆装要求也很高,因此,如何准确判断引起故障的原因和发生故障的部位就成为维修自动变速器的关键。这就要求现代汽车维修人员必须掌握自动变速器的基本故障诊断程序和故障诊断方法。

自动变速器的各种故障现象可能由发动机的故障引起,也可能由自动变速器本身的故障引起。而自动变速器本身又由齿轮变速机构、换挡执行元件、液压控制系统、电子控制装置等组成,因此,在维修自动变速器时,必须根据自动变速器的工作原理,按照科学的诊断程序来判断故障发生的原因与部位,做到对症下药,以便快速地排除故障。绝不可盲目拆卸,因为这样做不但不能快速排除故障,而且有可能引发新的故障。

2.7.1 基本检查调整

自动变速器的许多故障并不一定是由于自动变速器本身损坏引起的,而常常是因为某些项目没有调整到位造成的。因此,在自动变速器发生故障时,应首先进行基本的检查调整,这样做有时会收到事半功倍的效果。

自动变速器的基本检查调整项目有怠速、节气门、变速器节气门拉线、工作液的液面和品质、空挡启动开关、超速主开关。

1. 怠速的检查调整

各种型号的发动机都有其规定怠速值。怠速过高、过低都会影响自动变速器的工作性能。

怠速过高,在换挡时会感觉到冲击,并且,当换挡杆位于行驶挡(D、2、L、R 挡位)时,若不用力踩住制动踏板,汽车会发生蠕动现象。怠速过低,在换挡杆从 N 或 P 挡位拨到 R、D、2、L 挡位时,会造成怠速不稳而使车身振动,怠速严重不稳时还会使发动机熄火。

2. 节气门的检查调整

节气门的检查内容是:检查加速踏板踩到底时,节气门是否能全部打开。

若加速踏板踩到底而节气门不能完全打开,则会使发动机的最大输出功率降低,从而引起发动机加速不良,造成自动变速器不能达到最高车速的故障现象。其实这种故障现象的原因不在自动变速器,而在发动机。

当节气门开度不能达到最大时,应当调整发动机的节气门拉线。

3. 变速器节气门拉线的检查调整

变速器节气门拉线的检查内容是:检查变速器节气门拉线是否调整到规定位置,即变速器节气门拉线的松紧度是否合适。变速器节气门拉线的松紧度合适就能将发动机的节

气门开度(发动机负荷)准确传递到节气门阀,使节气门阀产生的节气门油压能正确反映节气门开度,从而控制自动变速器实现正常换挡。

若变速器节气门拉线调整过松,则会使节气门油压比正常值低,从而引起变速器换挡点过低,使汽车的动力性能和加速性能下降;若节气门拉线调整过紧,则会使节气门油压比正常值高,从而引起变速器换挡点过高,造成换挡冲击,使汽车的经济性下降。

当变速器节气门拉线松紧度不正常时,可根据节气门拉线的型号,按下述方法进行调整。

(1)如图 2-86(a)所示,该型号节气门拉线上有橡皮防尘套。这种型号的自动变速器节气门拉线的调整方法是:将加速踏板踩到底,拧动调整螺母,使节气门拉线上的记号(嵌在节气门拉线上的一个挡块)与橡皮防尘套末端有 0~1 mm 的间隙即可。

(2)如图 2-86(b)所示,该型号的节气门拉线上没有橡皮防尘套。这种型号的自动变速器节气门拉线的调整方法是:松开加速踏板,使节气门全关,拧动调整螺母,使节气门拉线上的记号与罩套末端之间的间隙为 0~1 mm 即可。

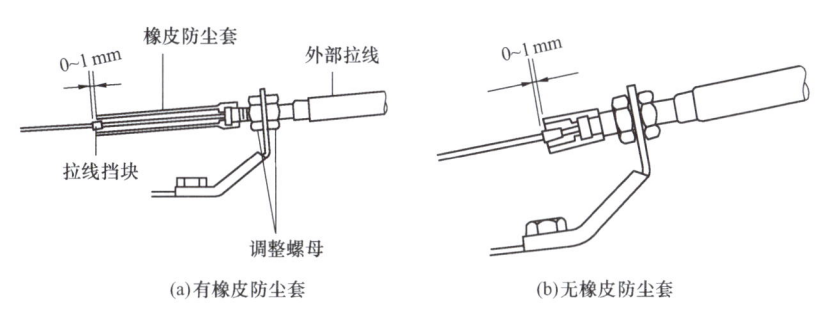

图 2-86 调整变速器节气门拉线
(a)有橡皮防尘套　(b)无橡皮防尘套

4.工作液的液面和品质的检查

(1)自动变速器工作液液面高度的检查

①将汽车停在水平路面上,启动发动机,并使其怠速运转。

②踩住刹车,把自动变速器换挡杆从 P 挡位拨到 L 挡位,然后再拨回到 P 挡位,以使液力变矩器、换挡执行元件及其油路中都充满工作液。

③在工作液温度达到正常值(70~80 ℃)时,从自动变速器加油管中抽出油尺,检查液面高度,其高度应符合规定。一般,油尺上有两个记号:"HOT(热)"是液面标准高度的记号(热车时),"COOL"记号只作为冷车时参考。

当油液加多时,一定要拧开放油塞放油(或从加油管吸出多余部分),不可凑合使用。因为工作液液面过高,不仅会造成控制系统工作性能降低,还可能从加油口往外窜油,造成发动机罩内起火,酿成事故。

注意:在汽车长时间拖载或高速行驶后,工作液温度会过高,应在停车 30 分钟后再检查。

(2)工作液品质的检查

一般地,可根据工作液的颜色来确定工作液品质。

正常的自动变速器工作液清澈、带红色。若自动变速器工作液的颜色不正常，则说明自动变速器工作液变质。工作液的颜色不同，其故障原因也不同，见表2-9。

表2-9　　　　　　　　　　　检查工作液的品质

现象	原因
极深的暗红色或褐色	重负荷或未按期换油，引起自动变速器过热
颜色清淡，充满气泡	液面过高，工作液被搅动产生气泡；内部密封不严，工作液中混入空气或水
油液中有固体残渣变黑，烧焦味	金属磨蚀的粉末；制动带、离合器、轴承有缺陷
似油膏覆盖在油尺上	自动变速器、工作液过热；工作液超期使用；液面过低

5.空挡启动开关的检查调整

空挡启动开关的检查内容是：空挡启动开关在N或P挡位时，发动机应能启动，在其他挡位不能启动。若不符合此要求，则应调整空挡启动开关。

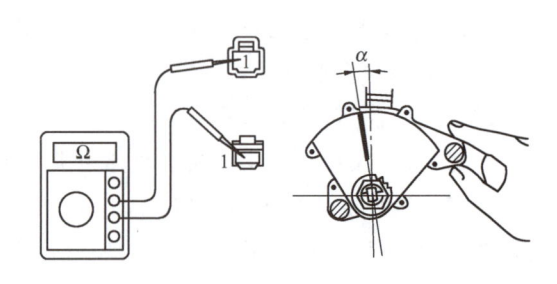

调整空挡启动开关的方法有两种：

（1）如图2-87所示，松开空挡启动开关的固定螺栓，将换挡杆拨到N挡位，转动空挡启动开关，使空挡启动开关上的基准线与槽对齐，拧紧固定螺栓即可。

（2）如图2-88所示，拔下空挡启动开关上的线束插接器，在其端子间接一欧姆表。拧松固定螺栓，将换挡杆拨至N挡位。转动空挡启动开关，直到欧姆表上阻值为零（导通）时拧紧固定螺栓即可。

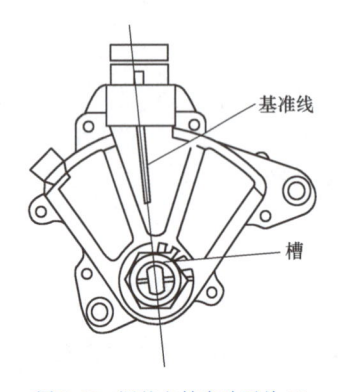

图2-87　调整空挡启动开关(1)　　　图2-88　调整空挡启动开关(2)

6.超速主开关（O/D开关）的检查

当自动变速器不能升至超速挡时，应先检查超速主开关。超速主开关的检查方法如下：

（1）运转汽车，使自动变速器的油温达到正常值（60~80 ℃）。

（2）将发动机熄火，接通点火开关。

（3）反复按下或按起超速主开关，应能听到自动变速器中心有电磁阀的动作声（"咔咔"声响）。若无声响，则说明超速主开关有故障。

2.7.2 手动换挡试验

手动换挡试验的目的是确定自动变速器的故障范围,即判断故障是在自动变速器的电子控制系统,还是在自动变速器的液压机械系统。

手动换挡试验的步骤如下:

(1)拔下所有电磁阀的线束插接器(或拔下自动变速器电控单元电源保险丝),使所有电控装置都停止工作。

(2)在汽车行驶时,先检查换挡杆在R挡位有无倒挡,再检查换挡杆在L、2和D挡位之间来回拨动时,自动变速器的实际工作挡位变换是否符合表2-10中的对应关系(对丰田车而言)。若符合,则说明自动变速器的液压机械系统无故障,故障在电子控制系统;反之,若相应的前进挡很难区分或没有倒挡(换挡杆位置和自动变速器的实际工作挡位不符合表2-10中的对应关系),则说明自动变速器的液压机械系统有故障。

表 2-10　　　　　　　　　　　手动换挡试验对比

换挡杆位置	D挡位	2挡位	L挡位	R挡位	P挡位
传动挡位	O/D挡	3挡	1挡	倒挡	停车闭锁爪上

(3)接好电磁阀的线束插接器,清除因拔下电磁阀而在电控单元自诊断系统产生的故障码。

2.7.3 电子控制系统的故障自诊断

自诊断法就是指利用自诊断系统的故障码来确定故障部位的方法。故障码的提取方法有两种:一种是借助于汽车电脑解码器从汽车电控单元的专用输出接口提取;另一种是人工提取。

利用汽车电脑解码器提取故障码,只要按照解码器规定的操作方法即可提取出故障码。

人工提取就是维修人员按照各车型规定的操作方法来触发汽车电控单元的自诊断系统,使自诊断系统通过仪表板上(或其他位置)的故障指示灯向外输出故障码(一般根据O/D OFF指示灯的闪烁规律读取故障码)。然后再根据各车型的故障码表查出故障码的含义,确定故障部位。

2.7.4 液压机械系统的故障诊断

当通过手动换挡试验确定出自动变速器的故障是发生在液压机械系统时,可通过失速试验、时间滞后试验、液压试验、路试和故障表等方法来确定自动变速器液压机械系统的故障部位。

1. 失速试验

失速试验可用来检查发动机与自动变速器的综合性能。通过失速试验可检查发动机的输出功率、液力变矩器导轮单向离合器的功能及齿轮变速系统换挡执行元件(离合器、制动器等)的工作状态。

(1)失速试验方法

失速试验的方法(图2-89)如下：

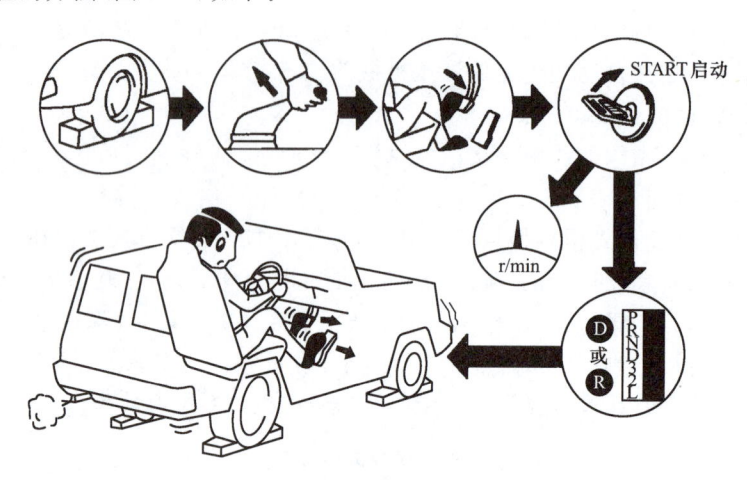

图2-89 失速试验

①让汽车行驶，使自动变速器内工作液的温度达到正常值(50～80 ℃)。
②装上发动机转速表。
③用三角木抵住汽车的前、后车轮。
④拉紧手制动，左脚用力踩住制动踏板。
⑤启动发动机，把换挡杆拨至D挡位，右脚迅速把加速踏板踩到底(节气门全开)，此时，迅速读取转速表的指示值，该值就是自动变速器的失速转速。
⑥读取发动机转速后，应立即松开加速踏板。
⑦在其他挡位(R、2、L)做同样的试验。注意：相邻两次失速试验之间要使发动机怠速运转 1 min 以上，以防止工作液温度急剧升高而变质。

(2)失速试验的注意事项

①试验持续时间绝对不能超过 5 s，因为在失速试验时，踩下制动踏板相当于固定液力变矩器的涡轮(涡轮失速)，而踩下加速踏板，又相当于使发动机的输出功率达到最大，其输出转矩也最大。此时发动机的输出功率没有经液力变矩器向自动变速器输出，而是全部消耗在变矩器内的工作液上，工作液获此能量后，其温度会急剧升高。为防止工作液变质和保护变矩器，因此规定失速试验持续时间不得超过 5 s。
②在试验时，为保证安全，手制动和脚制动要绝对可靠。
③试验应在宽敞、平整的地方进行。
④试验时，最好有一个人在车外观察车轮，车轮在试验时是不应转动的。
⑤要严格掌握工作液温度，试验时其正常温度应为 50～80 ℃。

(3)失速试验结果分析

根据失速试验结果，可进行如下分析：

①若两个挡位(R挡位、D挡位)失速值相同，且都低于标准值，则其故障原因可能是：发动机输出功率不足，变矩器导轮单向离合器不能正常工作。但是，若失速值低于标准值 600 r/min，则说明变矩器有故障，其故障原因可能是导轮单向离合器打滑。因为变矩器

导轮单向离合器打滑时，导轮倒转。来自泵轮(B)的工作液冲击涡轮(W)后，又直接冲击泵轮正面（导轮倒转失去作用），加大了泵轮的负载，使泵轮转速（发动机转速）下降，如图2-90 所示。

②若 D 挡位失速值高于标准值，则其故障原因可能是：油路压力过小；前进离合器打滑；第二单向离合器不能正常工作；超速（或减速）单向离合器不能正常工作。

③若 R 挡位失速值高于标准值，则其故障原因可能是：油路压力过小；直接离合器打滑；低倒挡制动器打滑；超速（或减速）单向离合器不能正常工作。

④若 R 和 D 挡位失速值都高于标准值，则其故障原因可能是：油路压力过小；工作液液面高度不正确；超速（或减速）单向离合器不能正常工作。

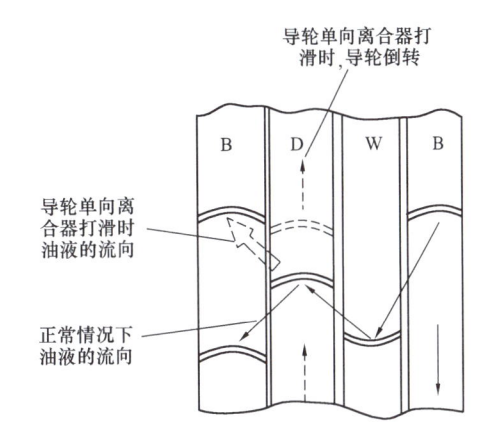

图 2-90　导轮单向离合器打滑时工作液的流向
B—泵轮；W—涡轮；D—导轮

2.时间滞后试验（又称迟滞试验、延时试验）

在发动机怠速运转时进行换挡，换挡杆从空挡位拨至行驶挡位(D、2、L、R)后需要有一段时间才能感觉到振动，即换挡执行元件从开始接合到完全接合需要有一段时间，这个过程就是自动变速器的换挡滞后时间。自动变速器的时间滞后试验可用来检查换挡执行元件（离合器、制动器）的磨损情况及其控制油压是否正常，是对失速试验结果的进一步验证。

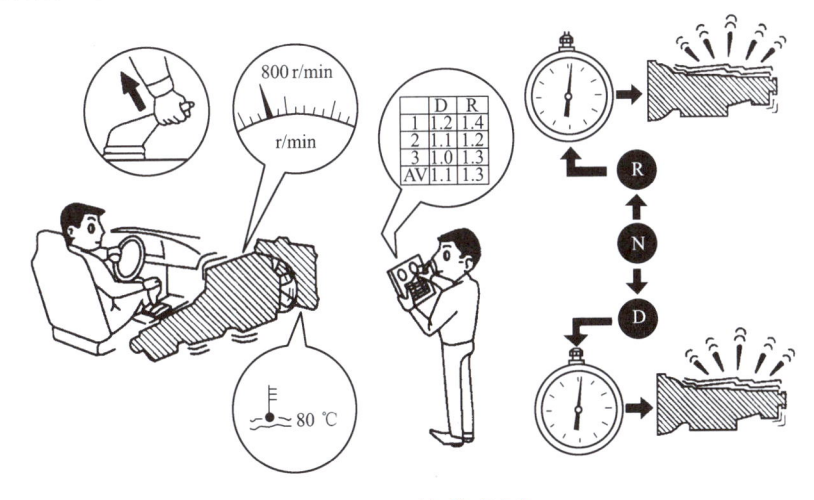

（1）时间滞后试验方法

时间滞后试验的方法（图2-91）如下：

图 2-91　时间滞后试验

①行驶汽车，使自动变速器的油温达到正常值(50~80 ℃)。
②拉紧手制动。

③启动发动机,检查发动机的怠速是否符合规定。若不符合,则应进行调整。

④将换挡杆从 N 挡位(空挡)拨至 D 挡位(前进挡),用秒表测出从换挡开始到感到冲击振动的时间。

⑤按上述步骤测量 3 次,取平均值,该值就是换挡杆从 N 挡位到 D 挡位的滞后时间,该值应小于 1.2 s。

用同样的方法测量换挡杆从 N 挡位到 R 挡位的滞后时间,其值应小于 1.5 s。

(2)时间滞后试验的注意事项

①应使工作液达到正常工作温度(50~80 ℃)。

②两次试验之间要间隔 1 min,以使离合器、制动器恢复全开状态,否则将会使试验结果不准确。

(3)时间滞后试验结果分析

根据时间滞后试验结果可进行如下分析:

①如果从 N 挡位(空挡)到 D 挡位(前进挡)滞后时间超过规定值(1.2 s),则可能是由下列原因所引起的:油路压力太大;前进离合器磨损过度(使离合器片间间隙过大);超速(或减速)或第二单向离合器不能正常工作。

②如果从 N 挡位到 R 挡位的滞后时间超过规定值(1.5 s),则可能是下列原因引起的:油路压力过小;直接离合器磨损过度(使离合器片间间隙过大);低倒挡制动器磨损过度(使制动器片间间隙过大);超速(或减速)或第二单向离合器不能正常工作。

3.液压试验

自动变速器挡位的变换由液压控制系统控制,而液压控制系统则是借助液压来实现的,因此,自动变速器必须有正常的工作液压。而自动变速器工作液压的正常与否又取决于各液压装置(如油泵、各控制阀)的工作状态。自动变速器液压试验的目的就是通过检验自动变速器各种工作液压是否正常,来判断液压装置的工作状态。电子控制自动变速器液压试验一般只测量主油路油压。

(1)主油路油压试验方法

主油路油压试验的方法(图 2-92)如下:

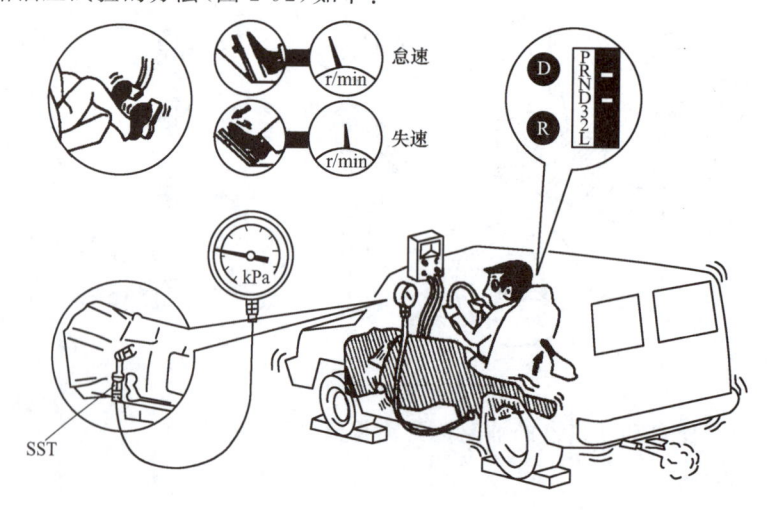

图 2-92 主油路油压试验

①使自动变速器工作液的温度达到正常值(50~80 ℃)。
②用三角木抵住前、后车轮,并拉紧手制动器。
③在主油路油压测量孔装上量程为 2 MPa 的油压表。主油路油压测量孔一般在变速器壳体上。
④启动发动机。
⑤将换挡杆拨至 D 挡位,读出发动机怠速运转时油压。
⑥左脚用力踩住制动踏板,右脚迅速把加速踏板踩到底,此时迅速读取油压表的指示值,该值就是自动变速器在失速状态下的主油路油压。

用同样的方法可测量 R 挡位及其他挡位(2、L)时的主油路油压。

(2)主油路油压试验的注意事项

①由于失速工况的主油路油压是在自动变速器失速状态下测量的,因此,其测量时间(节气门全开持续时间)不得超过 5 s,以免油温过高而损坏自动变速器。
②相邻两次试验应间隔 1 min 以上。
③在失速工况测量时,若发动机在未达到规定失速值以前,其驱动轮已开始旋转,应立即松开加速踏板,停止测试,以确保安全。

(3)主油路油压测量结果分析

根据主油路油压的测量结果,可做如下分析:

①若所有挡位测量值均高于规定值,则故障原因可能是:节气门拉线调整不当;节气门阀损坏;主调压阀损坏。
②若所有挡位测量值均低于规定值,则故障原因可能是:节气门拉线调整不当;节气门阀损坏;主调压阀损坏;油泵及其动力传递机构损坏。
③若仅在 D 挡位压力低,则故障原因可能是:D 挡位油路泄漏;前进离合器活塞漏油。
④若仅在 R 挡位压力低,则故障原因可能是:R 挡位油路泄漏;直接离合器活塞漏油;低倒挡制动器损坏。

4.路试

路试即在汽车行驶过程中对自动变速器的所有挡位进行试验,进一步检查自动变速器的工作情况。通过路试可以帮助查找自动变速器的故障原因,确定故障部位。另外,路试也是检验修理质量的最佳方法。

路试主要检查换挡车速与换挡质量(换挡时有无冲击、打滑、振动和噪声)。

在路试时,应首先行驶汽车,使工作液的温度达到正常值(50~80 ℃),然后再对自动变速器的各个挡位进行测试。注意:在 D 挡位应分别对自动变速器的各种行驶方式进行测试。

(1)D 挡位路试

在进行 D 挡位路试时,应接通超速主开关(O/D 开关)。

①检查升挡车速和升挡质量

a.升挡车速的检查:将换挡杆拨到 D 挡位,踩下加速踏板并使之保持在某一位置(某一节气门开度)。汽车起步后,将会自动进行下列挡位变换 1→2、2→3、3→O/D。记录在该节气门开度下的每个升挡车速(自动变速器在升挡时其车速会有瞬时下降)。该节气门开度下的换挡车速应符合该型号自动变速器自动换挡车速。若不符合要求,则可进行下列判断:

(a)如果自动变速器不能从 1 挡升到 2 挡,则可能是:速控液压阀损坏;1-2 换挡阀卡住;第二换挡电磁阀卡住。

(b)如果自动变速器不能从 2 挡升至 3 挡,则可能是:2-3 换挡阀卡住;第一换挡电磁阀卡住。

(c)如果自动变速器不能从 3 挡升到 O/D 挡,则可能是:3-4 换挡阀卡住;第二换挡电磁阀卡住;油路有故障。

(d)如果换挡车速不符合自动换挡车速,则可能是:节气门拉线调整不当;节气门阀、1-2 换挡阀、2-3 换挡阀、3-4 换挡阀等损坏。

(e)如果锁止车速不正确(仅限于电子控制自动变速器),则可能是:锁止电磁阀卡住;锁止转换阀卡住。

b.升挡质量的检查:自动变速器在 1→2、2→3、3→O/D 的升挡过程中,应当没有较大的振动。若振动过大,则有可能是:主油路油压过大;缓冲器损坏;单向球阀损坏。

另外,自动变速器在 D 挡位 3 挡或 O/D 挡行驶时,应无异常噪声和振动。检查时应注意区分是底盘(如传动轴、差速器、轮胎等)声响,还是自动变速器声响。

②检查降挡车速和降挡质量

a.降挡车速的检查:汽车在 D 挡位的 2 挡、3 挡或 O/D 挡行驶时,检查 2→1、3→2、O/D→3 的降挡车速。其降挡车速应符合该车型自动换挡车速。

b.降挡质量的检查:自动变速器在降挡时应比较平顺,无异常振动和打滑。

③检查变矩器锁止机构的工作情况

汽车在 D 挡位 O/D 挡行驶,当车速达到变矩器锁止车速时,变矩器应当锁止。

检查变矩器锁止机构工作情况的方法是:让汽车在锁止车速行驶,轻踩加速踏板,检查发动机转速是否突然变化。若发动机转速无明显变化,则说明变矩器已锁止。反之,若发动机转速突然变化很大,则说明变矩器没有锁止。

(2)2 挡位路试

①检查升挡车速

将换挡杆拨至 2 挡位,踩下加速踏板并保持在某一位置(某一节气门开度),使汽车行驶。此时,自动变速器应能从 1 挡升到 2 挡,该升挡车速应符合该型号自动变速器自动换挡车速。若不符合,则可能是:速控液压阀损坏;1-2 换挡阀卡住;第二换挡电磁阀卡住。

②检查发动机制动作用

汽车在 2 挡位 2 挡行驶时,突然松开加速踏板,应能感觉到发动机的制动作用,汽车车速会明显下降。否则,说明 2 挡滑行制动器有故障。

③检查自动变速器的换挡质量

自动变速器在2挡位工作时,在加、减速过程中应无异常噪声,升、降挡时应无明显振动。

(3) L挡位路试

自动变速器在L挡位工作时,应无升、降挡动作(对部分车型而言,只能在1挡位工作),且在汽车行驶过程中,若突然松开加速踏板,应能感觉到发动机制动作用。若未感觉到发动机制动作用,则说明低倒挡制动器有故障。

汽车在L挡位加、减速时,应无异常噪声。

(4) R挡位路试

将换挡杆拨至R挡位,在节气门全开时起步,应无打滑感觉。

(5) P挡位路试

将汽车停在坡路上(坡度大于9%),然后把换挡杆拨至P挡位,松开手制动,此时,借助于停车闭锁爪应能使汽车停在原地,而无溜动现象。

2.8 无级变速器简介

无级变速器(Continuously Variable Transmission,CVT)采用传动带和工作直径可变的主、从动带轮相配合来传递动力,可以实现传动比的连续改变,从而实现传动系统与发动机工况的最佳匹配。

2.8.1 无级变速器的结构

如图2-93所示,无级变速器主要由主动带轮、从动带轮、V形传动钢带等组成。主动带轮与从动带轮的槽宽是可变的,都是由两个圆锥盘组合而成的。每对圆锥盘中各有一个与变速器主动轴或从动轴相连接的固定圆锥盘和一个可以在液压活塞控制下轴向滑动的滑动圆锥盘,通过滑动圆锥盘可以改变带轮的工作直径。V形传动钢带嵌套在主动带轮、从动带轮上。当两带轮之一的滑动圆锥盘向内靠拢、直径变大时,由于传动带长度不可改变,因此另一带轮的滑动圆锥盘便向外移动,带轮直径相应减小,如此便可以提供无数的传动比,实现无级传动。

早期的无级变速器采用V形橡胶带和双V形橡胶带。由于橡胶带式CVT存在一系列的缺陷:功率有限(转矩局限于135 N·m以下),离合器工作不稳定,液压泵、传动带和夹紧机构的能量损失较大,因而没有被汽车行业普遍接受。目前在中小型轿车上使用的电控无级变速器(ECVT)采用金属三角传动带作为减速传力元件。该金属三角传动带为柔性金属传动带,由10层厚0.2 mm左右的钼合金薄钢带串上数百片V形钢片构成,如图2-94所示。这种金属传动带可以承受相当大的拉力和侧向压力。

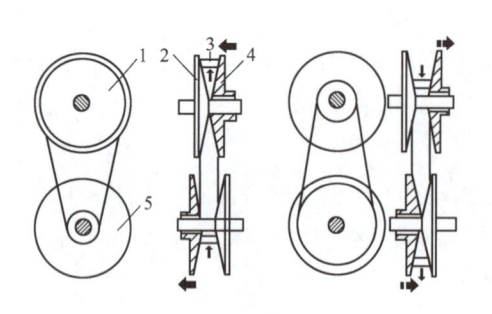

图 2-93　无级变速器的原理
1—主动带轮；2—固定圆锥盘；3—V形传动钢带；
4—滑动圆锥盘；5—从动带轮

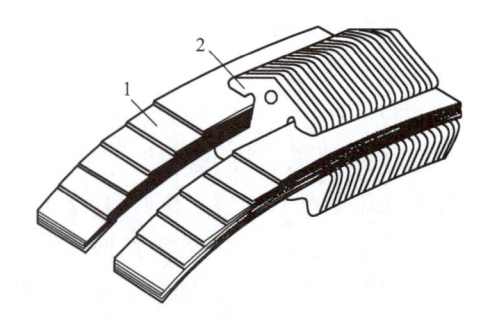

图 2-94　无级变速器的金属传动带
1—薄钢带；2—V形钢片

2.8.2　电控无级变速器的工作原理

在电控无级变速器（ECVT）上，钢带套装在带轮上。电子控制单元通过液压装置改变带轮直径，可实现传动比的无级变化。电控无级变速器可以实现全程无级变速，始终使变速器保持最佳传动比，并使之平滑过渡，从而获得非常好的汽车行驶性能。

如图 2-95 所示，电控无级变速器由电子控制单元 ECU、液压控制执行部分和机械式无级变速器等组成。变速器传动比由 ECU 根据发动机节气门开度信号和主动带轮转速确定，变速器可变槽宽的主、从动带轮依靠滑动圆锥盘一侧的伺服油缸进行调节。

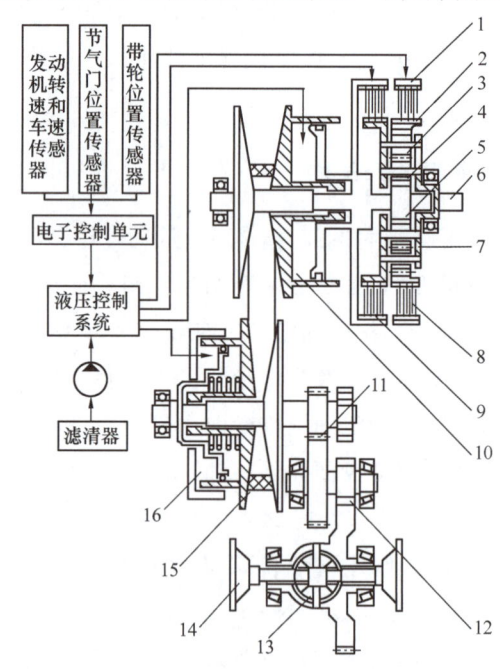

图 2-95　电控无级变速器系统的结构
1—壳体；2—齿圈；3—外侧行星齿轮；4—内侧行星齿轮；5—太阳轮；6—输入轴；7—行星架；8—倒挡制动器；
9—前进离合器；10—主动带轮伺服油缸；11—中间减速齿轮；12—主减速齿轮；13—差速器；
14—半轴法兰；15—V形传动钢带；16—从动带轮伺服油缸

ECU接收来自节气门位置传感器、发动机转速和车速传感器的信号，根据带轮当时所处的位置，通过计算判断后向液压控制系统发出指令，液压控制系统将油泵产生的高压油液按照汽车行驶要求分别送往前进离合器、倒挡制动器、主动带轮伺服油缸、从动带轮伺服油缸等部位，实现传动系统的无级变速。

为了改变输出旋转方向，系统中专门设置了一套带双行星齿轮形式的换向机构，由ECU借助前进离合器和倒挡制动器控制。当前进离合器接合而倒挡制动器释放时，动力经过行星架、前进离合器、主动带轮、V形传动钢带、从动带轮、主减速器、差速器和半轴输出；当倒挡制动器接合而前进离合器释放时，齿圈被固定，动力则经过行星架、两行星轮、太阳轮、主动带轮、V形传动钢带、从动带轮、主减速器、差速器和半轴输出。这时候由于齿圈被固定，太阳轮与行星架的旋转方向相反，从而实现了倒挡的反向传动。

从无级变速器的工作原理可以看出，由于动力源依然直接来自发动机，所以其工作过程必然也将受到发动机最低稳定转速的限制，即为了保证平稳起步，仍需要动力分离装置。若采用传统干式摩擦离合器，则工作过程与普通手动变速系统相同，起步性能较差。为此，无级变速装置在输入端与液力耦合器、电磁离合器、液力变矩器等具有离合功能的传动装置相组合，以保证汽车起步平稳。

2.9　双离合变速器简介

双离合变速器（Dual Clutch Transmission，DCT）。双离合变速器与一般的变速系统不同，它是基于手动变速器开发出来的，除了拥有手动变速器的灵活性及自动变速器的舒适性外，还能提供无间断的动力输出。传统的手动变速器使用一台离合器，在换挡时，驾驶员需踩下离合器踏板，使不同挡的齿轮做出啮合动作，而动力就在换挡期间出现间断，使动力输出中断。

与传统的手动变速器相比，由于使用了DCT新技术，DCT具备自动性能，同时改善了汽车的燃油经济性，DCT比手动变速器换挡更快速、顺畅，动力输出不间断。基于DCT的特性及操作模式，DCT系统能带给驾驶者驾驶赛车般的感受。另外，它消除了手动变速器在换挡时的扭矩中断感，使驾驶更灵敏。基于其使用手动变速器作为基础及其独特的设计，DCT能传递高达350 N·m的扭矩。

与其他变速器相比，双离合变速器具有以下优势：

(1) 换挡快。双离合变速器的换挡时间非常短，比手动变速器的速度快，不到0.2 s。

(2) 省油。双离合变速器因为消除了扭矩的中断，让发动机的动力一直在利用，而且始终处于最佳的工作状态，所以能够大量省燃油。相比传统行星齿轮式自动变速器，其燃油经济性更好，油耗大约能够降低15%。

(3) 舒适性。因为换挡速度快，所以双离合变速器的每次换挡都非常平顺，顿挫感已经小到人体难以察觉的地步。

(4) 在换挡过程中，几乎没有扭矩损失。

但是，双离合变速器结构复杂，制造工艺要求也比较高，因此成本比较高。

双离合变速器有湿式和干式两种。从工作原理和基本构造上，干式双离合变速器与湿式双离合变速器并没有本质上的差别，不同之处在于双离合器摩擦片的冷却方式：湿式双离合器的两组摩擦片在一个密封的油槽中，通过浸泡着摩擦片的变速器油吸收热量，而干式双离合器的摩擦片则没有密封油槽，需要通过风冷散热。

作为一种新型变速器，世界各大公司基于DCT技术开发了不同变速器，并应用在不同的汽车上。如大众汽车公司的DSG变速器、奥迪的S-Tronic变速器、福特公司和沃尔沃公司的Power Shift变速器等都是基于DCT技术的双离合变速器。

本文以大众汽车公司的DSG双离合变速器（图2-96）为例进行讲解。DSG（Direct Shift Gearbox），即直接换挡变速器。DSG双离合变速器综合了传统的手动变速器和自动变速器的优点，换挡更快，传递扭矩更大，效率更高。

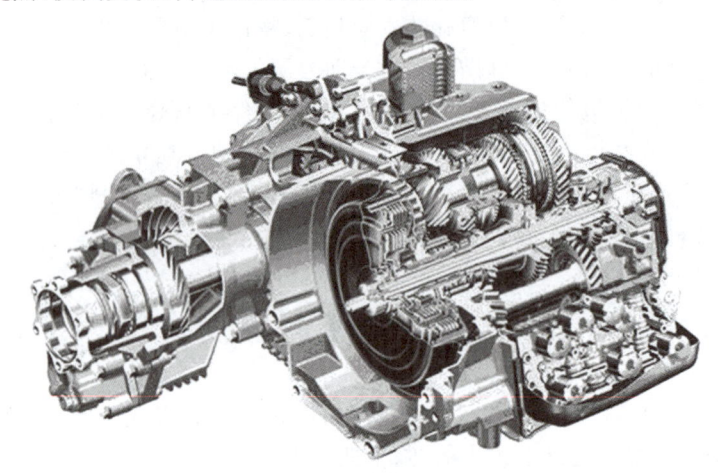

图 2-96　DSG 双离合变速器

2.9.1　DSG 双离合变速器的主要特点

新一代DSG双离合变速器采用了双离合器（图2-97）和具有6个前进挡的传统齿轮变速器作为动力传递部件。其中一个离合器控制单数挡位齿轮，另外一个离合器控制双数挡位齿轮。即当变速器挂入1挡时，2挡齿轮就已经完成啮合，等到换挡时机成熟，第二离合器就与发动机输出轴接合而换入2挡。与此同时，由第一离合器所控制的3挡齿轮组也完成啮合等待换挡指令。利用双离合器可以实现在换挡过程中没有动力中断。

DSG双离合变速器的主要特点如下：

（1）DSG双离合变速器在传动过程中只有微小的液压功耗，能使整个换挡过程达到最高效率，可以降低燃油消耗高达20%左右，大大改善了汽车的燃油经济性。

（2）双离合器的使用，可以使变速器同时有两个挡位啮合，使换挡切换更加快捷，使DSG双离合变速器在换挡过程中只有极短的换挡时间，车辆在加速过程中不会有动力中断的感觉，使车辆的加速更加强劲、圆滑，百公里加速时间比传统手动变速器还短。

（3）DSG双离合变速器的多片湿式双离合器是由电子液压控制系统来操控的。DSG双离合变速器没有变矩器，也没有离合器踏板。

（4）DSG双离合变速器的动力传送部件是一台三轴式六前进挡的传统齿轮变速器，增加了传动比的分配。

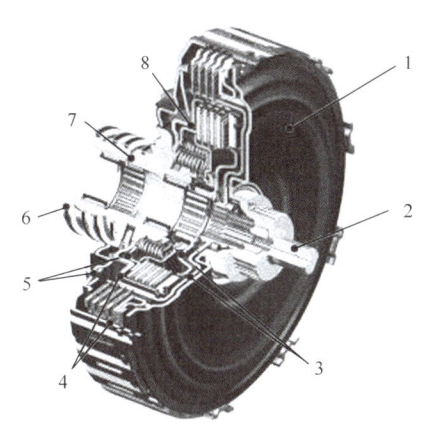

图 2-97 双离合器的结构

1—驱动盘;2—输入轴套;3—内盘架;4—外盘架;5—活塞;6—密封圈;7—主轴套;8—平衡活塞

(5)DSG双离合变速器有手动和自动两种控制模式,除了换挡杆可以控制外,方向盘上还配备有手动控制的换挡按钮,在行驶中,可以随时切换两种控制模式。

(6)换挡控制可以根据司机的意愿进行。选用手动模式时,如果不做升挡操作,即使将加速踩到底,DSG双离合变速器也不会升挡。在手动控制模式下,也可以跳跃降挡。

2.9.2　DSG双离合变速器的结构

如图2-98所示,DSG双离合变速器主要由多片湿式双离合器、三轴式齿轮变速器、自动换挡机构、电子控制液压控制系统组成。其核心部分是双离合器和三轴式齿轮箱。

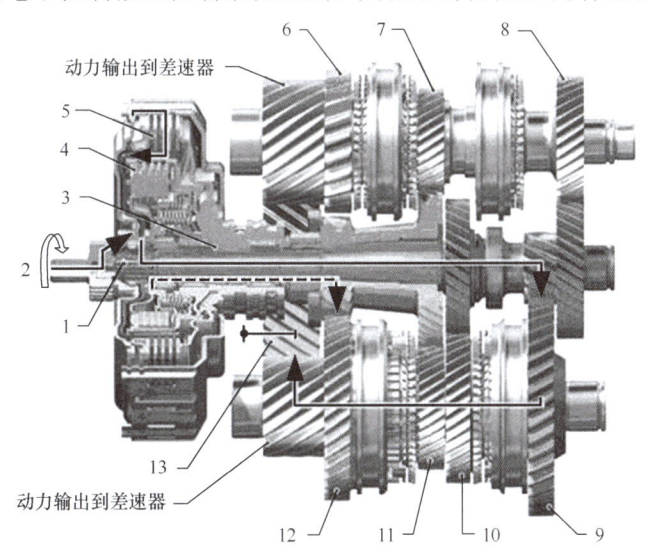

图 2-98　1挡升2挡原理

1—输入轴1;2—发动机;3—输入轴2;4—离合器2;5—离合器1;6—倒挡齿轮;7—6挡齿轮;8—5挡齿轮;9—1挡齿轮(啮合);10—3挡齿轮;11—4挡齿轮;12—2挡齿轮(啮合);13—差速器

DSG双离合变速器有两根同轴心的输入轴,输入轴1装在输入轴2里面。输入轴1和离合器1相连,输入轴1上的齿轮分别和1挡齿轮、3挡齿轮、5挡齿轮相啮合;输入轴

2是空心的,和离合器2相连,输入轴2上的齿轮分别和2挡齿轮、4挡齿轮、6挡齿轮相啮合;倒挡齿轮通过中间轴齿轮和输入轴1的齿轮啮合。也就是说,离合器1控制1挡、3挡、5挡和倒挡,在汽车行驶中一旦用到1挡、3挡、5挡或倒挡中任何一挡时,离合器1是接合的;离合器2控制2挡、4挡、6挡,在汽车行驶中一旦用到2挡、4挡或6挡中任何一挡时,离合器2接合。

DSG双离合变速器的多片湿式双离合器的结构和液压式自动变速器中的离合器相似,但是尺寸要大很多。ECU通过电磁阀来控制作用在液压缸内的油压,该油压推动活塞压紧离合器。两个离合器的工作状态是相反的,不会发生两个离合器同时接合的情形。

DSG双离合变速器的挡位转换是由挡位选择器来控制的,挡位选择器实际上是个液压发动机,推动拨叉就可以进入相应的挡位,由液压控制系统来控制它们的工作。在液压控制系统中有6个油压调节电磁阀,用来调节2个离合器和4个挡位选择器中的油压压力,还有5个开关电磁阀,分别控制挡位选择器和离合器的工作。

2.9.3　DSG双离合变速器的工作原理

在1挡起步行驶时,动力传递路线如图2-98中实线和箭头所示,离合器1接合,通过输入轴1到1挡齿轮,再输出到差速器。与此同时,图2-98中虚线和箭头所示的路线是2挡时的动力传递路线,由于离合器2是分离的,这条路线实际上还没有动力传递,是预先选好挡位,为接下来的升挡做准备的。当变速器进入2挡后,退出1挡,此时,离合器2接合,离合器1分离,同时3挡预先接合,如图2-99中动力传递路线所示。所以在DSG双离合变速器的工作过程中总是有两个挡位齿轮是接合的,一个正在工作,另一个则为下一步做好准备。

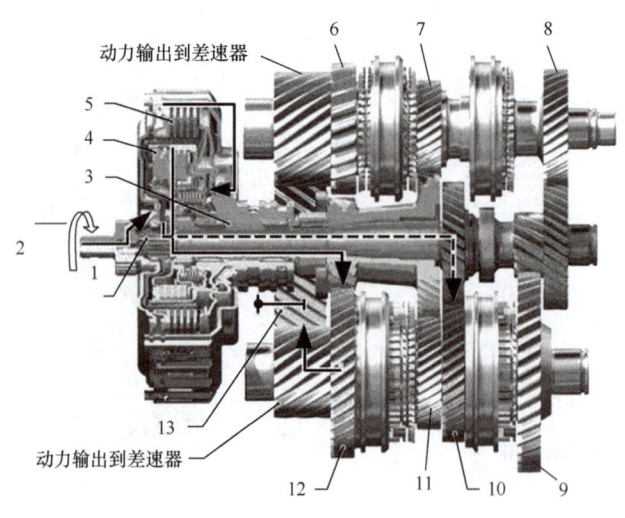

图2-99　2挡升3挡原理

1—输入轴1;2—发动机;3—输入轴2;4—离合器2;5—离合器1;6—倒挡齿轮;7—6挡齿轮;
8—5挡齿轮;9—1挡齿轮(啮合);10—3挡齿轮;11—4挡齿轮;12—2挡齿轮(啮合);13—差速器

DSG双离合变速器在降挡时,同样有2个挡位齿轮是接合的,如果4挡正在工作,则3挡作为预选挡位而接合。DSG双离合变速器的升挡或降挡是由ECU进行判断的,踩加速踏板时，ECU判定为升挡过程，做好升挡准备；踩制动踏板时，ECU判定为降挡过程，做好降挡准备。

一般变速器升挡总是一挡一挡地进行的，而降挡经常会跳跃地降挡，DSG双离合变速器在手动控制模式下也可以进行跳跃降挡，例如，从6挡降到3挡，连续按3下降挡按钮，变速器就会从6挡直接降到3挡，但是如果从6挡降到2挡，变速器会先降到5挡，再从5挡直接降到2挡。在跳跃降挡时，如果起始挡位和最终挡位属于同一个离合器控制的，则会通过另一离合器控制的挡位转换一下，如果起始挡位和最终挡位不属于同一个离合器控制的，则可以直接跳跃降至所定挡位。

切换到手动模式时，驾驶者可以利用换挡杆或方向盘上的换挡拨片进行序列式的手动换挡，换挡过程中离合器的操作完全由DSG电控单元控制。因为采用双离合器技术，换挡时的动力空隙便得以解决，加速表现比手动变速器来得更快。如果驾驶者想要得到更舒适的驾驶感受，可将换挡杆推入D挡，便可当成一般的自动变速器使用。而自动挡的控制模式除了一般的D挡外，它还提供一个S挡供驾驶者选择，为驾驶者带来更高速度的自动换挡。

DSG双离合变速器另一功能则是驾驶盘上的换挡拨片，不论在行驶中使用手动模式，或者是D或S挡的自动换挡模式，驾驶者只需轻轻拨动方向盘上的换挡拨片，DSG双离合变速器便会立即切换至手动模式并进入换挡程序，无须利用排挡杆拨入手动模式才做出换挡，方便快捷。由于没有液力变矩器的缓冲，换挡加速不像传统自动变速器那般柔和。

DSG双离合变速器是目前比较先进的变速器系统，原来只用在赛车上，目前一些轿车也采用了该技术。

DSG双离合变速器具有反应灵敏、加速迅猛、动力输出连续、能耗小等优点，目前其技术仍在改进，将来会更趋完美。现在大众汽车公司的许多品牌车型都采用了先进的DSG双离合变速器技术，如大众迈腾MAGOTAN、大众高尔夫GTI、奥迪TT、奥迪A3（在奥迪TT、奥迪A3中称为S-Tronic变速器）等。

案例引入

一辆丰田轿车，装配A340E型自动变速器，行驶里程为120 000 km。该车在行驶过程中仪表盘上的O/D OFF指示灯常亮，换挡冲击较大。

本故障为典型的自动变速器故障。应如何进行故障诊断？排除本故障需要哪些知识？对本故障进行诊断时应进行哪些检查项目？检查时应注意什么？

案例分析

要对本故障进行故障诊断，必须了解自动变速器的组成和工作原理，掌握手动换挡试验的目的和步骤，掌握自动变速器的基本检查调整方法，能够对电子控制系统进行故障自诊断，能够对液压机械系统进行故障诊断。

案例实施

首先检查自动变速器内的变速器油,确定油面正常且油质较好;检查并调整好节气门拉线。

点火开关转到点火位置,按下变速杆上的 O/D 开关,仪表盘上的 O/D OFF 指示灯不灭。用故障诊断仪提取故障码,故障诊断仪显示无故障码,说明发动机电控系统无故障。O/D OFF 指示灯常亮,不输出故障代码,说明自动变速器控制系统电路有故障或者 ECU 中的自动变速器控制电路有故障。

把变速杆放在 P、N 挡位置,发动机可以启动;把变速杆分别放在 R、D、2、L 挡位置时发动机不能启动,说明自动变速器的空挡启动开关工作正常。

按下变速杆上的 O/D 开关,仪表盘上的 O/D OFF 指示灯不受 O/D 开关的控制而始终常亮,说明 O/D OFF 指示灯显示电路有故障。

按下变速杆座上的变速器运行方式选择开关时,仪表盘上的 PWR 绿色指示灯亮,关闭此开关后 PWR 绿色指示灯熄灭,说明自动变速器运行方式指示电路正常。

进行路试。汽车在行驶过程中,特别是在急加速、减速过程中,变速器换挡迟缓,冲击较为严重,并且仪表盘上的警告灯有时候偶尔闪烁几次后又熄灭;O/D OFF 指示灯常亮。

拆下水温传感器,检查水温传感器,正常。

放出自动变速器内的油,拆下油底壳,发现油底壳内无任何机械杂质,变速器内非常干净,油泵的吸油滤网也很干净,无堵塞。

取下 1 号电磁阀、2 号电磁阀及锁定电磁阀的线束插接器,用数字万用表检查电磁阀的电阻,阻值为 13 Ω 左右,符合标准(正常值为 11～15 Ω);直接用 12 V 电源驱动电磁阀,各电磁阀活动正常,无堵塞及卡滞现象,电磁阀工作正常。检查完毕后,插上电磁阀的线插接器,装好油底壳并加注自动变速器油至量油尺的上刻线位置。

从仪表盘上拆下组合仪表,从仪表盘右侧的杂物箱后面拆下 ECU,从变速器上拆下空挡启动开关及 2 号车速传感器的线束插接器,用数字万用电表全面检查自动变速器的控制线路。经过检查发现:

(1)从发动机控制 ECU 线束插接器上 THW 端子到水温传感器线束插接器上的 THW 端子之间的导线绝缘层破损,造成导线有时出现瞬间短路(搭铁)现象,使水温信号传输紊乱。

(2)从空挡启动开关线束插接器上 S2 端子到 ECU 线束插接器上相应的 S2 端子之间的导线绝缘层破损,使导线出现瞬间短路故障,造成自动变速器中的 2 号电磁阀不能正常工作。

(3)从 2 号车速传感器线束插接器上 SP2 端子到控制 ECU 线束插接器上相应的 SP2 端子之间的导线绝缘层破损,使导线出现瞬间短路(搭铁)故障,使 2 号车速传感器向 ECU 传输的车速信号不正常。

(4)O/D OFF 指示灯一端的导线对地短路(搭铁),造成 O/D 开关不能控制 O/D

OFF 指示灯。

这说明造成本车故障的主要原因是水温传感器和 2 号电磁阀工作不良。由于 2 号电磁阀工作不稳定，致使在换挡时油压不稳定，所以换挡冲击大。又由于 O/D OFF 指示灯一端的导线对地短路，致使 O/D OFF 指示灯常亮。

用数字万用表逐段查找出导线断路及短路的具体位置，把导线接好。包扎好后再用数字万用表复查一次，确认导线导通良好后，用绝缘胶布包扎好线束，并可靠地固定好。插好 ECU 及所有控制元件的线束插接器，固定好 ECU 并装好所有的附件及装饰件之后，做 O/D 开关试验：按下变速杆上的 O/D 开关时，仪表盘上的 O/D OFF 指示灯熄灭，O/D 开关信号电路接通；释放 O/D 开关时，仪表盘上的 O/D OFF 指示灯亮，O/D 开关信号电路被切断，说明 O/D OFF 指示灯线路已恢复正常。

清除故障码后进行道路试车。经过 100 km 的连续行驶试验，汽车在行驶过程中自动变速器挡位变换十分平顺，无任何冲击，自动变速器控制系统故障彻底排除。

小　结

常见的汽车自动变速器有三种形式：液力式自动变速器、机械式自动变速器、无级自动变速器。

自动变速器主要由液力变矩器、齿轮变速系统、控制系统组成。液力变矩器由泵轮、导轮、涡轮三部分组成；行星齿轮变速系统有很多形式，其中以辛普森行星齿轮变速系统应用最为广泛，行星齿轮变速系统由行星齿轮机构和换挡执行元件两大部分组成。行星齿轮机构中各元件的不同工作组合形成了变速器不同的传动比和传动方向。在行星齿轮机构中，要想实现某个传动比的传动，就必须对行星齿轮机构三个元件中的任一元件进行约束，这种约束装置就是换挡执行元件。

行星齿轮变速系统的换挡执行元件有离合器、制动器、单向离合器三种。离合器的作用是将行星齿轮变速系统的输入轴与行星齿轮机构中的任意一个元件连接起来，把液力变矩器输出的能量传递给行星齿轮机构，或者将行星齿轮机构中的任意两个元件连接起来，以实现直接传动。制动器的作用是固定行星齿轮机构中的元件，实现某种传动比的传动。

液压控制系统主要由油泵、主油路油压调节装置、换挡控制装置、变矩器锁止离合器控制装置、缓冲安全装置等组成。

电子控制系统是利用节气门位置传感器和车速传感器来监测节气门开度和汽车车速的，传感器将节气门开度和汽车车速转变为电信号向电控单元输入，电控单元根据其内存的程序对输入的电信号进行比较、判断后，向控制换挡阀工作的电磁阀输出信号，控制换挡阀的工作，实现正确换挡。

电子控制自动变速器的控制系统由电子控制系统和液压控制系统两部分组成。液压控制系统主要由压力调节阀、换挡阀、变矩器离合器锁止控制装置等组成；电子控制系统由传感器、电控单元和执行器三部分组成。电子控制自动变速器的控制过程包括自动变速器的换挡控制过程和变矩器锁止离合器的锁止控制过程。

在自动变速器发生故障时，应首先进行基本的检查调整。自动变速器的基本检查调整项目有怠速、节气门、变速器节气门拉线、工作液的液面和品质、空挡启动开关、超速主开关。

手动换挡试验的目的是确定自动变速器的故障范围，即判断故障是在自动变速器的电子控制系统，还是在自动变速器的液压机械系统。

自诊断法就是指利用自诊断系统的故障码来确定故障部位的方法。故障码有两种提取方法。

当自动变速器的故障发生在液压机械系统时，可通过失速试验、时间滞后试验、液压试验、路试等方法来确定自动变速器液压机械系统的故障部位。

无级变速器CVT采用传动带和工作直径可变的主、从动带轮相配合来传递动力，可以实现传动比的连续改变，从而实现传动系统与发动机工况的最佳匹配。

DSG双离合变速器综合了传统手动变速器和自动变速器的优点，换挡更快，传递扭矩更大，效率更高。

拓展阅读

◆ 上网查找"自动变速器的发展史及发展趋势"，了解目前常见车型的自动变速器的类型，并与同学互相交流。

◆ 王正旭.汽车自动变速器检修一体化教程[M].北京:机械工业出版社,2017.

◆ 翟庭杰.汽车自动变速器原理与维修[M].北京:机械工业出版社,2017.

◆ 张月相.自动变速器原理与诊断维修[M].北京:机械工业出版社,2016.

◆ 谭本忠.汽车自动变速器原理与维修图解教程[M].2版.北京:机械工业出版社,2016.

模块 3

防抱死制动系统

学习目标

1. 了解车轮滑移率的定义；了解车轮纵向、横向地面附着系数与车轮滑移率的关系；了解防抱死制动系统的组成；认识防抱死制动系统的部件。

2. 掌握轮速传感器的结构与工作原理；能够对轮速传感器进行检查。

3. 了解减速度传感器的结构与工作原理；能够对减速度传感器进行检查。

4. 了解防抱死制动系统电控单元的组成和功能。

5. 了解制动压力调节器的分类；了解循环式制动压力调节器的结构与工作原理；了解变容式制动压力调节器的结构与工作原理；能够对制动压力调节器进行检查。

防抱死制动系统（Anti-lock Braking System,ABS）和驱动轮防滑转调节系统均属于主动安全装置。防抱死制动系统在汽车制动时工作，防止车轮抱死，提高汽车在制动过程中的方向稳定性和转向控制能力，缩短制动距离；而驱动轮防滑转调节系统则在汽车起步、加速和转弯过程中工作，防止驱动轮滑转，提高汽车驱动过程中的方向稳定性、转向控制能力和加速性能。

3.1 防抱死制动系统的组成与工作原理

在汽车制动时，普通制动系统依靠驾驶员控制制动力，不能根据汽车行驶路面的附着力进行精确的控制，尤其是在紧急制动时，很容易因制动力过大造成车轮抱死，使车轮在地面上打滑。车轮打滑时，汽车的制动效能（制动距离和制动减速度）和方向稳定性（汽车按直线行驶的能力和按预定弯道转弯的能力）大大降低，尤其是在光滑的路面（如雪地、冰面等）上行驶时，很容易发生侧滑、甩尾、急转等现象，直接影响汽车的行车安全。为此，人们研制出防抱死制动系统。

3.1.1 汽车制动原理

当汽车需要制动时，驾驶员踩下制动踏板，制动踏板通过推杆推动制动主缸活塞移动，挤压制动液，使制动系统建立起制动液压。根据帕斯卡定律，该液压通过管路传递到制动轮缸。轮缸活塞在该制动液压的作用下向外移动，推动制动蹄张开。制动蹄张开后，制动蹄与制动鼓之间的间隙消失，于是在二者之间产生摩擦力，该摩擦力所产生的制动摩擦力矩使车轮转速降下来。当车轮转速降低后，由于惯性作用，汽车车身仍要以原来的速度前进，于是在车轮和路面之间产生摩擦力，该摩擦力使汽车车身速度（车速）降低。这就是汽车制动的基本原理。

由上述可知，汽车制动时车轮上所受到的力有：制动器制动力（在车轮周缘为克服制动摩擦力矩所需加的力）、地面制动力（地面与车轮间的摩擦力），如图 3-1 所示。制动器制动力阻碍车轮的转动，使车轮转速降低。而地面制动力阻碍车轮在地面上的滑动，使汽车行驶速度降下来。由此可见，汽车制动的实现取决于两方面因素：一是制动器制动力；二是地面制动力。

在一般硬实路面上，地面制动力的最大值就是地面附着力 F_φ，其表达式为

$$F_\varphi = \varphi F_Z$$

式中　F_Z——地面对车轮的法向反作用力；
　　　φ——地面与轮胎间的附着系数。

地面对车轮的法向反作用力受载客数量（或载货量）、前后轴荷分配、汽车上坡或下坡等因素影响；地面与轮胎间的附着系数受车轮在地面上的滑动程度、轮胎花纹、轮胎气压、路面状况等影响。在车辆载荷、轮胎花纹、轮胎气压、路面状况

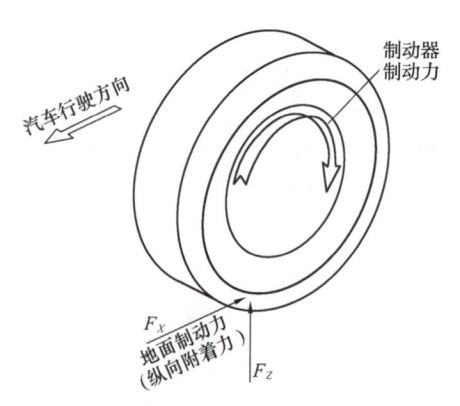

图 3-1　制动时车轮的受力

等一定的前提下,地面附着力就仅与车轮在地面上的滑动程度有关。

在汽车制动过程中,制动器制动力、地面制动力随着制动踏板力的增大而增大。当地面制动力达到最大值时,制动器制动力仍然随着制动踏板力的增大而增大,但地面制动力将不再增大,此时地面制动力等于地面附着力,出现车轮不转而汽车滑拖现象。由此可见,要想达到最佳制动效果,不仅要有足够的制动器制动力,还需要有较大的地面附着力。

3.1.2 车轮滑移率

通常用滑移率表示汽车车轮在地面上滑动的程度。所谓滑移率,是指汽车在制动过程中车轮的滑动位移占总位移的比例,即

$$S = \frac{v - r\omega}{v} \times 100\%$$

式中 S——滑移率;
v——车轮中心速度;
r——没有制动时车轮半径;
ω——车轮角速度。

当车轮纯滚动时,$v = r\omega$,滑移率 $S = 0$;
当车轮纯滑动时,$\omega = 0$,滑移率 $S = 100\%$;
当车轮边滚边滑时,$v > r\omega$,滑移率 $0 < S < 100\%$。

汽车正常行驶(没有制动)时,汽车车轮是纯滚动,其滑移率为零;当汽车制动而车轮没有被抱死时,汽车车轮边滚边滑;当汽车制动且车轮被抱死时,汽车车轮纯滑动。

3.1.3 地面附着系数与滑移率

图 3-2 所示为在不同路面上车轮纵向、横向地面附着系数与车轮滑移率的关系。

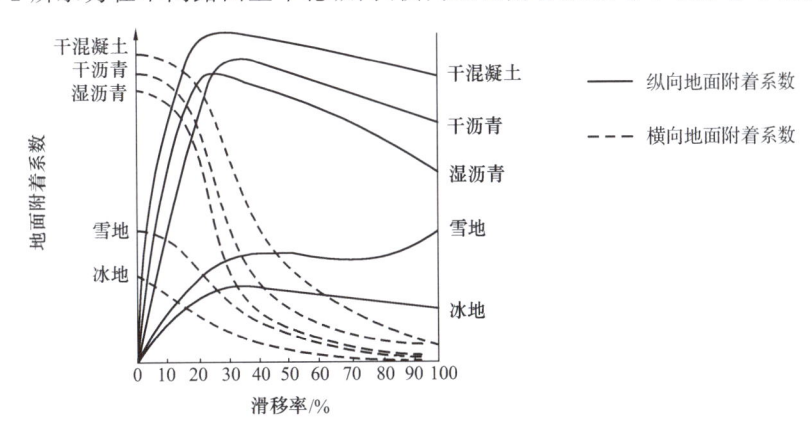

图 3-2 在不同路面上车轮纵向、横向地面附着系数与车轮滑移率的关系

从图 3-2 中可以看出:

(1)地面附着系数随路面性质不同而不同。在干混凝土路面上的地面附着系数最大,在冰地上的地面附着系数最小。

(2)无论在什么路面上,地面附着系数都随滑移率的变化而变化,且变化趋势基本

相同。

车轮的纵向地面附着系数直接影响汽车的制动效能。由图 3-2 中可以看出,纵向地面附着系数在滑移率为 0～10％范围内迅速增大,在 10％～30％范围内达到最大,当滑移率超过 30％后,纵向地面附着系数逐渐减小,当滑移率达到 100％时,纵向地面附着系数仅为其最大值的 3/4。在汽车制动时,如果能将滑移率控制在 10％～30％,则可获得最大的制动减速度和最短的制动距离。

车轮的横向地面附着系数直接影响汽车的方向稳定性。从图 3-2 中可以看出,当滑移率为 0 时,横向地面附着系数最大;随着滑移率的增大,横向地面附着系数越来越小,而且在滑移率超过 30％后急剧下降,当滑移率达到 100％时,车轮横向地面附着系数将会变得非常小。因此,如果在制动过程中车轮抱死,汽车就会失去转向控制能力,方向稳定性变得很差。

由上述分析可知,汽车在制动过程中车轮抱死,会使制动效能和方向稳定性变差。如果在汽车制动时将车轮滑移率控制在 20％左右,则纵向地面附着系数最大,可获得最大地面制动力,最大限度地缩短制动距离;同时,在车轮滑移率为 20％左右时,横向地面附着系数也较大,可使汽车制动时较好地保持方向稳定性和转向控制能力。

驾驶员的反应速度和动作速度有限,不可能将车轮滑移率控制在最佳值,只有借助于防抱死制动系统来实现。

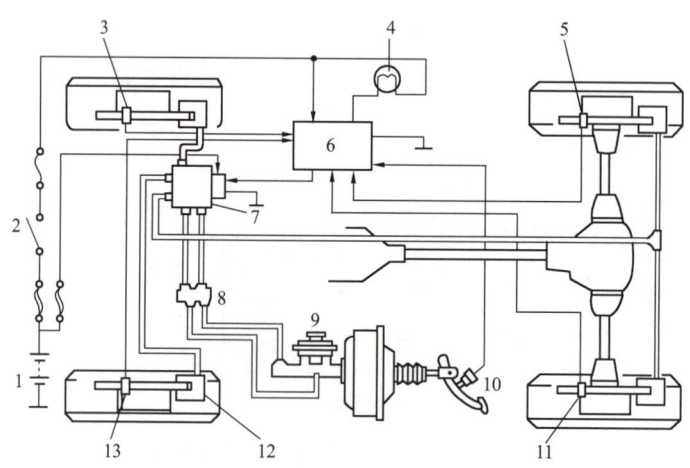

3.1.4 防抱死制动系统的组成

防抱死制动系统通过快速调节作用在制动轮缸中的液压来控制车轮的滑移率,防止车轮抱死。防抱死制动系统的主要组成有轮速传感器、电控单元、制动压力调节器等,如图 3-3 所示。防抱死制动系统和常规制动系统组合在一起就构成了带 ABS 的汽车制动系统。

防抱死制动系统的组成

图 3-3 防抱死制动系统的组成

1—蓄电池;2—点火开关;3—右前轮轮速传感器;4—防抱死制动系统报警灯;
5—右后轮轮速传感器;6—防抱死制动系统电控单元;7—制动压力调节器;8—比例阀;
9—制动主缸;10—制动灯开关;11—左后轮轮速传感器;12—制动轮缸;13—左前轮轮速传感器

轮速传感器的作用是检测车轮转速,并将检测到的轮速转变为电信号输送到电控单元。目前大部分轮速传感器为电磁感应式,是利用电磁感应原理制造而成的。

电控单元的作用是根据轮速传感器等输送的信号计算汽车的轮速、车速、加减速度和滑移率,然后与存储在只读存储器(ROM)中的最佳加减速度(或最佳滑移率)进行比较,判断车轮是否抱死,并向制动压力调节器输出控制指令,调节作用在制动轮缸上的液压。当电控单元判断车轮抱死时,便向制动压力调节器发出指令,使作用在各制动轮缸上的液压减小,减小制动力,恢复车轮转速;当车轮抱死解除后,电控单元又会控制制动压力调节器增大液压,增大制动力,降低车轮的转速。如此反复(4~10次/秒)即可将车轮滑移率控制在最佳范围内。

另外,电控单元还可以对防抱死制动系统传感器、执行器的工作情况进行监测。当监测到系统有故障时,便将故障以故障码的形式存储下来,同时点亮防抱死制动系统报警灯"ABS",以警告驾驶员及时修理。此时,制动系统恢复常规制动状态。

制动压力调节器是防抱死制动系统的执行元件,其作用是根据电控单元发出的指令,调节作用在制动轮缸的液压,从而调节制动力,使车轮滑移率保持在10%~30%,以求达到最佳的制动效果。制动压力调节器的主要元件是电磁阀和电动泵。

3.1.5 防抱死制动系统的控制过程

防抱死制动系统是以最佳滑移率(或最佳加减速度)为控制目标,电控单元根据轮速传感器(有的车上还设有减速度传感器)检测到的车轮转速进行控制。在制动过程中,当电控单元根据车轮转速信号判断到车轮即将抱死时,便向执行元件发出控制指令,使执行元件动作,调节作用在制动轮缸的液压,从而控制作用在车轮上的制动力,使车轮始终工作在不被抱死(滑移率为10%~30%)的状态下,达到最佳制动效果,使汽车在保证行驶稳定性的前提下有最短的制动距离。

防抱死制动系统常见的控制方式有逻辑门限值控制、最优控制、滑动模态变结构控制等。从理论上分析,最优控制方式和滑动模态变结构控制方式最好,但这两种控制方式均需要准确和实时的汽车速度(汽车瞬时速度),而测量汽车瞬时速度需要多普勒雷达等测速装置,其成本太高,技术复杂,且实现这些控制方式所配用的执行器也比较复杂,因此这两种控制方式实际应用很少。目前,应用最为广泛的是逻辑门限值控制方式。

所谓逻辑门限值控制方式,就是预先选择一些运动参数作为控制参数并设定相应控制门限值,在制动时,将检测到的实际参数与电控单元内设定的门限值进行比较,根据比较的结果,按照一定的逻辑,适时对制动液压进行调节。

在逻辑门限值控制方式中,经常选用的控制参数有车轮减速度(或角减速度)、加速度(或角加速度)和滑移率。在实际应用中,通常将车轮的减速度和加速度作为主要控制门限,而将滑移率作为辅助控制门限。只有在地面附着系数小的路面上且低速行驶情况下制动时,才以滑移率作为主要控制门限,以车轮减速度、加速度为辅助控制门限。如果在控制中采用单一参数的门限值进行控制,就难以保证在各种状态下均获得好的控制效果。比如,仅以车轮加、减速度为控制门限,当汽车在地面附着系数大的路面上高速行驶过程中进行紧急制动,且滑移率仍在最佳值附近时,车轮减速度已经达到控制门限值,反应时间过短,地面附着系数利用率低,影响制动效果。如果仅以滑移率作为控制门限,由于不同路面上最大地面附着系数所对应的滑移率值不同,因此固定的滑移率门限值难以保证汽车在各种路面上都获得最佳的制动效果。

在逻辑门限值控制方式中,各控制参数的测定方法如下:

(1)车轮加速度和减速度是由电控单元根据轮速传感器输入的信号计算得到的。

(2)滑移率是按如下方法确定的:先根据轮速传感信号计算出参考车速,然后再根据参考车速和车轮角速度计算出车轮的滑移率。由于参考车速并不是真实车速,只是实际车速的一种近似,因此通常将计算出的滑移率称为参考滑移率。

在逻辑门限值控制方式中,车轮减速度、加速度和滑移率等控制参数的门限值都是通过对某一车型在各种路面和各种车速下反复试验得到的经验数据。

在逻辑门限值控制方式中,一般都具有路面状态自动选择功能,以适应不同地面附着系数的路面。

图 3-4 所示为采用逻辑门限值控制方式的博世防抱死制动系统在地面附着系数大的路面上的控制过程。

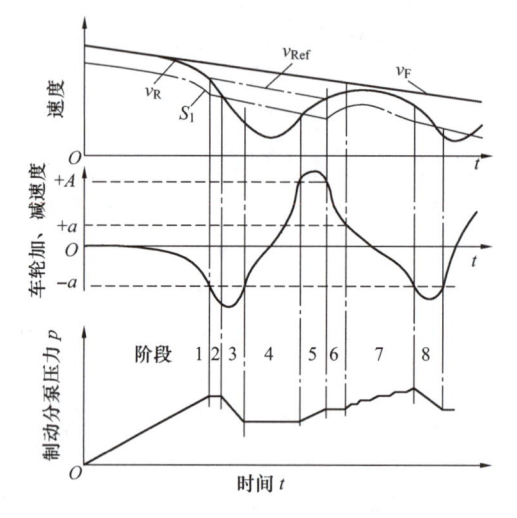

图 3-4 采用逻辑门限值控制方式的博世防抱死制动系统在地面附着系数大的路面上的控制过程

v_F—车速;$+a$、$+A$—车轮加速度门限值;v_{Ref}—参考车速;$-a$—车轮减速度门限值;
v_R—车轮速度;p—制动分泵压力;S_1—滑移率门限值

在制动初期,随着制动分泵内制动压力的增大,车轮速度减小,车轮减速度增大(图 3-4 中第 1 阶段)。当车轮减速度达到设定的控制门限值 $-a$ 时,再检查车轮的参考滑移率,以判断路面状态。如果车轮的参考滑移率小于控制门限值 S_1,说明汽车行驶在地面附着系数大的路面上,便控制进入"压力保持"阶段(图 3-4 中第 2 阶段),以使车轮充分地进行制动;如果车轮参考滑移率大于控制门限值 S_1,说明汽车行驶在地面附着系数小的路面上,便控制进入"压力减小"阶段(图 3-4 中第 3 阶段),防止车轮打滑。如此即可避免汽车行驶在地面附着系数大的路面上时因减速度超过控制门限值而过早进入"压力减小"阶段,以充分利用路面的附着力。

在"压力减小"阶段,车轮制动力不断减小,汽车在惯性作用下又开始加速。当车轮减速度小于控制门限值 $-a$ 时,就又进入"压力保持"阶段(图 3-4 中第 4 阶段)。

在"压力保持"阶段,在惯性的作用下,车轮又开始加速。如果在设定的"压力保持"时间内加速度未能超过第一个加速度控制门限值+a,则说明汽车行驶在地面附着系数小的路面上,此时控制过程将按地面附着系数小的路面的控制过程进行;如果在设定的"压力保持"时间内加速度超过第一个加速度控制门限值+a,则继续在"压力保持"阶段;如果因地面附着系数突然增大而使车轮加速度超过第二个加速度控制门限值+A,则进入"压力增大"阶段(图3-4中第5阶段),使车轮加速度增大,直到车轮加速度小于控制门限值+A,然后再进入"压力保持"阶段(图3-4中第6阶段),直到车轮加速度又减小到控制门限值+a以下。随后,控制过程将在"压力增大"和"压力保持"之间快速转换,使制动压力以较小的阶梯升高率逐渐增大(图3-4中第7阶段),以使汽车制动过程保持在最佳滑移率附近更长时间,这个过程一直延续到车轮减速度再次超过控制门限值-a,再次进入"压力减小"阶段(图3-4中第8阶段),此时不再考虑参考滑移率是否超过控制门限值,从而进入下一个控制循环。

3.1.6 防抱死制动系统的分类

1.按制动压力调节器与制动主缸的结构关系分类

按制动压力调节器与制动主缸的结构关系,可将防抱死制动系统分为分离式防抱死制动系统和整体式防抱死制动系统。

(1)分离式防抱死制动系统

分离式防抱死制动系统是指制动主缸和制动压力调节器分别独立安装的防抱死制动系统。如图3-5所示,该系统是利用电磁阀和电动泵调节作用在制动轮缸中的制动液压。丰田公司的汽车均采用分离式防抱死制动系统。

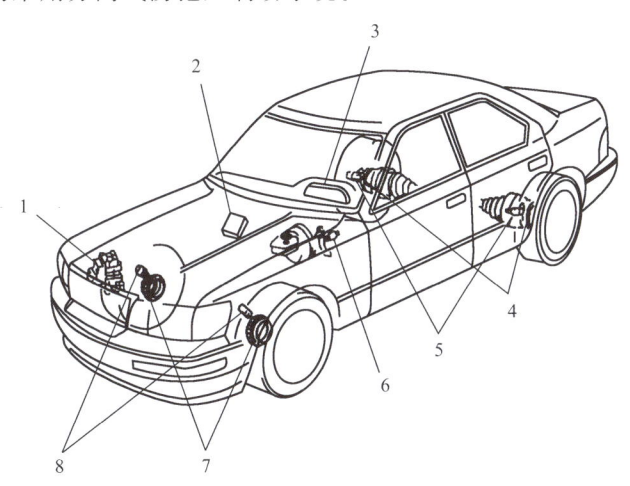

图3-5 丰田轿车分离式防抱死制动系统

1—液压调节器;2—ABS电子控制单元;3—ABS报警灯;4—后轮速度传感器转子;
5—后轮速度传感器;6—制动灯开关;7—前轮速度传感器转子;8—前轮速度传感器

(2)整体式防抱死制动系统

制动主缸和制动压力调节器安装在一起,形成一个整体的防抱死制动系统,称为整体式防抱死制动系统。整体式防抱死制动系统也有多种类型。

图 3-6 所示为克莱斯勒(CHRYSLER)公司的切诺基(Cherokee)吉普车整体式防抱死制动系统。该系统利用电磁阀及蓄压器中的高压制动液来调节作用在制动轮缸中的制动液压。这种形式防抱死制动系统的最明显标志是制动压力调节器总成上有一个黑色圆球状的蓄压器。

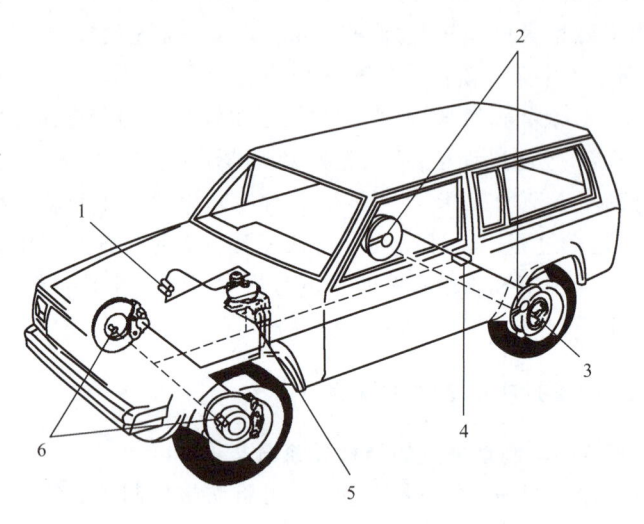

图 3-6 切诺基(Cherokee)吉普车整体式防抱死制动系统
1—电动泵；2—后轮速度传感器；3—后轮制动器；4—ABS 电子控制单元；
5—液压调节器、制动主缸、真空助力器总成；6—前轮速度传感器

通用汽车公司 Delco-Ⅵ型整体式防抱死制动系统主要依靠带控制阀的活塞泵来调节制动液压。该制动系统具有使车辆行驶平顺、转向稳定、制动距离短和成本低的优点，广泛应用在通用汽车(GM)公司 1991 年以后生产的汽车上，主要车型有雪佛兰(CHEVROLET)车系、别克(BUICK)车系、庞蒂克(PONTIC)车系、奥兹莫比尔(OLDSMOBILE)车系等。

2.按控制通道分类

在防抱死制动系统中，通常把能够独立进行制动液压调节的制动管路称为控制通道。在实际控制中，有的车轮单独占用一个控制通道，单独对其液压进行调节，这种控制方式称为独立控制或单轮控制；也有两个车轮共用一个控制通道的，这种控制方式称为同时控制或一同控制；如果实行一同控制的两个车轮又在同一轴上，则把这种控制方式称为同轴控制或轴控制。

当一同控制的两个车轮行驶在不同地面附着系数的路面上时，制动时两个车轮抱死的时刻不同，行驶在低地面附着系数路面上的车轮会先抱死，行驶在高地面附着系数路面上的车轮会后抱死。在控制时以保证低地面附着系数路面上车轮不抱死为控制条件而进行压力调节的原则称为低选原则；在控制时以保证高地面附着系数路面上车轮不抱死为控制条件而进行压力调节的原则称为高选原则。

防抱死制动系统按控制通道数目可分为单通道系统、双通道系统、三通道系统、四通道系统。

(1)单通道系统

单通道系统是指仅有一条控制通道的防抱死制动系统。单通道系统一般用在货车

上，仅在两后轮上设置防抱死控制装置。在单通道系统中，一般按低选原则对两轮进行控制。该控制方式可防止两后轮抱死，能够显著提高汽车制动时的方向稳定性。另外，该控制系统的结构简单、价格低。

单通道系统的缺点是不能充分利用两后轮的附着力，制动距离没有明显缩短；此外，由于单通道系统中前轮没有进行防抱死制动，制动时前轮仍可能出现抱死现象，因此转向操纵能力没有得到明显改善，但由于制动时两后轮不会抱死，因而能够显著提高制动时的方向稳定性。

（2）双通道系统

双通道系统是指有两条控制通道的防抱死制动系统。该系统的每一条控制通道都控制两个车轮的工作，如图 3-7 所示。

（3）三通道系统

三通道系统是指有三条控制通道的防抱死制动系统。一般情况下，三通道系统对两前轮进行独立控制，对两后轮按低选原则进行一同控制，如图 3-8 所示。

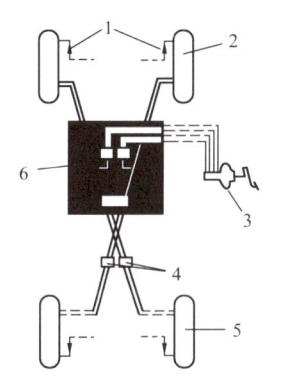

图 3-7 双通道系统
1—轮速传感器；2—前轮；3—制动主缸；
4—比例阀；5—后轮；6—液压调节器；

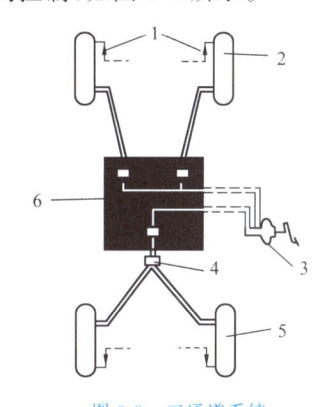

图 3-8 三通道系统
1—轮速传感器；2—前轮；3—制动主缸；
4—比例阀；5—后轮；6—液压调节器

对两后轮按低选原则进行一同控制，可以保证汽车在各种条件下左、右两个后轮的制动力相等，使汽车在各种路面上制动时都具有良好的行驶稳定性。虽然两后轮按低选原则进行一同控制，会使高地面附着系数路面上的附着力不能充分利用，使汽车的总制动力减小，但是急刹车时轴荷前移，后轮制动力在汽车总制动力中所占的比例较小（尤其是轿车），通常只占 30% 左右，对汽车总的制动力影响不大。

对两前轮进行独立控制，可以充分利用两前轮的附着力，一方面可以使汽车获得尽可能大的制动力，缩短制动距离，另一方面可使制动时两前轮始终保持较大的横向附着力，使汽车保持良好的转向控制能力。尽管两前轮独立控制可能导致两前轮制动力不平衡，但两前轮制动力不平衡对汽车行驶方向稳定性的影响相对较小，并可以通过驾驶员的转向操纵对由此造成的影响进行修正。

三通道系统广泛应用在小轿车上。如上海桑塔纳 2000GSi 轿车就是采用这种三通道 ABS。

(4)四通道系统

四通道系统是指有四条控制通道的防抱死制动系统。该系统的四条控制通道分别独立控制汽车的四个车轮(图3-9),可以充分利用每个车轮的地面附着力。当左、右两侧车轮行驶在地面附着系数接近的路面时,汽车在制动时可获得良好的制动效能和方向稳定性;当左、右两侧车轮行驶在地面附着系数相差较大的路面上时,汽车在制动时两侧车轮的地面制动力相差较大,产生横摆力矩,使车身向制动力较大的一侧跑偏,偏离预定行驶方向,影响汽车的方向稳定性,这是四通道系统的主要缺点,再加上该系统的成本太高,因此实际应用很少。

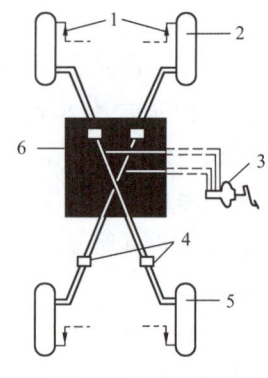

图3-9 四通道系统
1—轮速传感器;2—前轮;3—制动主缸;4—比例阀;5—后轮;6—液压调节器

3.2 轮速传感器

轮速传感器的作用是把车轮转速转变为电信号后输入电控单元。

3.2.1 轮速传感器的结构

如图3-10所示,轮速传感器主要由传感器转子、传感线圈、永久磁铁组成。传感器转子为一带齿的圆环,和普通直齿圆柱齿轮有所不同。普通直齿圆柱齿轮的齿的轮廓为渐开线形状,而传感器转子齿的轮廓为矩形。传感器转子一般与前轮或后轮的轮毂做成一体,也有的将传感器转子安装在传动轴上。无论传感器转子安装在何处,都和车轮一起转动。

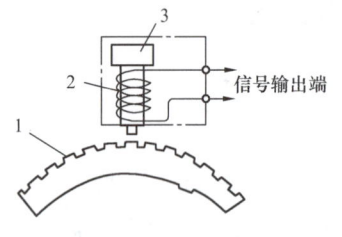

图3-10 轮速传感器的结构
1—传感器转子;2—传感线圈;3—永久磁铁

永久磁铁和传感线圈构成一体,形成轮速传感器传感头,用于产生传感信号。传感线圈在极轴的外围。永久磁铁产生的磁场穿过传感线圈,当穿过传感线圈的磁通发生变化时,在传感线圈中便感应出电动势,该电动势就是传感器的输出信号。

轮速传感器传感头正对着传感器转子安装,永久磁铁的磁场通过传感器转子构成磁路。

3.2.2 轮速传感器的工作原理

当车轮转动时,传感器转子也随之以相同的转速转动,转子上的齿顶和齿隙便周期性地接近和离开传感器传感头。当转子上的齿顶接近传感器传感头时,磁路中的空气隙减小,磁阻减小,通过传感线圈的磁通增大;当转子的齿顶离开传感器传感头(齿隙接近传感器传感头)时,磁路中的空气隙增大,磁阻增大,通过传感线圈的磁通减小。这样,通过传感线圈的磁通发生变化,在传感线圈中感应出电动势。转子每转一圈便在传感线圈中感应出与转子齿数相同的脉冲电动势。当转子转速增大时,脉冲电动势出现的频率增大。

这样就将车轮的转速转变成电脉冲信号。该信号输入电控单元，电控单元通过其内存的程序便可以计算出车轮转速，并根据转速的变化控制执行器工作。

3.2.3 轮速传感器的分类

常见的轮速传感器按其极轴的形状不同可分为凿式极轴轮速传感器、菱形极轴轮速传感器和柱式极轴轮速传感器。

传感器的形式不同，其安装方式也不同。凿式极轴轮速传感器的极轴端一般都正对着传感器转子齿顶安装；菱形极轴轮速传感器的极轴侧面对着传感器转子齿顶安装；柱式极轴轮速传感器的极轴端正对着传感器转子齿的侧面安装。如图 3-11 所示。

(a) 凿式极轴轮速传感器　　(b) 菱形极轴轮速传感器　　(c) 柱式极轴轮速传感器

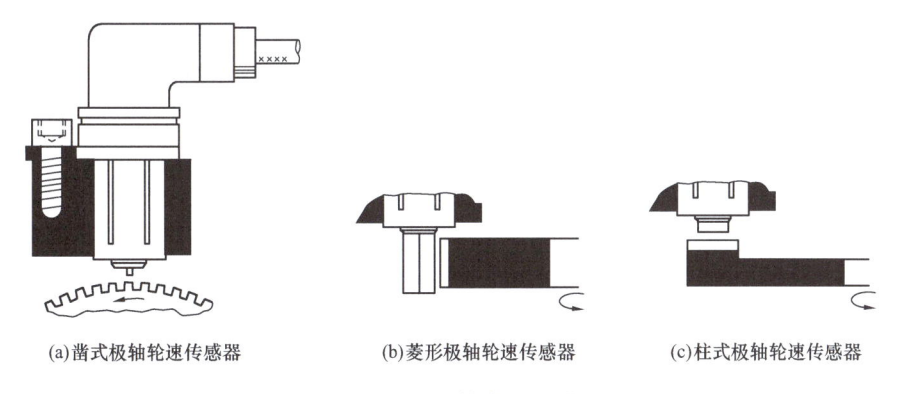

图 3-11　轮速传感器的安装

3.2.4 轮速传感器的工作电路

图 3-12 所示为丰田汽车防抱死制动系统轮速传感器的工作电路。该系统每个车轮各有一个轮速传感器，用以检测各车轮转速。每个轮速传感器均有两条信号线向电子控制单元输送转速信号。

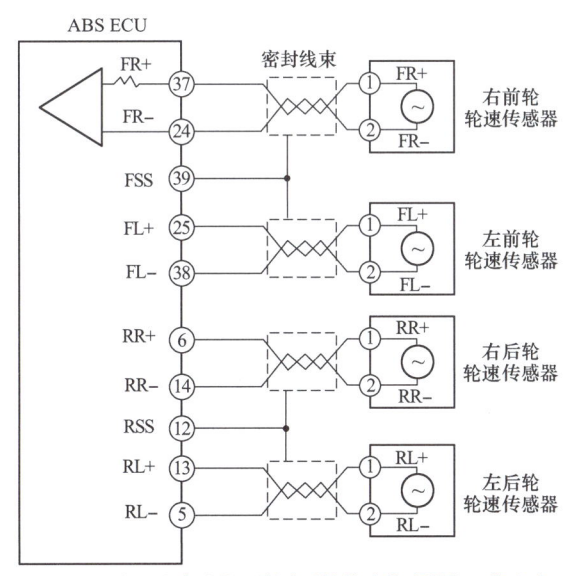

图 3-12　丰田汽车防抱死制动系统轮速传感器的工作电路

3.2.5 轮速传感器的检查

轮速传感器的主要检查内容包括：轮速传感器的电阻值是否符合标准；轮速传感器传感线圈有无搭铁现象；轮速传感器的安装是否可靠；轮速传感器转子齿面是否完好。

(1)检查轮速传感器的电阻

①拆开轮速传感器的插接器。

②用欧姆表(应使用阻抗大于 10 kΩ 的高阻抗万用表)测量插接器两端子之间的电阻,其阻值应符合标准。

(2)检查轮速传感器传感线圈有无搭铁现象

用欧姆表检查传感器端子与传感器外壳之间的导通情况。传感器正常时,应不导通。否则,应更换前轮轮速传感器。

(3)检查轮速传感器的安装情况

①检查传感器的安装螺栓是否可靠拧紧,如未达标应按规定扭矩拧紧。

②检查传感器与其接触表面有无间隙。安装正确时,二者之间应无间隙。否则,应重新安装。

(4)检查轮速传感器转子齿面

①检查传感器转子齿面是否有刮痕、裂缝、变形或缺齿。若有上述情况,则应更换传感器转子。

②装上传感器转子。在安装时,应特别小心,不要损伤传感器转子齿面。

3.3 减速度传感器

减速度传感器的作用是检测汽车的减速度。电控单元根据减速度传感器输入的减速度信号判断路面的地面附着系数,从而控制防抱死制动系统的工作,以获得更好的制动性能。

当汽车在地面附着系数比较小的路面上制动时,由于路面容易打滑,不可能获得较大的减速度,所以需要借助防抱死制动系统防止车轮抱死,以求获得更好的制动性能。当汽车在地面附着系数比较大的路面上制动时,因为路面不易打滑,所以可获得较大的减速度,并且在该减速度时能保持汽车的稳定性。此时,若不使用防抱死制动系统,而采用普通制动方式,则可以获得更好的制动性能。

常见的减速度传感器有光电式减速度传感器、水银式减速度传感器和差动变压器式减速度传感器。

3.3.1 减速度传感器的结构与工作原理

1.光电式减速度传感器

如图 3-13 所示,光电式减速度传感器主要由两个发光二极管、两个光敏晶体管、一个透光板和一个信号转换电路组成。发光二极管和光敏晶体管彼此正对着安装,透光板位于发光二极管和光敏晶体管之间,并可绕其轴摆动。

透光板上有若干个孔,用于控制发光二极管上光线向光敏晶体管的传送,控制光敏晶

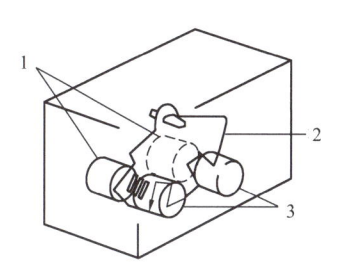

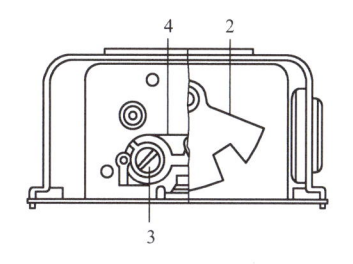

图 3-13　光电式减速度传感器的结构

1—发光二极管；2—透光板；3—光敏晶体管；4—信号转换电路

体管的工作(通与断)。当汽车在不同地面附着系数的路面上制动时，减速度是不同的，透光板摆起的角度也不同。地面附着系数大时，可产生较大的减速度，透光板摆起的角度就大。反之，地面附着系数小时，产生的减速度较小，透光板摆起的角度也小。

透光板在不同的摆动位置时，两个发光二极管光线的透射情况不同，光敏晶体管的通、断情况也不同。当发光二极管发出的光线穿过透光板上的光孔照射到光敏晶体管上时，光敏晶体管导通。反之，当发光二极管发出的光线被透光板遮住时，光敏晶体管接收不到光，光敏晶体管截止。光敏晶体管的导通、截止情况经过信号转换电路处理后，再输送给电控单元。电控单元据此便可以判断汽车的减速度。

两个发光二极管和两个光敏晶体管不同的工作组合可以将汽车制动时的减速度速率分成四个等级，见表 3-1。

表 3-1　　　　　　　　　　汽车制动时减速度速率等级

减速度速率	低减速度速率1	低减速度速率2	中等减速度速率	高减速度速率
光敏晶体管1	开	关	关	开
光敏晶体管2	开	开	关	关
透光板位置	光敏晶体管1(开) 光敏晶体管2(开)	关　开	关　关	开　关

丰田四轮驱动车就采用了光电式减速度传感器。

2. 水银式减速度传感器

如图 3-14 所示，水银式减速度传感器主要由玻璃管及放在其中的水银组成。

汽车匀速前进时，水银在其本身重力的作用下位于玻璃管的底部不动，防抱死制动系统的电路处于接通状态。当汽车在地面附着系数小的路面上制动时，汽车的减速度小，水银基本不动，防抱死制动系统的电路处于接通状态，防抱死制动系统仍然可以工作，可以防止车轮抱死，使汽车在光滑的路面上能获得较好的制动性能，如图 3-14(a)所示。

当汽车在地面附着系数大的路面上制动时，汽车减速度大，水银在惯性作用下沿玻璃内壁甩起，断开防抱死制动系统的控制电路，使防抱死制动系统停止工作，汽车恢复到普通制动方式，这样就能更好地发挥地面附着系数大的特点，可获得更强的制动效果，如图 3-14(b) 所示。

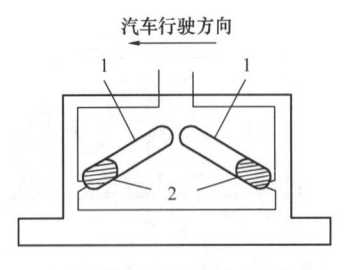

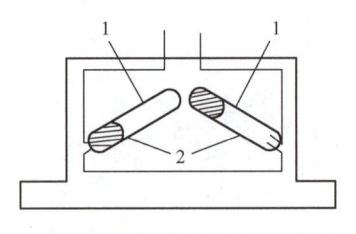

(a) 在地面附着系数小的路面上制动时　　(b) 在地面附着系数大的路面上制动时

图 3-14　水银式减速度传感器

1—玻璃管；2—水银

日本日产公司生产的四轮驱动汽车上装有水银式减速度传感器。

3. 差动变压器式减速度传感器

如图 3-15 所示，差动变压器式减速度传感器主要由线圈、铁芯、弹簧、变压器油及印刷电路板组成。

当汽车匀速前进时，铁芯位于线圈内的中部位置。当汽车制动减速时，铁芯便在惯性力的作用下向前移动，铁芯的移动会使线圈产生感应电流。当汽车在地面附着系数较大的路面上制动时，汽车的减速度大，线圈所产生的感应电流也大；反之，当汽车在地面附着系数较小的路面上制动时，汽车的减速度小，线圈中产生的感应电流就小。该电流信号经印刷电路板中的电路处理后，输送到电控单元。电控单元据此选择防抱死制动系统的控制程序。

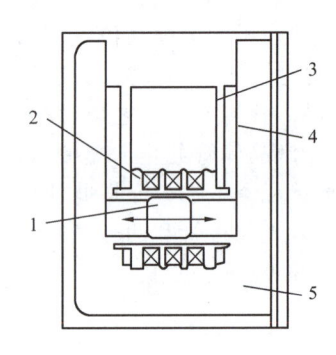

图 3-15　差动变压器式减速度传感器

1—铁芯；2—线圈；3—印刷电路板；4—弹簧；5—变压器油

日本三菱汽车上装用了差动变压器式减速度传感器。

3.3.2　减速度传感器的工作电路

图 3-16 所示为丰田汽车防抱死制动系统减速度传感器的工作电路。减速度传感器的工作电源由点火开关控制。接通点火开关，减速度传感器就有了工作电源。减速度传感器和电子控制单元有三条信号线：GS_1、GS_2、GST。

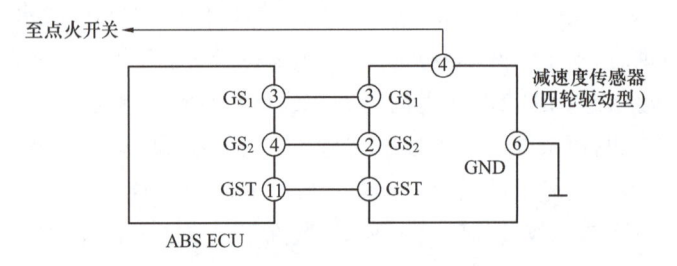

图 3-16　丰田汽车防抱死制动系统减速度传感器的工作电路

3.3.3 减速度传感器的检查

一般来说,装有减速度传感器的汽车上都设有减速度传感器诊断系统。借助该诊断系统可以对减速度传感器的安装情况、工作状态进行检查。

3.4 电控单元

电控单元(ABS ECU)是防抱死制动系统的中枢,用来接收传感器输送的信号,并根据传感信号进行运算、比较、判断,然后向执行器(制动压力调节器)发出指令,调节制动液压,从而达到防止车轮抱死的目的。

3.4.1 电控单元的组成

现以德国博世(BOSCH)公司生产的防抱死制动系统为例,说明电控单元的组成。

如图3-17所示,电控单元主要由四部分组成:输入电路A、控制电路B、输出电路C,以及稳压、监测与保护电路D。

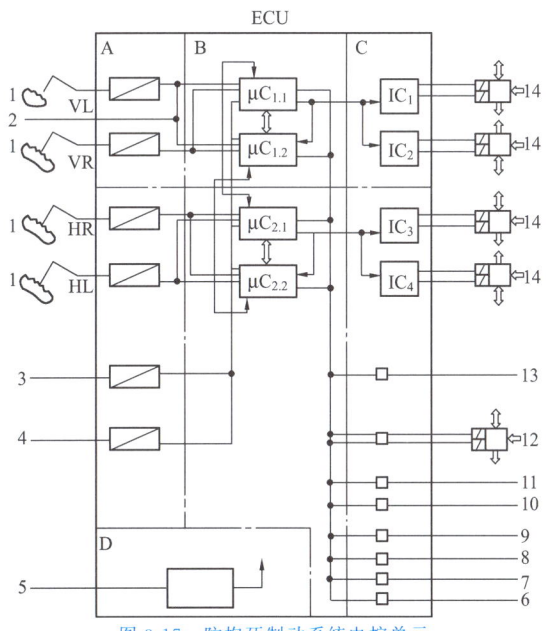

图3-17 防抱死制动系统电控单元

1—轮速传感器;2—横摆力矩限制;3—发动机电控单元接口;4—自检初级电路;
5—电源电压;6—阀继电器;7—自检输出装置;8—车轴负荷传动装置;9—减速控制继电器;
10—加速防滑调节装置(ASR);11—ABS报警灯;12—电磁阀;13—发动机电控单元输出接口;
14—压力调节阀;A—输入电路;B—控制电路;C—输出电路;D—稳压、监测与保护电路

输入电路A主要用来接收轮速传感器的信号,并对信号进行处理、放大后,向控制电路B输送。输入电路主要由一个低通滤波器和用来抑制干扰传感信号的输入放大器组成。利用该电路可以将轮速传感器输入的正弦交流信号转变为方波信号输出。

控制电路 B 根据输入电路输出的传感信号计算出被控车轮的滑移率（或车轮角加速度、角减速度），并与内存数据进行比较，判断车轮是否抱死，然后向输出电路 C 输出控制电磁阀动作的指令。

输出电路 C 根据控制电路 B 输出的指令控制电磁阀的动作。输出电路中采用的晶体管是大功率晶体管。

稳压、监测与保护电路 D 用于稳定工作电压，监视防抱死制动系统的工作情况。当防抱死制动系统出现故障时，该电路将会以故障码的形式将故障信息存储起来，并同时接通报警灯电路，点亮报警灯，以提醒驾驶员注意。在发生某些故障时，该电路还将停止防抱死制动系统的工作，恢复普通制动方式，以保证汽车的行驶安全。

3.4.2 电控单元的功能

电控单元的主要功能是控制车轮转速，防止车轮抱死。除此之外，还具有初始检测功能、故障自诊断功能、传感器检测功能和失效保护功能。

1. 轮速控制

电控单元根据轮速传感器输入的信号，计算出车轮转速，然后按其内存的程序控制车轮转速，防止车轮抱死。

图 3-18 所示为某防抱死制动系统的轮速控制过程。从图 3-18 中可以看出，在制动初期（驾驶员踩下制动踏板最初的一段时间），制动轮缸的液压逐渐增大，车轮加速度不断减小，车轮速度逐渐降低，受地面附着力的限制，车轮的滑移率逐渐增大。当车轮加速度减至某一值（电控单元内部存储了该标准值，该值反映的是车轮即将抱死的状态）时，电控单元首先控制制动轮缸的液压不再增大（保压）。在保压阶段，车轮加速度进一步减小。为防止车轮抱死，电控单元便控制减小制动轮缸液压（图 3-18 中的 A 阶段）。

在 A 阶段，制动轮缸液压减小，车轮加速度减小趋势逐渐变缓，直至不再减小，防止了车轮抱死。随后，电控单元又控制制动轮缸液压不变，进入保压阶段。在该阶段，由于制动轮缸液压较小，车轮加速度逐渐增大，车轮速度又由减小转为增大，该过程一直保持到 B 阶段开始。

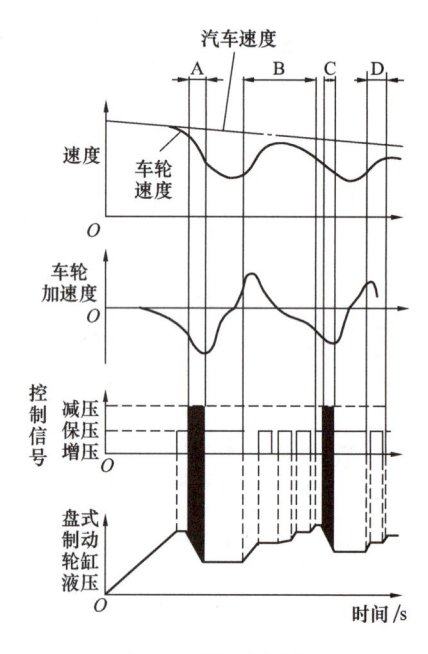

图 3-18 轮速控制过程

在 B 阶段，电控单元控制制动轮缸液压在增压、保压两种状态之间交替变化，一步一步地增大制动轮缸液压。随着制动轮缸液压的增大，车轮加速度又逐渐减小，车轮速度也由增大变为减小，使车轮又趋向于抱死状态。

在 C 阶段，车轮又即将抱死时，电控单元又控制减小制动轮缸液压（减压），减小制动力，车轮加速度减小趋势逐渐变缓，直至不再减小，使车轮远离抱死状态。随后，电控单元又控制制动轮缸液压保持不变,使车轮加速度逐渐增大,车轮速度又由减小变为增大,该过程一直持续到 D 阶段。

在 D 阶段,电控单元控制制动轮缸液压在增压和保压两种状态之间交替变化,一步一步地增大制动轮缸液压,在该阶段车轮加速度由增大转为减小,使车轮又趋向于抱死状态。

上述过程不断重复,即可实现轮速控制(防抱死控制),将车轮滑移率控制在最佳滑移率附近。这样既防止了车轮抱死,又能在最短的距离内使汽车减速或停车,达到最佳制动效果。

2.初始检测功能

每次接通点火开关后,电控单元就对系统各元件进行一次检测,判断系统各组件的工作状态是否正常。如果发现故障,电控单元会控制防抱死制动系统报警灯亮起,同时控制防抱死制动系统停止工作,恢复普通制动方式。

3.故障自诊断功能

在防抱死制动系统工作过程中,电控单元中的检测电路不断对各信号进行监测。如果信号系统出现异常现象,电控单元便将这些故障以故障码的形式存储起来,并同时点亮仪表板上的防抱死制动系统故障报警灯"ABS"。

4.失效保护功能

当电控单元检测到防抱死制动系统出现故障时,就控制继电器动作,断开执行器的工作电源,让防抱死制动系统停止工作,使制动系统恢复到普通制动方式,这就是防抱死制动系统的失效保护功能。

5.传感器检测功能

传感器检测功能用于判断轮速传感器和传感器转子(四轮驱动汽车的防抱死制动系统电控单元还包括减速度传感器的检测)的工作性能。这项功能是专为技术人员设计使用的。

3.5 制动压力调节器

制动压力调节器是防抱死制动系统的执行器,按照电控单元发出的指令控制作用在制动轮缸上的液压,调节车轮制动力,以达到既防止车轮抱死、又能使车轮与地面间的附着力最大的目的。通常,制动压力调节器串联在制动主缸和轮缸之间。

3.5.1 制动压力调节器的分类

制动压力调节器种类较多,其结构和工作原理也有较大差异。一般地,可根据动力来源、总体结构和调压方式进行分类。

1.根据动力来源分类

根据制动压力的动力来源不同,制动压力调节器可分为液压式和气压式两种类型。液压式制动压力调节器主要用于小轿车和轻型载货汽车,气压式制动压力调节器主要用于大型客车和载重汽车。

2. 根据总体结构分类

根据总体结构不同,制动压力调节器可分为分离式和整体式两种。

分离式制动压力调节器自成一体,通过制动管路与制动总泵(或制动助力器)相连。分离式制动压力调节器在汽车上布置灵活,成本相对较低,但制动管路接头相对较多。目前,大多数 ABS 采用了分离式制动压力调节器。

整体式制动压力调节器与制动总泵(或制动助力器)形成一个整体。整体式制动压力调节器结构紧凑,管路接头少,但成本较高,大多用在将 ABS 作为标准装备的轿车上。

3. 根据调压方式分类

根据调压方式不同,制动压力调节器可分为循环式和变容式两种。

循环式制动压力调节器又称为流通式或环流式制动压力调节器,是指用制动压力调节器直接控制制动管路中油液的进出,使制动油液在轮缸内外不断循环,从而达到调节轮缸制动压力的目的。

变容式制动压力调节器是利用制动压力调节器中专用压力调节缸间接控制制动轮缸的压力。

根据制动油液的循环方式不同,循环式制动压力调节器又可分为开放式循环调压方式和封闭式循环调压方式。

图 3-19 所示为开放式循环调压方式,每个车轮的制动轮缸上分别设置进液油路和回液油路,两条油路上分别设有进液电磁阀和回液电磁阀,两个二位二通电磁阀的工作状态见表 3-2。在压力调节过程中,制动油液受进液和回液电磁阀控制在制动主缸、制动轮缸和储液罐之间循环流动。采用这种调压方式也可以在每个车轮上只设置一个三位三通电磁阀来实现。此种方式在压力调节过程中,ABS 增压时油泵产生的高压油液在送入制动轮缸时,也会对制动主缸活塞产生较大的反推力,导致制动踏板的剧烈抖动。另外,开放式循环调压方式的能量消耗较大,油泵输出端压力建立较慢。

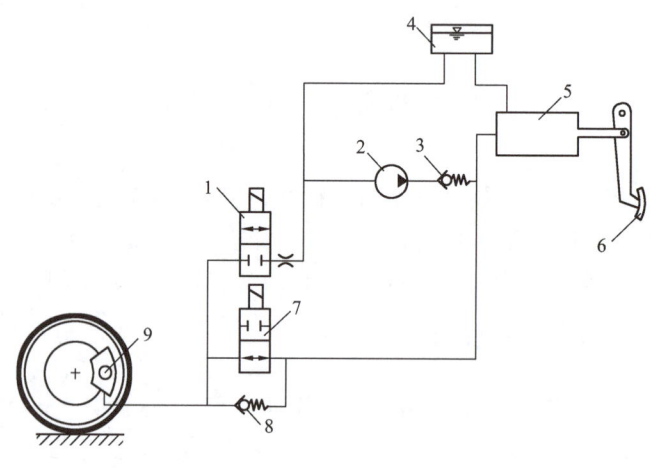

图 3-19 开放式循环调压方式
1—回液电磁阀;2—油泵;3、8—单向阀;4—储液罐;
5—制动主缸;6—制动踏板;7—进液电磁阀;9—制动轮缸

表 3-2　　　　　　　　　进液和回液二位二通电磁阀的工作状态

工作状态	进液电磁阀状态	回液电磁阀状态	油路状态
正常制动	导通(断电)	截断(断电)	制动主缸与制动轮缸导通
保压	截断(通电)	截断(断电)	制动轮缸与制动主缸、储液罐油路都截断
减压	截断(通电)	导通(通电)	制动轮缸与储液罐导通
增压	导通(断电)	截断(断电)	制动主缸与制动轮缸导通、油泵启动

图 3-20 所示为封闭式循环调压方式，系统在每个车轮上设置一个三位三通电磁阀(图 3-20(a))或两个二位二通电磁阀(图 3-20(b))来控制制动管路压力。在制动压力调节过程中，制动油液在制动主缸、制动轮缸和低压蓄能器之间循环流动。减压时，制动轮缸泄出的油液被送到低压蓄能器；增压时，又通过油泵将油液从低压储能器送往制动轮缸。为了减小增压时油泵输出的高压液体对制动踏板的振动作用，系统中设置了缓冲器，用于减缓压力上升速度，从而减轻制动踏板的抖动。采用封闭式循环调压方式，制动油液在 ABS 系统内部形成封闭循环回路。与开放式循环调压方式相比较，能量损耗较小，油泵出口油压建立较快。

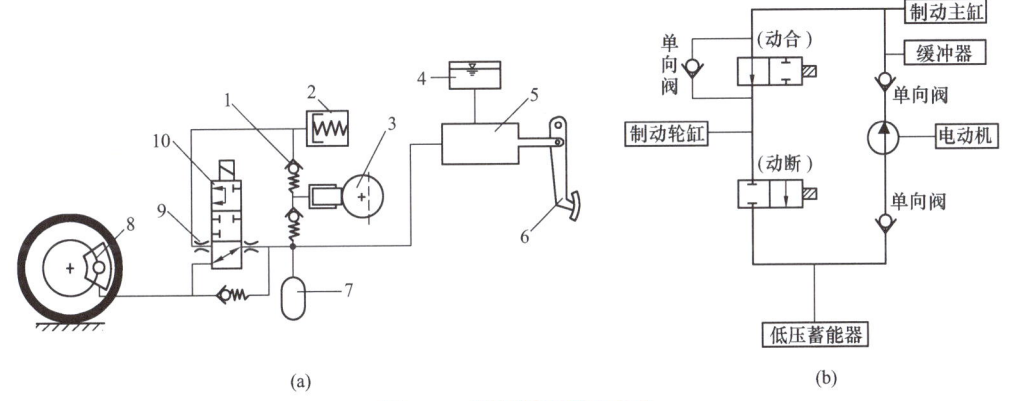

图 3-20　封闭式循环调压方式
1—单向阀；2—低压蓄能器；3—油泵；4—储液罐；5—制动主缸；
6—制动踏板；7—缓冲器；8—制动轮缸；9—节流孔；10—三位三通电磁阀

3.5.1.1　循环式制动压力调节器

1. 循环调压分离式制动压力调节器

(1) 循环调压分离式制动压力调节器的结构

循环调压分离式制动压力调节器主要由三位三通电磁阀、储液罐和电动泵组成。

① 三位三通电磁阀

三位三通电磁阀就是指电磁阀有 3 个位置，对外有 3 个油液口。三位三通电磁阀的作用是在防抱死制动系统工作时调节(升压、保压、减压)作用在制动轮缸中的制动液压。

如图 3-21 所示，三位三通电磁阀主要由电磁线圈、衔铁、球阀、非磁性支承环、过滤器等组成，用来控制进油阀、出油阀的通和断。衔铁在阀体内有 0.25 mm 的行程，在阀体内的位置由电磁线圈控制。ABS ECU 根据车轮的制动情况，控制电磁线圈中的电流，使电磁线圈产生大小不同的电磁力，控制衔铁的动作。衔铁由非磁性支承环导向，可以获得高效能和最小的摩擦。在进油口、出油口设置过滤器后，可以滤去油液中的污物，从而保护球阀。阀体内装有主弹簧和副弹簧,主弹簧的强度比副弹簧大,两个弹簧相向布置,用以控制进油阀、出油阀的自动复位。该系统的球阀都是精密度很高的阀门,可以在 20 MPa 的压力下仍保持较好的密封性。

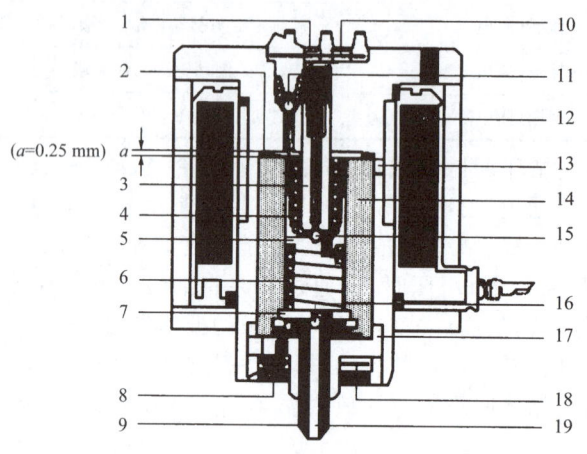

图 3-21 三位三通电磁阀的结构

1—进液口(连接主缸);2—阀芯工作气隙;3—进液球阀阀座;4—副弹簧;5—压板;6—主弹簧;7—压板;8—出液口(连接轮缸);9—回液球阀阀座;10—过滤器;11—止回阀;12—电磁线圈;13—非磁性支承环;14—衔铁;15—进液球阀;16—回液球阀;17—非磁性支承环;18—过滤器;19—回液口(连接回液管)

② 储液罐和电动泵

储液罐的作用是在防抱死制动系统需要"减压"时,暂时储存从轮缸回流的制动液。当制动轮缸中高压制动液回流到储液室时,储液罐中的回位弹簧被压缩,活塞下移,储存容积增大。

电动泵的作用是在防抱死制动系统需要"减压"时,将流入储液罐的制动液泵回到制动主缸。电动泵是由电机驱动的柱塞式泵,图 3-22 所示为其原理图。

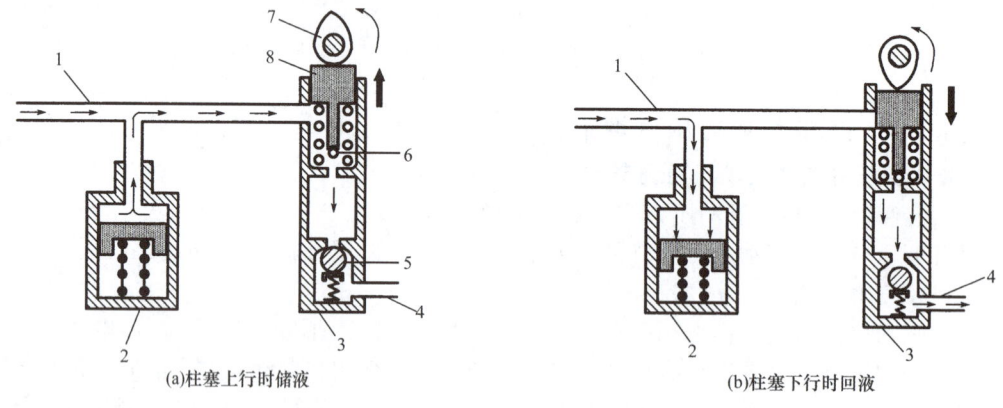

图 3-22 电动泵的原理

1—接制动轮缸;2—储液缸;3—柱塞泵;4—接制动主缸;5—出油阀(止回阀);6—进油阀(止回阀);7—凸轮;8—柱塞

电动泵主要由油泵电机、凸轮、柱塞、进油阀、出油阀等组成。当柱塞在凸轮的带动下向上移动时,柱塞下部腔室的容积增大,真空吸力逐渐增大,出油阀关闭,进油阀打开,低压制动液被吸入柱塞下方的工作腔室内。当柱塞在凸轮的带动下向下移动时,柱塞下方工作腔室的容积减小,其内部油压逐渐增大,进油阀关闭,出油阀打开,工作腔室内的制动液在提高压力后被挤出腔室,从出油口排出。

(2)循环调压分离式制动压力调节器的工作原理

循环调压分离式制动压力调节器在防抱死制动系统不工作、工作(升压、保压、减压)时,有着不同的工作状态。

①防抱死制动系统不工作时

防抱死制动系统不工作时,制动系统处于普通制动方式。在普通制动方式时,ABS ECU 不向制动压力调节器发出电信号,此时,电磁阀和电动泵均不工作,如图 3-23 所示。

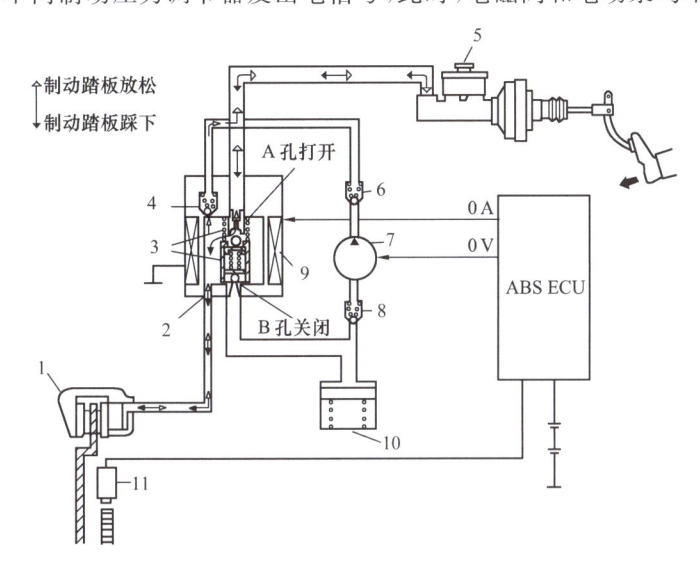

图 3-23 在普通制动方式时制动压力调节器的工作状态

1—盘式制动分泵;2—C孔;3—回位弹簧;4—3号单向阀;5—制动总泵;
6—1号单向阀;7—泵电动机;8—2号单向阀;9—电磁线圈;10—储液罐;11—前轮速度传感器

三位三通电磁阀在主弹簧(主弹簧强度大于副弹簧)和制动主缸液压的作用下向下移动,进油阀 A 孔打开,回油阀 B 孔关闭。1 号、2 号、3 号三个单向阀均关闭。此时,来自制动主缸的制动液通过 A 孔和 C 孔流向制动轮缸,制动器实现普通制动。

当制动结束、驾驶员松开制动踏板时,制动轮缸的制动液经由两条通路流回制动主缸:一条通过 C 孔和 A 孔;另一条经过 C 孔和 3 号单向阀。这样就能很快地解除制动状态。

②防抱死制动系统工作时

当防抱死制动系统工作时,ABS ECU 向制动压力调节器输送不同的电信号,以实现减压、保压、升压三种不同的功能,防止车轮抱死。

a.减压时:当车轮即将抱死时,ABS ECU 向电磁线圈输出 5 A 的电流,并控制接通电动泵的工作电路,如图 3-24 所示。

三位三通电磁阀中流过 5 A 的大电流后,便产生很强的电磁力,使电磁阀克服主弹簧

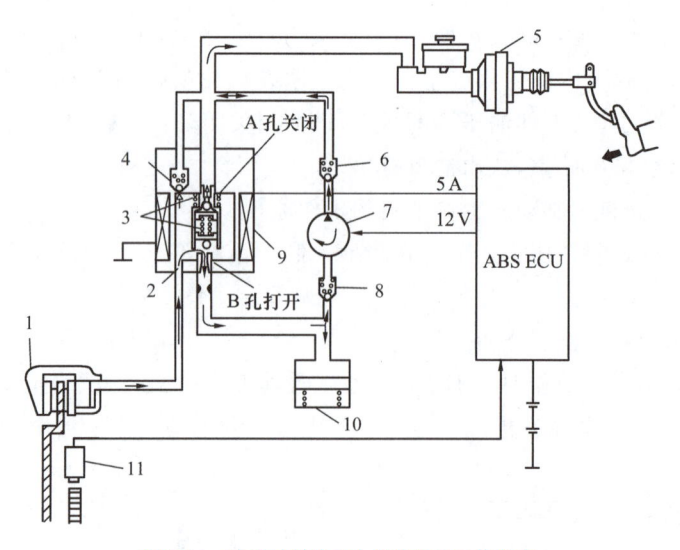

图 3-24 减压时制动压力调节器的工作状态

1—盘式制动分泵；2—C 孔；3—回位弹簧；4—3 号单向阀；5—制动总泵；
6—1 号单向阀；7—泵电动机；8—2 号单向阀；9—电磁线圈；10—储液罐；11—前轮速度传感器

和制动主缸液压的作用力向上移动。电磁阀上移后，进油阀 A 孔关闭，回油阀 B 孔打开。这样，制动轮缸的制动液便由 C 孔和 B 孔流向储液罐。

当 ABS ECU 接通电动泵的工作电路后，电动泵便开始运转，将来自制动轮缸的制动液泵回制动轮缸。在电动泵运转过程中，1 号、2 号单向阀均打开。

电磁阀和电动泵同时工作，减小了制动轮缸中的液压，避免了车轮抱死。

b.保压时：当制动轮缸中的制动液压增大或减小到某一值且轮速传感器向 ABS ECU 输送的车速信号说明车速已达到设定值时，ABS ECU 就向电磁线圈输送 2 A 的电流，如图 3-25 所示。

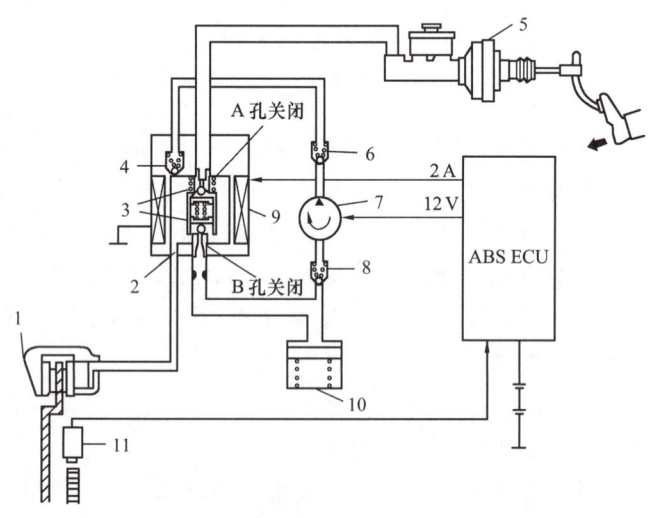

图 3-25 保压时制动压力调节器的工作状态

1—盘式制动分泵；2—C 孔；3—回位弹簧；4—3 号单向阀；5—制动总泵；
6—1 号单向阀；7—泵电动机；8—2 号单向阀；9—电磁线圈；10—储液罐；11—前轮速度传感器

电磁线圈中流入2 A的电流后,便产生较弱的电磁力,三位三通电磁阀便在电磁力和主、副弹簧力的作用下移动至其中间位置,关闭进油阀A孔和回油阀B孔。这样,制动轮缸中的制动液压不再变化,保持现有的压力。

c.升压时:当制动轮缸中的制动液压不足、需要增大液压以增大制动力时,ABS ECU便不再向电磁线圈输送电流,如图3-26所示。

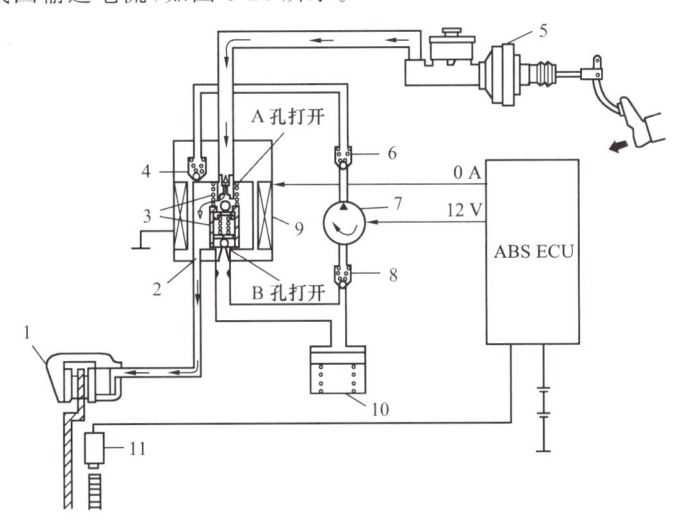

图3-26 升压时制动压力调节器的工作状态

1—盘式制动分泵;2—C孔;3—回位弹簧;4—3号单向阀;5—制动总泵;
6—1号单向阀;7—泵电动机;8—2号单向阀;9—电磁线圈;10—储液罐;11—前轮速度传感器

当电磁线圈中无电流通过时,电磁力消失,三位三通电磁阀便在主、副弹簧力和制动主缸液压的作用下,向下移动到其下位。此时,电磁阀会关闭回油阀B孔,打开进油阀A孔,这样,制动主缸的制动液便通过A孔和C孔流向制动轮缸,制动轮缸的压力增大,制动力增大,车轮转速降低。

制动压力调节器在电控单元的控制下,按照不同方式工作即可实现防抱死制动功能。其在不同工作方式下的工作状态见表3-3。

表3-3 制动压力调节器的工作状态

元件名称		普通制动方式(防抱死制动系统不工作)	防抱死制动系统工作状态		
			减压	保压	升压
三位三通电磁阀	A孔	打开	关闭	关闭	打开
	B孔	关闭	打开	关闭	关闭
电动泵		不工作	工作	工作	工作

2.循环调压整体式制动压力调节器

(1)循环调压整体式制动压力调节器的结构

如图3-27所示,克莱斯勒汽车公司93款汽车防抱死制动系统的循环调压整体式制动压力调节器和制动总泵、真空助力器等形成一个整体,构成整体式制动压力调节器总成。该循环调压整体式制动压力调节器总成主要由储液箱、液面传感器、蓄压器、双作用压力开关、压力变换器、后轮比例阀、差压开关、制动总泵及制动压力调节器等组成。

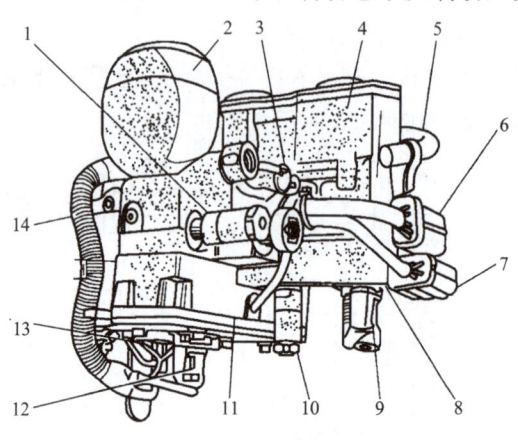

图 3-27　克莱斯勒汽车公司 93 款汽车循环调压整体式制动压力调节器总成
1—左后轮比例阀；2—囊式蓄压器；3—液面传感器；4—储液箱；5—低压管；
6—变换器和开关线束插接器；7—制动压力调节器线束插接器；8—制动总泵；9—差压开关；
10—右后轮比例阀；11—制动压力调节器；12—双作用压力开关；13—压力变换器；14—防护罩

① 储液箱

储液箱用于储存制动系统的大部分制动液。储液箱内部被分隔成三个腔室，分别与总泵第一腔、总泵第二腔及助力控制阀相连。

② 液面传感器

液面传感器用于检测储液箱内液面的高低，以判断制动液是否充足。当制动液面过低时，仪表板上红色制动报警灯（BRAKE）将会点亮。

③ 蓄压器

蓄压器用于储存高压制动液，蓄压器呈囊状，其内部被一膜片分隔成两个腔室。上腔为气室，其内充有氮气；下腔为油室，用于储存电动泵输送来的制动液。油室的压力与其内的贮油量成正比。当油液输入油腔后，压缩上腔室的氮气，输入的制动液越多，挤压气室就越严重，腔室的油液压力就越大。

蓄压器中没有制动液时，其中氮气的压力为 6 895 kPa。当充入油液后，压力可达到 11 030～13 790 kPa。

④ 电动油泵

电动油泵用于将储液箱内的低压制动液加压，并输送到蓄压器。电动油泵安装在制动压力调节器下端，其出油口与蓄压器相连。

电动油泵的工作由双作用压力开关控制，与电控单元无关。当双作用压力开关断开时，电动油泵不工作；当双作用压力开关闭合时，电动油泵工作。

⑤ 双作用压力开关

双作用压力开关的作用是监测蓄压器的压力，控制电动油泵的工作。

如图 3-28 所示，双作用压力开关主要由弹性空心管、杠杆及微动开关组成。弹性空心管的内部通有制动液,弹性空心管的一端与杠杆相连。

当蓄压器中的液压增大(达 13 790 kPa)时,弹性空心管的液压也随之增大。在该压力作用下,弹性空心管变形,带动杠杆摆动,杠杆使微动开关断开,电动油泵停止工作。当蓄压器中液压减小(小于 11 032 kPa)时,微动开关在杠杆带动下又接通,使电动油泵工作,向蓄压器中泵油。

当蓄压器压力小于 6 895 kPa 时,双作用压力开关向 ABS ECU 发出报警信号。此时,红色制动报警灯、黄色防抱死制动系统报警灯点亮,使防抱死制动系统停止工作。

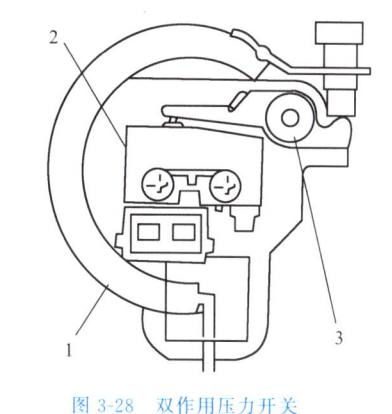

图 3-28 双作用压力开关
1—弹性空心管;2—微动开关;3—杠杆

⑥压力变换器

压力变换器的作用是将油压信号转换成电压信号,并将该电压信号输入 ABS ECU,以检测制动系统的工作情况。

该防抱死制动系统中有两个压力变换器:第一压力变换器和助压变换器。第一压力变换器安装在制动压力调节器的左侧,用于监测制动主缸第一腔的压力;助压变换器安装在制动压力调节器的底部,用于监测助力控制阀的压力。

⑦后轮比例阀

后轮比例阀用来控制作用在后轮制动轮缸中的液压,以平衡普通制动时前、后轮的制动力。

后轮比例阀为旋入式比例阀,在制动压力调节器两个后轮制动油路的出口处各安装一个。在普通制动方式中,当后轮制动压力达到某值时,比例阀就限制流向后轮制动轮缸的制动液,防止后轮先于前轮抱死。

⑧差压开关

差压开关用于检测制动主缸第一腔和第二腔的压力差。当两腔压力差超过规定值(大于 2 068 kPa)时,差压开关动作,使第一压力变换器输出端接地,ABS ECU 根据此信号控制防抱死制动系统停止工作,并点亮红色制动报警灯和黄色防抱死制动系统报警灯。

⑨制动压力调节器

整体式防抱死制动系统制动压力调节器主要由增压阀、减压阀、截止阀、单向阀组成。其中增压阀和减压阀均为二位二通阀,截止阀为二位三通阀。

(2)循环调压整体式制动压力调节器的工作原理

循环调压整体式制动压力调节器在防抱死制动系统不工作、工作(减压、升压、保压)时有着不同的工作状态,如图 3-29 所示。

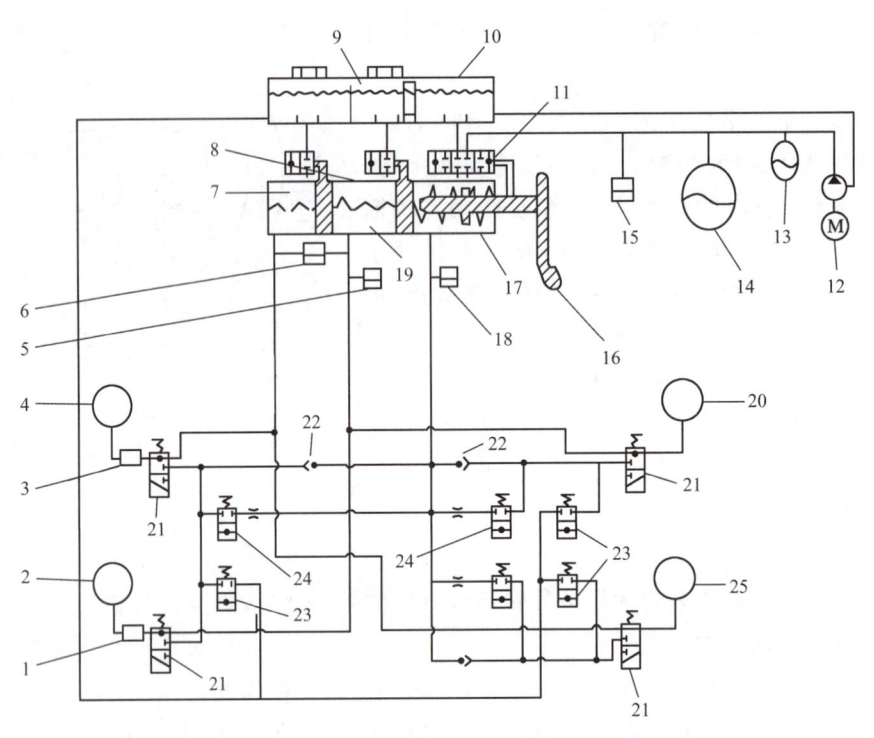

图 3-29 克莱斯勒整体式制动压力调节器的工作原理

1,3—比例阀;2—右后轮缸;4—左后轮缸;5—第一压力变换器;6—差压开关;7—第二腔;8—制动主缸;9—低制动液面传感器;10—储液箱;11—助力控制阀;12—电动泵;13—辅助活塞 ACC;14—蓄压器;15—双作用压力开关;16—制动踏板;17—总泵;18—助力变换器;19—第一腔;20—左前轮缸;21—截止阀;22—单向阀;23—减压阀;24—增压阀;25—右前轮缸

① 防抱死制动系统不工作(普通制动方式)时

当驾驶员踩下制动踏板制动时,助力控制阀(三位四通阀)即接通蓄压器和助力器的油路,实现制动助力作用。在车轮尚未抱死之前,制动系统以普通制动方式工作。在普通制动方式时,ABS ECU 控制各阀处于下列工作状态。

a. 截止阀接通制动主缸和制动轮缸之间的油路。

b. 增压阀断开,阻止来自助力控制阀的高压制动液流向制动轮缸。

c. 减压阀断开制动轮缸和储液箱之间的油路。

这时,制动主缸第一腔、第二腔的制动液通过各截止阀流向各制动轮缸,实现普通制动。

② 防抱死制动系统工作时

当防抱死制动系统工作时,ABS ECU 控制制动压力调节器进行减压、保压、升压动作,以防止车轮抱死。

a. 减压时:在减压阶段,ABS ECU 控制制动压力调节器上的各个阀门分别处于以下状态:

截止阀一方面断开制动主缸和制动轮缸之间的油路,使制动主缸的压力油不再流向制动轮缸。另一方面,同时接通制动轮缸和减压阀之间的油路,使制动轮缸的制动液经减压阀流回储液箱,减小制动液压。

减压阀接通制动轮缸和储液箱之间的油路,使制动液回流入储液箱,实现减压。

增压阀断开,阻止来自助力控制阀的高压制动液流向制动轮缸。

在上述各阀门状态下,制动轮缸中制动液流回储液箱,制动轮缸的液压减小,车轮抱死状态解除。

b.保压时:在压力保持阶段,ABS ECU控制制动压力调节器上各阀门处于下列状态:

截止阀断开制动主缸和制动轮缸之间的油路,制动主缸的制动液不能流向制动轮缸。

增压阀断开,阻止来自助力控制阀的高压制动液流向制动轮缸。

减压阀断开制动轮缸和储液箱之间的油路,使制动轮缸的制动液不能流回储液箱。

在各阀门的上述状态下,制动轮缸和外界的油路均被切断,制动轮缸内液压保持不变。

c.升压时:在升压阶段,ABS ECU控制制动压力调节器上各阀门处于下列状态:

截止阀断开制动主缸和制动轮缸之间的油路,制动主缸的制动液不能流向制动轮缸。

增压阀接通,来自蓄压器的高压制动液通过助力控制阀、增压阀作用在各制动轮缸上,制动轮缸中的液压增大。

减压阀断开制动轮缸和储液箱之间的油路,使制动轮缸的制动液不能流回储液箱。

在上述阀门各种状态下,蓄压器中的高压制动液经助力控制阀、增压阀、截止阀流入制动轮缸,使制动轮缸中液压增大。

制动压力调节器在ABS ECU的控制下,按照不同的方式工作,实现防抱死制动系统功能。

3.5.1.2 变容式制动压力调节器

图3-30所示为通用汽车公司德尔科(DELCO)ABS-Ⅵ型变容式防抱死制动系统。该系统的左前轮、右前轮各用一个制动压力调节器,其结构相同,左后轮和右后轮共用一个制动压力调节器,其结构与前轮制动压力调节器有所不同。

1.前轮制动压力调节器的结构与工作原理

前轮制动压力调节器主要由电磁开关阀、单向球阀、活塞、电动机、电磁制动器以及心轴等组成,如图3-30所示。

制动主缸到盘式制动器的油路受电磁开关阀和单向球阀控制。电磁开关阀的动作由电控单元直接控制;单向球阀的动作由电控单元通过电动机、齿轮减速器、心轴、活塞间接控制。

在普通制动方式下,电磁开关阀因不通电而打开油口,活塞处于最高位置,活塞上端的顶尖顶开单向球阀。这时,来自制动主缸的制动液经由电磁开关阀和单向球阀两条油路,流向前轮盘式制动器,制动轮缸的压力随制动主缸压力的增大而增大。

在防抱死制动过程的保压阶段,电磁开关阀通电,关闭油口,电动机停止运转,活塞位于某处不动,单向球阀关闭。这时,制动轮缸与外界油路均被切断,其内部的液压保持

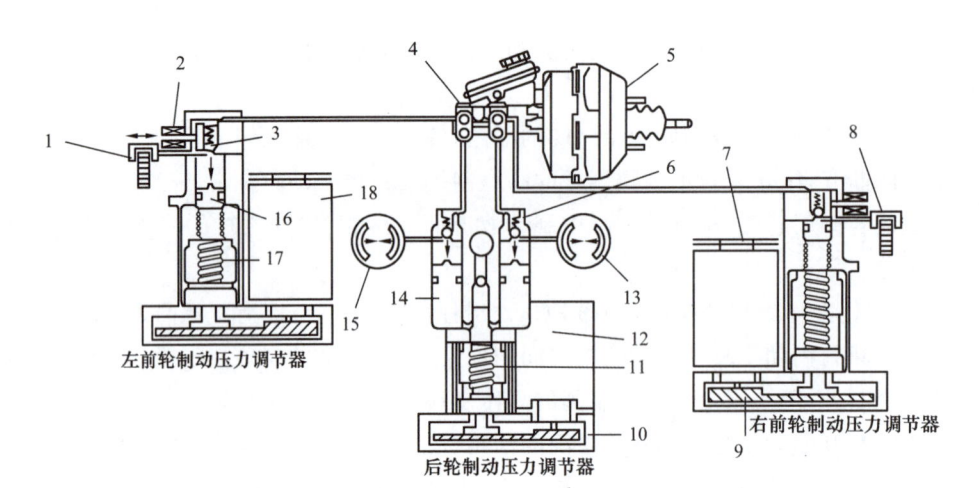

图 3-30 通用汽车公司德尔科(DELCO)ABS-Ⅵ型变容式防抱死制动系统

1—左前轮制动器；2—电磁开关阀；3,6—单向球阀；4—制动主缸；5—制动助力器；
7—电磁制动器；8—右前轮制动器；9,10—齿轮减速器；11,17—心轴；
12,18—电动机；13—后右轮制动器；14,16—活塞；15—左后轮制动器

不变。

在防抱死制动过程的减压阶段，电磁开关阀通电，关闭油口，电动机在电控单元的控制下开始运转，带动活塞下移。活塞下移，增大了活塞上部的容积，使制动轮缸的液压减小，防止车轮抱死。

在防抱死制动过程的升压阶段，电磁开关阀通电，关闭油口，电动机在电控单元的控制下带动活塞上移，活塞的上移减小了活塞上部的容积，使制动轮缸的液压增大。

2. 后轮制动压力调节器的结构及工作原理

该调节器用于控制两个后轮的制动压力，因此，后轮制动压力调节器设有两条制动油路，分别通向左后、右后制动轮缸。后轮制动压力调节器的结构如图 3-30 所示。

和前轮制动压力调节器所不同的是：前轮制动压力调节器是由电磁开关阀和活塞控制的单向球阀共同控制制动轮缸的液压，而后轮制动压力调节器取消了电磁开关阀，仅依靠单向球阀控制液压。

后轮制动压力调节器由一个电动机、一个齿轮减速器、一个心轴、两个活塞和两个单向球阀等构成。两个活塞由电动机控制，同时动作。两个后轮的防抱死控制系统采用"低选原则"，以附着力较小的车轮为标准，同时对两个车轮进行防抱死控制。

后轮制动压力调节器防抱死控制原理（升压、减压、保压）和前轮制动压力调节器相同。

3.5.2 制动压力调节器的工作电路

防抱死制动系统的型号不同，制动压力调节器的工作电路也不同。图 3-31 所示为丰田汽车防抱死制动系统制动压力调节器中电磁阀和电动泵的工作电路。

如图 3-31 所示，制动压力调节器中电磁阀的工作电源由电磁阀继电器控制。三个电

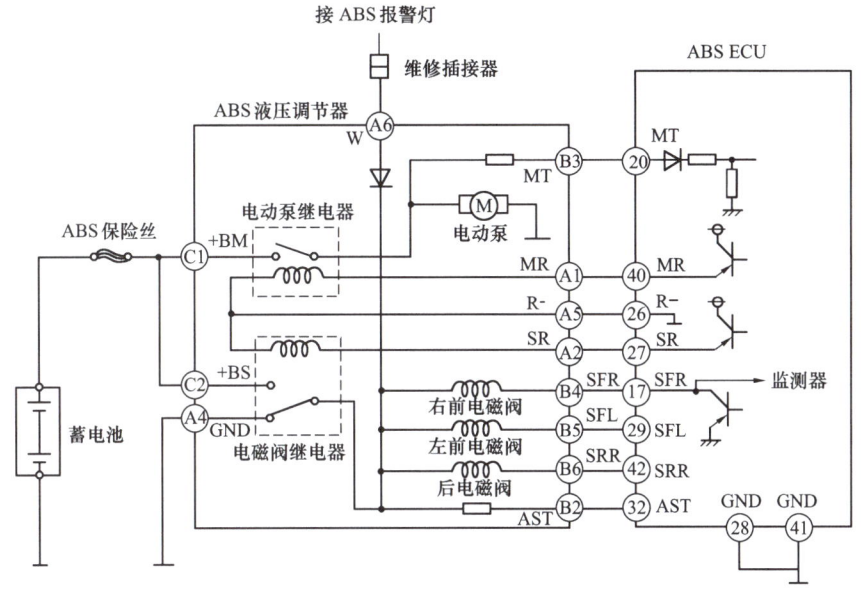

图 3-31 丰田汽车防抱死制动系统制动压力调节器中电磁阀和电动泵的工作电路

磁阀线圈的工作分别由 ABS ECU 通过其端子 SFR(右前轮)、SFL(左前轮)、SRR(右后轮)控制。电动泵的工作电源由电动泵继电器控制。当 ABS ECU 控制电动泵继电器触点闭合时,电动泵开始工作;当电动泵继电器触点断开时,电动泵就停止运转。

3.5.3 制动压力调节器的检查

丰田汽车防抱死制动系统制动压力调节器内部电路的检查方法如下:

1.电磁线圈的检查

(1)从 ABS ECU 上拆下插接器。

(2)用欧姆表分别测量插接器线束侧端子 AST 与 SFR、SFL、SRR 之间的电阻。正常时,阻值应为 6 Ω 左右。

2.电动泵的检查

(1)从 ABS ECU 上拆下插接器。

(2)用欧姆表检查插接器线束侧端子 MT 与搭铁之间是否导通。正常时,端子 MT 和搭铁间应导通。

案例引入

一辆丰田轿车,仪表板上的 ABS 报警灯常亮。本故障为典型的 ABS 故障。如何进行故障诊断?排除本故障需要哪些知识?对本故障进行诊断时应进行哪些检查项目?检查时应注意什么?

案例分析

要对本故障进行故障诊断，必须了解防抱死制动系统的组成和工作原理，能够对轮速传感器、减速度传感器、制动压力调节器进行检查。

案例实施

【故障诊断】首先进行基本检查。检查显示制动液充足。检查制动液液面报警开关，未发现异常现象。进行故障自诊断。用金德KT600故障诊断仪读取故障信息，显示右后轮轮速传感器故障。

检查右后轮轮速传感器。将电压表接到轮速传感器的输出端子上，用手转动车轮，结果电压表没有任何反应，这说明右后轮轮速传感器有故障。

拆下右后轮轮速传感器检查，发现传感器齿轮上沾满了油污。油污将齿槽全部填满，致使传感器不能感应出电动势。

【故障排除】清除右后轮轮速传感器齿轮上的油污后，传感器能够输出正常的信号。关闭点火开关，清除ECU内存的故障代码；然后装好右后轮轮速传感器，试车，ABS报警灯不亮，故障排除。

小 结

防抱死制动系统属于主动安全装置，其作用是在汽车制动时工作，防止车轮抱死，提高汽车在制动过程中的方向稳定性、转向控制能力和缩短制动距离。

通常用滑移率表示汽车车轮在地面上滑动的程度。滑移率就是汽车在制动过程中车轮的滑动位移占总位移的比例。车轮的纵向地面附着系数直接影响汽车的制动效能，纵向地面附着系数在滑移率10%～30%达到最大；车轮的横向地面附着系数直接影响汽车的方向稳定性，当滑移率为0时，横向地面附着系数最大。如果在汽车制动时将车轮滑移率控制在20%左右，则纵向地面附着系数最大，横向地面附着系数也较大，可在汽车制动时最大限度地缩短制动距离和较好地保持方向稳定性和转向控制能力。

防抱死制动系统主要由轮速传感器、电控单元、制动压力调节器等组成。防抱死制动系统和常规制动系统组合在一起就构成了带ABS的汽车制动系统。在制动过程中，当电控单元根据车轮转速信号判断到车轮即将抱死时，便向执行元件发出控制指令，使执行元件动作，调节作用在制动轮缸的液压，从而控制作用在车轮上的制动力，使车轮始终工作在不被抱死（滑移率为10%～30%）的状态下，达到最佳制动效果。

防抱死制动系统常见的控制方式有逻辑门限值控制、最优控制、滑动模态变结构控制等。所谓逻辑门限值控制，就是预先选择一些运动参数作为控制参数并设定相应控制门限值,在制动时,将检测到的实际参数与电控单元内设定的门限值进行比较,按照一定的逻辑,根据比较的结果,适时对制动液压进行调节。

按制动压力调节器与制动主缸的结构关系可将防抱死制动系统分为分离式防抱死制动系统和整体式防抱死制动系统。分离式防抱死制动系统是指制动主缸和制动压力调节器分别独立安装的防抱死制动系统;整体式防抱死制动系统是指制动主缸和制动压力调节器安装在一起的防抱死制动系统。

轮速传感器的作用是把车轮转速转变为电信号后输入到电控单元。减速度传感器的作用是检测汽车的减速度。电控单元根据减速度传感器输入的减速度信号判断路面的附着系数,从而控制防抱死制动系统的工作,以获得更好的制动性能。常见的减速度传感器有光电式减速度传感器、水银式减速度传感器和差动变压器式减速度传感器。

ABS ECU 的主要功能是控制车轮转速,防止车轮抱死。除此之外,还具有初始检测功能、故障自诊断功能、传感器检测功能和失效保护功能。

制动压力调节器一般串联在制动主缸和制动轮缸之间,并按照电控单元发出的指令控制作用在制动轮缸上的液压,调节车轮制动力,以达到既防止车轮抱死、又能使车轮与地面间的附着力最大的目的。根据制动压力的动力来源不同,制动压力调节器可分为液压式和气压式;根据总体结构不同,制动压力调节器可分为整体式和分离式;根据调压方式不同,制动压力调节器可分为循环式和变容式。循环式制动压力调节器根据制动油液的循环方式又可分为开放式循环调压方式和封闭式循环调压方式。

拓展阅读

- ◆ 上网查找"防抱死制动系统",了解常见车型中配置的 ABS 类型。
- ◆ 沈沉. 汽车底盘电控系统原理与检修一体化教程[M]. 北京:机械工业出版社,2017.
- ◆ 谭小锋. 汽车底盘电控系统构造原理与检修[M]. 北京:机械工业出版社,2017.

在线自测

模块 3

模块 4

电子控制制动力分配系统

学习目标

1. 了解电子控制制动力分配系统的作用。
2. 了解电子控制制动力分配系统的组成。
3. 了解电子控制制动力分配系统的控制策略。
4. 了解 ABS/EBD 的失效模式。

制动系的作用是根据驾驶需要使车辆快速减速并在最短距离内停车,发挥最佳制动效能,这不仅是安全平稳制动的需要,还是为了保证车辆在安全的前提下,尽可能发挥出高速行驶的性能。汽车获得良好制动效能的前提条件是具有足够的制动器制动力,同时地面又能提供较大的附着力。制动距离、转向控制能力和行驶稳定性不仅与车轮制动力的大小有关,还与制动力的分配比例有关。

当汽车紧急制动时,整车轴荷前移,地面对前轮的法向反作用力增大,对后轮的法向反作用力减小。在地面附着系数不变的情况下,前轮附着力将增大,后轮附着力将减小。汽车紧急制动时,后轮制动力占总制动力的比例较小,特别是小轿车,其后轮制动力通常只占总制动力的30%左右。因此,当紧急制动使轴荷前移时,需要增大作用在前轮上的制动力来充分利用前轮的附着力。

电子控制制动力分配系统(Electronic Control Brakeforce Distribution System,EBD系统)的作用是在汽车制动时根据制动减速度和车轮载荷的变化,自动改变车轮制动器制动力的分配比例,从而缩短制动距离和提高行驶稳定性。EBD系统完善并提高了ABS的功效。

4.1 电子控制制动力分配系统的组成

电子控制制动力分配系统主要由减速度传感器(制动减速度也可由轮速传感器提供的轮速变化率求得)、轮速传感器、电控单元(EBD ECU)和制动压力调节器组成。如图4-1所示,汽车电子控制制动力分配系统的减速度传感器、轮速传感器、电控单元(EBD ECU)和制动压力调节器都与ABS共用。在汽车已经装备ABS的基础上,不需要增加任何硬件,只需增加与编制制动力分配软件程序,就能实现制动力分配控制功能,所以电子控制制动力分配系统又称为电子控制制动力分配程序(Electronic Control Brakeforce Distribution Programs,EBD程序),相应的电控单元称为防抱死与制动力分配电控单元(ABS/EBD ECU),制动执行器是ABS制动压力调节器的电磁阀。带有EBD的ABS,通常会用"ABS+"来表示,相当于ABS的软件升级版。

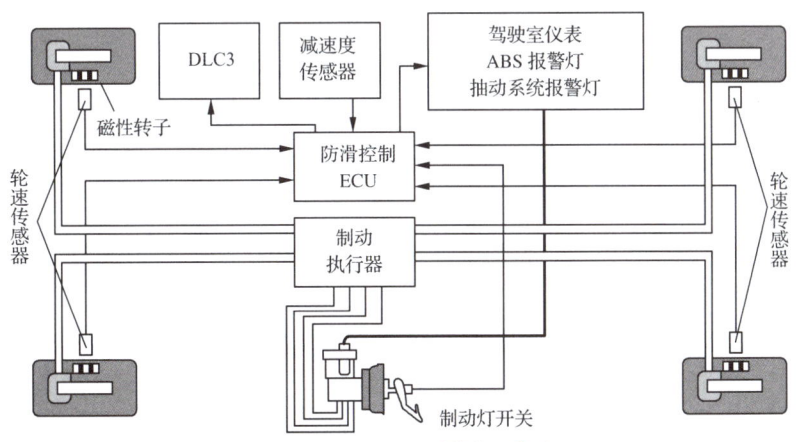

图4-1 ABS和EBD系统的工作原理

4.2 电子控制制动力分配系统的控制策略

汽车制动过程中，前、后车轮的抱死次序可分为三种：前轮先于后轮抱死，后轮先于前轮抱死，前、后轮同时抱死。从对制动系统工作效率的影响来看，前、后轮同时抱死时，制动系统的工作效率最高。从对制动时方向稳定性的影响来看，若前轮先于后轮抱死，通常作为转向轮的前轮会失去转向能力；若后轮先于前轮抱死，后轮就容易发生因抱死而侧滑的现象，后轮侧滑具有较大的危险性；若前、后轮同时趋于抱死，有利于汽车制动时的方向稳定性，即前、后轮同时趋于抱死是制动最佳状态，不但制动系统工作效率高，而且制动时方向稳定性好。

前、后轮能同时趋于抱死的制动力分配是理想的制动力分配，实际制动力分配曲线与理想的制动力分配曲线相差很大，如图 4-2 所示。在现有汽车前、后轮制动器制动力固定比值的制动系统中（传统的机械式分配阀是把前、后轮的制动力比例简化为 70/30，与实际需求相距甚远），其制动力不可能按照轻载或承载时的理想分配曲线进行分配，无法将制动效能发挥到最佳。

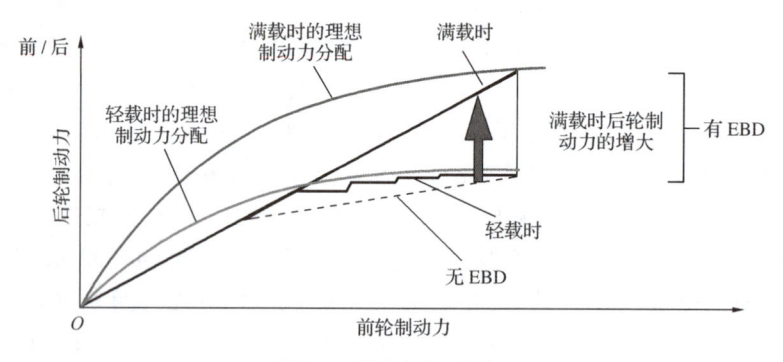

图 4-2 制动力分配曲线

汽车在制动时四个轮胎接触地面的状态条件、摩擦系数等参数往往相差甚大，会导致四个车轮与地面的摩擦力存在差异，易造成制动时打滑、颠簸、倾斜，且车辆减速时重心会前移，尤其在弯道行驶过程中进行制动操作，可能会造成车辆甩尾，甚至发生侧翻事故。

EBD 系统根据前、后轮的地面附着系数变化，控制前、后轮的滑移率，保持前、后轮的滑移率之差为 0，保证前、后轮同时趋于抱死，实现理想的制动力分配。EBD 系统工作时，依据车辆质量和路面条件来控制制动过程，以前轮为基准去比较后轮的滑移率。当发觉前、后车轮滑移率有差异，而且差异程度必须被调整时，它就会调整汽车制动液压系统，平衡每个车轮的有效地面附着力，改善制动力的平衡，使前、后轮的液压接近理想化制动力的分布，防止出现甩尾和侧移，并缩短制动距离。

在实际进行制动力分配调节时，遵循兼顾制动稳定性和最短制动距离并优先考虑制动稳定性的原则。各型汽车不同制动减速度时的制动力数据预先经过试验测得,并以制动力数据 MAP 形式存储在 ROM 之中。

当汽车制动时,ABS/EBD ECU 首先根据制动减速度信号,从 ROM 存储的制动力数据 MAP 中查寻得到前、后车轮制动力的分配数值,然后向 ABS 的制动压力调节器(电磁阀)发出"升压"或"保压"控制指令,使制动力与车轮地面实时的摩擦力相匹配,精确分配各车轮的制动力,实现前、后车轮制动力的最佳分配,提高制动效率,有效预防事故发生,保证制动过程中行驶的稳定性。

制动时因前、后轮负荷不同,所需的制动力也不同。当车辆后部负荷较小时,应适当增大车辆前轮的制动力,如图 4-3 所示。如果后轮滑移率大于某设定值,则由液压控制单元调节后轮制动压力,使后轮制动力减小,以保证后轮不会先于前轮抱死。而当车辆后部的负荷增大时,就要增大后轮的制动力,如图 4-4 所示。

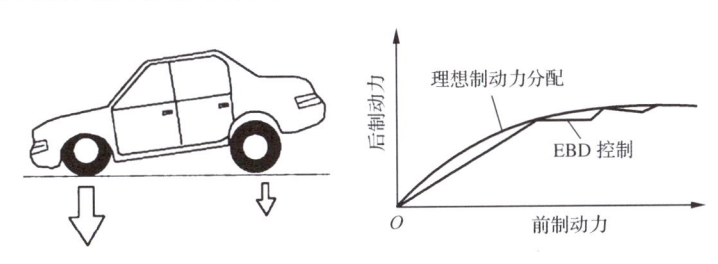

图 4-3　后轮轻载时制动力分配示意图

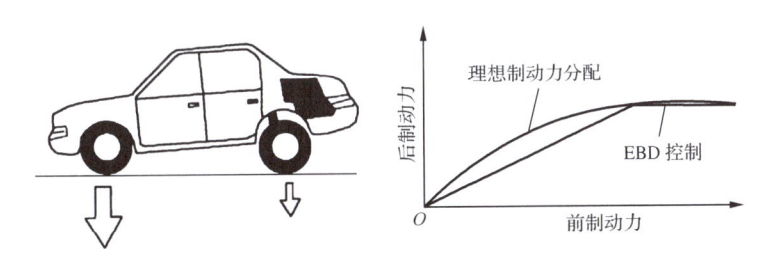

图 4-4　后轮重载时制动力分配示意图

当汽车在弯道制动时,整车的轴荷向外侧移动,内侧车轮的轴荷减小,外侧车轮的轴荷增大。因此,内侧车轮附着力不能充分利用,外侧车轮也需要增大制动力来充分利用其附着力。为此,增设一只转向角传感器(也可与车身稳定性控制系统共用),用其检测出转向盘的转动方向与转动角速度,ABS/EBD ECU 即可实现弯道制动时,内、外侧车轮制动力的最佳分配,如图 4-5 所示。图中箭头长短表示制动力的大小。为了保证汽车在弯道行驶时的制动稳定性,ABS/EBD ECU 分配给外侧车轮的制动力明显大于内侧车轮的制动力,从而保证汽车在制动过程中沿弯道稳定行驶。

紧急制动时,EBD 系统在 ABS 作用之前会根据车身质量与路面条件,以前轮为基准去比较后轮轮胎的滑移率,调整后轮液压,防止出现后轮先于前轮抱死的情况。而当 ABS 起作用时,EBD 系统立即停止工作。即使 ABS 失效,但因 EBD 系统的存在,也能保证车辆不会出现因甩尾而导致翻车的恶性事故发生,同时还减少了 ABS 工作时的振噪

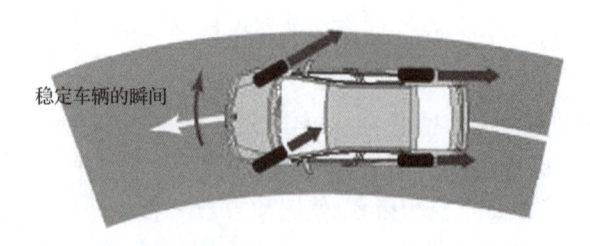

图 4-5　弯道制动时制动力分配

感,提高制动灵敏度和协调性,改善制动舒适性。

　　电子控制制动力分配系统和防抱死制动系统等是一个控制功能相互融合、工作时机相互协调的有机整体。汽车制动过程中,在 ABS 开始动作之前,EBD 系统首先根据制动减速度进行制动力分配调节;当 EBD 系统分配给车轮的制动力大于车轮附着力时,车轮就会抱死滑移,此时 ABS 就会投入工作,通过调节(减小)车轮的制动力将滑移率控制在 10%～30%,从而提高制动效能。

　　EBD 系统是在 ABS 的基础上通过软件升级和改变应用程序来实现制动力的合理分配的,并没有增加新的元器件,因此降低了硬件成本。

4.3　ABS/EBD 系统的失效模式

　　在每次点火开关接通后,ABS 会自动进行自检,若发现故障,电控单元将自动中断 ABS 功能,并点亮 ABS 报警灯,此时制动系统将完全忽略 ABS 而工作。

　　当 ABS/EBD 系统出现低电压、电动泵故障、1 个轮速传感器故障等情况时,ABS 功能中断,EBD 功能仍保持工作,但 ABS 报警灯点亮。当 ABS/EBD 系统出现 2 个以上轮速传感器故障或电磁阀故障等情况时,ABS/EBD 系统功能中断,ABS 和 EBD 报警灯点亮。制动系统的失效模式见表 4-1。

表 4-1　制动系统的失效模式

故障原因	系统 ABS	系统 EBD	报警灯 ABS	报警灯 EBD
无故障	不工作	工作	熄灭	熄灭
低电压	不工作	工作	点亮	熄灭
电动泵故障	不工作	工作	点亮	熄灭
1 个轮速传感器故障	不工作	工作	点亮	熄灭
2 个以上轮速传感器故障	不工作	不工作	点亮	点亮
电磁阀故障	不工作	不工作	点亮	点亮
ABS ECU 故障	不工作	不工作	点亮	点亮
其他故障	不工作	不工作	点亮	点亮

案例引入

一辆行驶里程约 19 000 km 的吉利轿车,行驶中 ABS 报警灯和 EBD 报警灯常亮。本故障为典型的 ABS/EBD 系统故障。如何进行故障诊断？排除本故障需要哪些知识？对本故障进行诊断时应进行哪些检查项目？检查时应注意什么？

案例分析

车辆行驶中 ABS 报警灯和 EBD 报警灯常亮,说明防抱死制动系统(ABS)和电子控制制动力分配(EBD)系统出现故障。

要对本故障进行故障诊断,应当了解防抱死制动系统和电子控制制动力分配系统的功用、组成、控制策略等,掌握防抱死制动系统和电子控制制动力分配系统的轮速传感器、减速度传感器、制动压力调节器等主要组件的结构,能够对 ESP/ABS/EBD 系统进行故障自诊断,能够对轮速传感器、减速度传感器、制动压力调节器等主要组件进行检测。

案例实施

【故障诊断】吉利轿车 ABS 主要由 4 个轮速传感器、ABS 泵总成(含控制单元)等组成。相关线束也相对简单,由双电源线路、搭铁线路、诊断 K 线、制动灯开关信号线、ABS 灯信号线、EBD 灯信号线、点火开关控制线及轮速传感器连接线等线路组成。

首先向用户询问车辆具体情况,根据用户的描述,对车辆进行如下诊断：

使用故障诊断仪对车辆进行检测,显示轮速传感器断路(左前)。

断开左前轮轮速传感器与 ABS 控制单元之间线路,并分别进行测量。首先测量轮速传感器端,测量结果表明轮速传感器电阻符合标准,这说明轮速传感器正常。然后测量 ABS 控制单元端两根左前轮轮速传感器线路,其中一根线路电阻为无穷大,线路断开。这说明本故障是由于左前轮轮速传感器线路断开引起的。

【故障排除】修复线路后,清除故障码。路试,ABS 报警灯和 EBD 报警灯不再常亮,故障排除。

小　结

电子控制制动力分配系统的作用是在汽车制动时根据制动减速度和车轮载荷的变化，自动改变车轮制动器制动力的分配比例，从而缩短制动距离，提高行驶稳定性。EBD系统完善并提高了 ABS 的功效。

在汽车已经装备 ABS 的基础上，不需要增加任何硬件，只需增加与编制制动力分配软件程序，就能实现制动力分配控制功能，所以汽车电子控制制动力分配系统又称为电子控制制动力分配程序（Electronic Control Brakeforce Distribution Programs，EBD 程序），相应的电控单元称为防抱死与制动力分配电控单元（ABS/EBD ECU），制动执行器是 ABS 制动压力调节器的电磁阀。带有 EBD 的 ABS，通常会用"ABS＋"来表示，相当于 ABS 的软件升级版。

EBD 系统工作时，依据车辆质量和路面条件来控制制动过程，以前轮为基准去比较后轮的滑移率。当发觉前、后车轮滑移率有差异，而且差异程度必须被调整时，它就会调整汽车制动液压系统，平衡每个车轮的有效地面附着力，改善制动力的平衡，使前、后轮的液压接近理想化制动力的分布，防止出现甩尾和侧移，并缩短制动距离。

汽车电子控制制动力分配系统和防抱死制动系统等主动安全技术是一个控制功能相互融合、工作时机相互协调的有机整体。汽车制动过程中，在 ABS 开始动作之前，EBD系统首先根据制动减速度进行制动力分配调节；当 EBD 系统分配给车轮的制动力大于轮胎附着力时，车轮就会抱死滑移，此时防抱死制动系统 ABS 就会投入工作，通过调节（减小）车轮的制动力将滑移率控制在 10%～30%，从而提高制动效能。

拓展阅读

◆ 王志欣. 汽车底盘电控系统检测与修复[M]. 北京. 北京邮电大学出版社，2016.
◆ 嵇伟. 汽车底盘电控技术彩色图解[M]. 北京. 机械工业出版社，2011.

在线自测

模块 4

模块 5

制动辅助系统

学习目标
1. 了解制动辅助系统的作用。
2. 了解电子控制制动辅助系统的组成。
3. 了解电子控制制动辅助系统的工作原理。

防抱死制动系统虽然能够缩短制动距离,提高制动时的操控性能和行驶稳定性,但是,在紧急制动时,驾驶员往往由于制动不够果断或踩踏板力不足而无法快速触发 ABS,而浪费了宝贵的制动时间,致使制动距离增大。

科研人员发现,驾驶员在紧急情况下都可以很快地脚踩制动踏板,但实施制动的过程有所不同,有的过于犹豫,有的制动力不足,这样极易导致事故发生。日本丰田汽车公司研究表明,当汽车紧急制动时,驾驶员操作制动踏板使车轮制动器产生制动力的分布情况如图 5-1 所示。由图 5-1 可见,在紧急制动时,由于驾驶技术水平和精神紧张程度等原因,约有 42% 的驾驶员不能使车轮制动器产生足够的制动力,能使车轮制动器产生充足制动力的驾驶员比例为 53%,高度紧张而未踩制动踏板的比例为 5%。

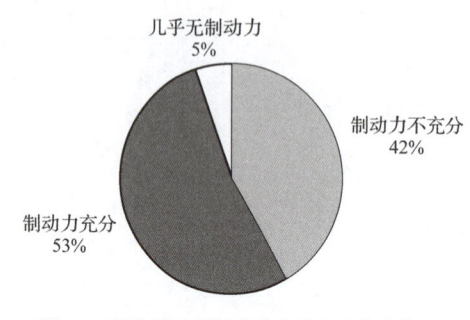

图 5-1 紧急制动时制动力充足程度分布情况

解决这一问题的对策是:让现在的 ABS 更智能,能识别出驾驶员的紧急制动意图并启动 ABS 工作,这种装置就是制动辅助系统。制动辅助系统能够根据驾驶员踩下制动踏板的速度判断出情况的紧急程度,并自动增大制动力,使制动过程及时起作用,同时确保车轮不会发生抱死现象。

5.1 制动辅助系统的基本知识

制动辅助系统(Brake Assist System,BAS 或 BA 系统)又称制动力辅助系统,能够通过判断驾驶者的制动动作(力量及速度),在紧急制动时增大制动力度,缩短制动距离。制动辅助系统分机械制动辅助系统和电子控制制动辅助系统两种。

机械制动辅助系统实际上是由普通真空助力器改造而成的。在液压制动系统中,真空助力器是在制动过程提供制动踏板输入助力的关键部件,通过在真空助力器两侧的真空腔和大气腔之间的压力差推动输入杆(制动踏板)进行助力,由于其特定的工作原理和内部结构,真空助力器对输入的助力比是固定的,无论驾驶员是慢速踩下制动踏板还是快速踩下制动踏板,其助力比是不会发生变化的,因此当驾驶员出现踏板力不足时其仍是以固定的助力比进行输出,并不会额外增加输出力,也就不会增大车辆制动力至最大值。机械制动辅助装置是在传统的真空助力器的基础上改造输入端结构,增加大气阀进气调节装置的,当紧急制动时,如果达到 BAS 的激发条件,如图 5-2

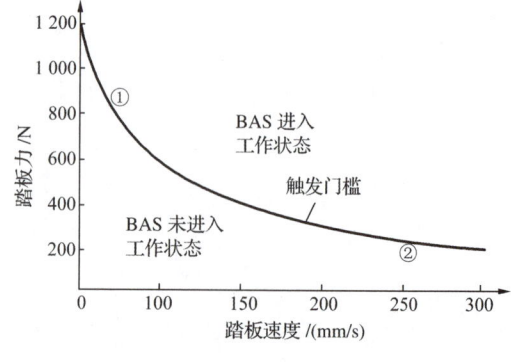

图 5-2 机械 BAS 的激发条件

所示,该调节装置便会发生作用,瞬间增大真空助力器大气腔的进气口宽度,突破传统真空助力器的缓慢进气的缺点,瞬间增大真空助力器大气腔的压力,增大大气腔与真空腔的压力差,瞬间增大管路制动压力,增大车辆制动力。机械制动辅助系统装置成本较低,结构简单,性能可靠,通过调节真空助力器中 BAS 辅助装置的约束弹簧即可调整 BAS 的工作特性,使其适用于不同型号的汽车。

电子控制制动辅助系统(Electronic Control Brake Assist System,EBA 系统),又称为电子制动辅助系统(Electronic Brake Assist System,EBA 系统),其作用是根据制动踏板行程传感器信号和制动压力传感器信号,判断作用于制动踏板的速度和力量,自动增大汽车紧急制动时的制动力,从而减小制动距离。

根据触发条件,电子制动辅助系统可分为三类:根据制动踏板速度判断触发;根据制动踏板力判断触发;以制动踏板速度为主,根据多项条件进行判断触发。

车辆行驶过程中,制动辅助系统会全程监测制动踏板,ECU 根据传感器输入信号判断驾驶员的制动意图,一般正常制动时该系统并不会介入,会让驾驶者自行决定制动时的力度大小。但当其监测到驾驶者忽然以极快的速度踩下刹车踏板时,会被判定为需要紧急制动,于是 EBA 系统会控制制动系统产生更大的制动压力,使制动力快速增大,缩短制动距离,让车辆及驾乘者能够迅速脱离险境。

5.1.1 电子控制制动辅助系统的组成

电子控制制动辅助系统是在 ABS 的基础上,增设一只制动踏板行程传感器和制动压力传感器,并在 ABS ECU 中增设与编制制动力调节软件程序(称为 ABS/EBA ECU)而形成的。

制动踏板行程传感器用于检测驾驶员操作制动踏板的速度,制动压力传感器用于检测制动主缸制动液压力的大小,ABS/EBA ECU 根据制动踏板的速度信号和制动液压力信号来计算和判断本次制动属于常规制动还是紧急制动,并向制动液压调节器中的电磁阀发出不同占空比的控制脉冲,以便控制制动力的大小。

5.1.2 电子控制制动辅助系统的工作原理

装备 EBA 系统后,ABS/EBA ECU 能够根据制动踏板行程传感器信号的变化率和制动压力传感器信号,计算驾驶员踩下制动踏板的速度和力量,从而判断出本次制动属于哪一类制动(常规制动或紧急制动)。当 ABS/EBA ECU 判断为紧急制动时,即使驾驶员踩下制动踏板的力量不大,ABS/EBA ECU 也能自动控制制动液压调节器使车轮制动器产生较大的制动力,如图 5-3 所示,从而缩短制动距离。

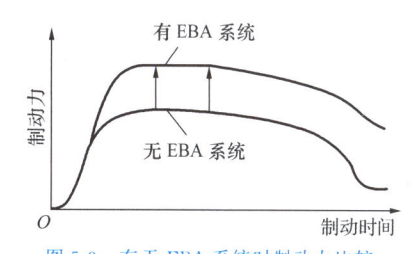

图 5-3 有无 EBA 系统时制动力比较

EBA 系统和 ABS 等主动安全技术是一个控制功能相互融合、工作时机相互协调的有机整体。当 EBA 系统调节的制动力大于轮胎的地面附着力时,车轮就会抱死滑移,此时 ABS 就会投入工作,通过调节(减小)车轮的制动力将滑移率控制在 10%~30%,从而缩短制动距离,提高制动效能。

5.2　制动辅助系统的控制效果

据相关资料介绍,在干燥的路面上,如果没有使用制动辅助系统,大多数测试者需要多达 73 m 的制动距离,才能把速度为 100 km/h 的汽车停下,而使用制动辅助系统时,仅经过 40 m 就能使汽车停下,制动距离缩短约 45%;如果 BAS 启动,当踏板力达最大踏板力的 60% 时,BAS 能使紧急制动距离缩短 30%。

如图 5-4 所示,丰田汽车公司以 50 km/h 的制动初速度在干燥路面上进行紧急制动试验。试验结果表明:对驾驶技术熟练的驾驶员而言,有无 EBA 系统时的制动距离均为 12.5 m 左右,EBA 系统的作用并不明显。但是,对驾驶技术不熟练的驾驶员而言,无 EBA 系统时的制动距离约为 18 m,有 EBA 系统时的制动距离约为 14 m,EBA 系统使制动距离减小了 4 m,使汽车制动时的行驶安全性大大提高。

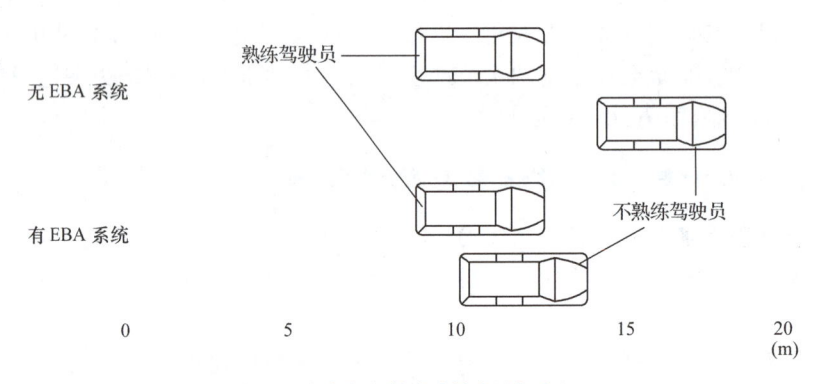

图 5-4　汽车紧急制动时制动距离对比

案例引入

一辆奔驰轿车在行驶过程中 BAS/ASR 报警灯点亮,其功能失效。

本故障为典型的 BAS/ASR 故障。如何进行故障诊断?排除本故障需要哪些知识?对本故障进行诊断时应检查哪些项目?检查时应注意什么?

案例分析

车辆行驶中 BAS/ASR 报警灯点亮,说明制动辅助系统 BAS 和驱动轮防滑转系统 ASR 出现故障。

要对本故障进行故障诊断,必须了解制动辅助系统和驱动轮防滑转系统的组成,掌握制动辅助系统和驱动轮防滑转系统的轮速传感器、制动踏板行程传感器、制动压力传感器等主要组件的结构,能够对制动辅助系统和驱动轮防滑转系统进行故障自诊断,能够对轮速传感器、制动踏板行程传感器、制动压力传感器等主要组件进行检测。

案例实施

【故障诊断】奔驰轿车 BAS 如图 5-5 所示。

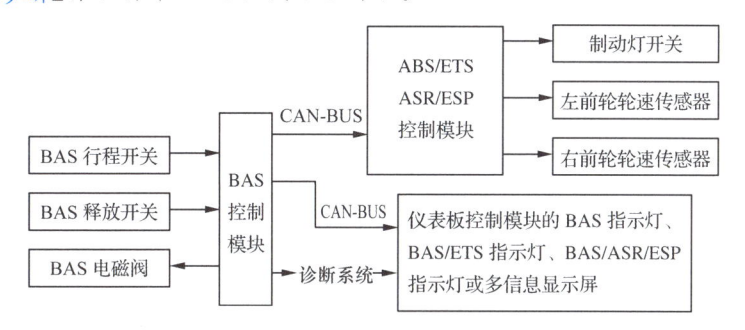

图 5-5 奔驰轿车 BAS

首先路试,发现仪表上的 BAS/ASR(制动辅助系统/加速防滑系统)指示灯点亮。同其他正常的汽车相比,制动较为迟缓。

检查制动液的液面和油质,液面正常,油质良好。

用诊断仪 STAR-DIAGNOSIS 对系统进行检测,结果诊断仪无法同 BAS 系统通信。诊断仪提示要检查诊断线、电源线、搭铁线等。将 38 针诊断接头中第 8 脚与制动总泵下面的 BAS 控制模块之间的诊断线检查一遍,均良好,这说明故障点不在相关诊断线路上。

接下来又测量 BAS 控制模块的电源线和接地线。将点火开关打到"ON"位置,按照电路图检查 BAS 控制模块的电源电路和搭铁电路,测量结果均正常。于是怀疑 BAS 控制模块有故障。

【故障排除】更换 BAS 控制模块后,路试,制动系统正常,仪表上的 BAS/ASR 指示灯恢复正常工作。这说明本故障是由于 BAS 控制模块失效造成的。究其原因主要是 BAS 控制模块位于制动总泵下方,雨天时前风挡玻璃流下来的水刚好从其旁边经过,时间一长,难免会有部分水沿着外接导线进入 BAS 控制模块盒内部,致使 BAS 控制模块损坏。这一点也从奔驰服务站的技术通报中得到了证实。

小 结

制动辅助系统又称制动力辅助系统,简称 BAS 或 BA,能够通过判断驾驶者的制动动作(力量及速度),在紧急制动时增大制动力度,缩短制动距离。制动辅助系统分机械制动辅助系统和电子控制制动辅助系统两种。

机械制动辅助系统是在普通真空助力器基础上改造输入端结构,增加大气阀进气调节装置而成的。当紧急制动时,如果达到 BAS 的激发条件,该调节装置会瞬间增大助力器大气腔的压力,增大大气腔与真空腔的压力差,瞬间增大管路制动压力,增大车辆制动力。

电子控制制动辅助系统简称 EBA 系统,其作用是根据制动踏板行程传感器信号和制动压力传感器信号,判断作用于制动踏板的速度和力量,自动增大汽车紧急制动时的制动力,从而缩短制动距离。

电子控制制动辅助系统是在 ABS 的基础上,增设一只制动踏板行程传感器和制动压力传感器,并在 ABS ECU 中增设与编制制动力调节软件程序(称为 ABS/EBA ECU)而构成的。

装备 EBA 系统后,ABS/EBA ECU 能够根据制动踏板行程传感器信号的变化率和制动压力传感器信号,计算驾驶员踩下制动踏板的速度和力量,从而判断出本次制动属于哪一类制动(常规制动或紧急制动)。当 ABS/EBA ECU 判断为紧急制动时,即使驾驶员踩下制动踏板的力量不大,ABS/EBA ECU 也能自动控制制动液压调节器使车轮制动器产生较大的制动力,从而缩短制动距离。

拓展阅读

◆ 上汽通用汽车有限公司.汽车制动系统及检修[M].北京.高等教育出版社,2016.
◆ 嵇伟.汽车底盘电控技术彩色图解[M].北京.机械工业出版社,2011.

模块 5

模块 6

驱动轮防滑转调节系统

学习目标

1. 了解滑转率的定义；了解驱动轮防滑转的控制方法；了解驱动轮防滑转调节系统的组成和工作原理。

2. 了解 ABS/TRC 系统的组成与工作过程；了解 ABS/TRC 系统主要部件的结构；掌握 ABS/TRC 系统的工作电路。

3. 能够对 ABS/TRC 系统各部件进行检查。

4. 能够对防抱死制动系统和驱动轮防滑转调节系统进行故障自诊断。

驱动轮防滑转调节系统（Anti-Slip Regulation System，ASR 系统），也称为加速滑动调节系统（Acceleration Slip Regulation System），在日本丰田汽车上又称为牵引力控制系统（Traction Control System，TRC 系统）。驱动轮防滑转调节系统的作用是在汽车驱动过程中，特别是在起步、加速和转弯过程中，防止驱动轮滑转，使汽车快速、平稳地起步和加速。

6.1 驱动轮防滑转调节系统的组成与工作原理

6.1.1 驱动轮防滑转的基本知识

所谓驱动轮滑转，就是指汽车在起步时，驱动轮不停地转动，但汽车却原地不动，或者在加速时，汽车车速不能随驱动轮转速的提高而提高。驱动轮滑转的根本原因是汽车的驱动力大于地面的附着力。

汽车行驶时，发动机输出转矩通过传动系统传到驱动轮，该转矩又通过驱动轮作用在地面上，给地面一个作用力，按照作用力与反作用力的原理，地面同样给驱动轮一个与行驶方向相同的作用力，该力就是驱动汽车行驶的外力，即汽车的驱动力（或者称牵引力）。随着发动机输出转矩的不断增大，汽车的驱动力也不断增大，但是当汽车的驱动力大于地面的附着力时，驱动轮就开始滑转。

汽车车轮在制动时的"打滑"和在驱动时的"打滑"是有着很大的区别的。汽车在制动时的"打滑"是车轮不转动，在地面上"滑移"；而汽车在驱动时的"打滑"是车轮转动，相对于地面没有位移（起步时），或者车轮转速超过了其应当产生的位移（加速时），这就是汽车驱动时车轮的"滑转"。

一般地，用滑移率来表示汽车制动时车轮滑移的程度，而用滑转率来表示驱动轮的滑转程度。滑转率的表达式为

$$S_d = \frac{r\omega - v}{r\omega} \times 100\%$$

式中　S_d——滑转率；
　　　v——实际车速（车轮中心纵向速度），m/s；
　　　r——车轮半径，m；
　　　ω——车轮转动角速度，rad/s。

当 $v=0$（汽车原地不动）、而 ω 不为 0 时，$S_d=100\%$，车轮处于完全滑转状态；当 $v=r\omega$ 时，$S_d=0$，车轮处于自由滚动状态。

汽车的滑移率直接影响汽车制动时的纵向、横向地面附着系数，同样，汽车的滑转率直接影响汽车驱动时的纵向、横向地面附着系数。图 6-1 为通过试验得到的在各种路面上滑移率、滑转率与纵向地面附着系数的关系曲线。从图 6-1 中可以看出：

(1) 路面不同，纵向地面附着系数不同。
(2) 纵向地面附着系数随着滑移率和滑转率的变化而变化。

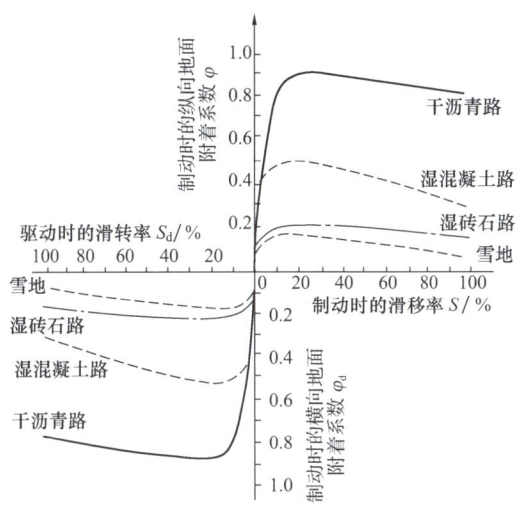

图 6-1 滑移率、滑转率与纵向地面附着系数的关系

（3）无论在哪种路面上，其纵向地面附着系数总是在滑移率或滑转率为 20% 左右时达到峰值。

（4）纵向地面附着系数的变化趋势在制动和驱动时基本相同。

当然，纵向附着系数还受到轮胎的类型、气压和磨损程度、车轮的载荷及大气温度、轮胎的侧偏角、车速等的影响，但总的趋势是不会变化的。

制动时的纵向地面附着系数和驱动时的纵向地面附着系数对汽车的制动力和驱动力起着主要作用。为了避免汽车制动时车轮滑移，ABS 将车轮的滑移率控制在 20% 左右，使汽车在制动时获得较短的制动距离和较好的方向稳定性和转向控制能力。同样，要想使汽车在驱动（起步、加速）时获得较大的驱动力，充分利用发动机输出的转矩，也应当将驱动轮滑转率控制在 20% 左右，使汽车能够快速、平稳起步、加速。驱动轮防滑转调节系统的作用就在于此。

另外，当驱动轮滑转率为 100%（车轮完全空转）时，纵向地面附着系数很小，横向地面附着系数几乎为 0，这会使后轮驱动汽车失去方向稳定性，使前轮驱动汽车失去转向控制能力。在车辆的驾驶过程中，尤其是在低地面附着系数的路面上起步时，为了防止车辆因车轮空转打滑而失去方向稳定性和转向控制能力，应尽可能缓慢地松开离合器，并且尽量保持发动机低速转动，以免驱动力过大。

造成车轮空转打滑的原因是车轮的驱动力大于驱动轮与路面的附着力，因此，防止驱动时车轮滑转的方法是控制驱动力，即在适当的时候减小驱动力，以防止驱动力大于轮胎和路面的附着力而导致车轮滑转。

6.1.2 驱动轮防滑转的控制方法

驱动轮防滑转的控制方法有：对发动机的输出转矩进行控制；对驱动轮进行制动；对差速器进行锁止。

1. 对发动机的输出转矩进行控制

通过适当调整发动机的输出转矩,将驱动轮的滑转率控制在最佳范围内,使驱动轮与地面附着系数保持在较高值,最终使汽车获得最大的驱动力。调整发动机输出转矩的方法有:

(1)调节喷油量:短时间减少或中止喷油,可以微量调节发动机输出转矩。

(2)推迟点火(减小点火提前角):推迟点火,可以减小发动机输出转矩。这种方法的反应速度比调节喷油量快,但容易造成失火,燃烧不完全,使废气排放量增大。

(3)调节进入发动机气缸的空气量:一般情况下,通过调节节气门开度来调节进气量。这种调节方法反应速度比较慢,但从加速平滑、燃烧完全及减小排气污染的角度来看,这种方法最好。

2. 对驱动轮进行制动

当某驱动轮的滑转率超出最佳范围时,通过对该驱动轮进行制动可以快速降低该驱动轮转速,减小滑转率。

如图 6-2 所示,某汽车的两个驱动轮处于地面附着系数不同的路面上,处于高地面附着系数 φ_H 路面的驱动轮的最大驱动力为 F_H,处于低地面附着系数 φ_L 路面的驱动轮的最大驱动力为 F_L。根据差速器的工作原理可知,两个驱动轮上的驱动力是相等的,当超过了低地面附着系数路面上的最大驱动力(地面附着力)时,该车轮就会滑转,因此,汽车的驱动力只取决于低地面附着系数路面上的最大驱动力 F_L。

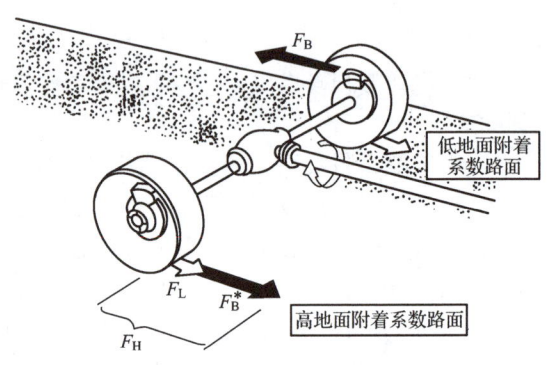

图 6-2 施加制动力产生的差速锁止作用

要想充分利用高地面附着系数路面的地面附着力,可以对位于低地面附着系数路面的车轮进行制动。通过对低地面附着系数路面的车轮进行制动,一是可以降低该车轮的转速,避免该车轮的滑转;二是可以增大高地面附着系数路面车轮的驱动力。如果在低地面附着系数路面车轮的制动盘上施加制动力 F_B,则可在高地面附着系数路面的车轮额外产生驱动力 F_B^*,其值为

$$F_B^* = F_B \times 制动盘有效半径/驱动轮的有效半径$$

这样,作用在驱动轮的全部驱动力为 $F_B^* + 2F_L$。

这种控制方法是防止滑转最迅速的一种方法,但是为了保证乘坐舒适,制动力不能太大,因此这种方式一般是作为节气门调整发动机输出转矩方法的补充。调整发动机输出转矩和对驱动轮制动的方法结合起来,可以获得最好的操纵性、稳定性和最短的反应时间。

3. 对差速器进行锁止

这种控制方法用在电子控制的可锁止差速器上。其具体控制方法为在差速器向车轮输出端的离合器片上加压,以实现锁止功能。控制液压由储压器内的高压油产生,电控单元通过电磁阀来调节液压的大小,并通过压力传感器和驱动轮轮速传感器将调节后的液

压反馈给电控单元。这种方法可以使锁止程度从基本锁止到完全锁止逐渐变化。

电子控制的差速器可以把驱动轮的差速滑动控制在某一范围内。当汽车起步时调节差速器的锁止程度,可以使驱动力得到充分发挥,提高车速及行驶稳定性。此外,通过对差速器锁止程度的控制可以提高汽车在弯道上行驶时的稳定性。

这三种控制方式中,目前较多的是采用前两种的组合。这些控制方式可以单独使用,但目前实车上采用组合控制方式的较为普遍。

6.1.3 驱动轮防滑转调节系统的优点

ASR 能在驱动轮滑转时自动调节滑移率,充分利用驱动车轮的最大附着力,具有以下优点:

(1)汽车起步、行驶中驱动轮可提供最佳驱动力,与无 ASR 系统相比,提高了汽车的动力性,特别是在地面附着系数较小的路面上,起步、加速性能和爬坡能力较佳。

(2)能保持汽车的方向稳定性和前轮驱动汽车的转向控制能力。

(3)减少了轮胎磨损与发动机油耗。

在装备 ASR 系统的车上,一般在 ASR 系统工作时,仪表盘上的 ASR 指示灯会亮起,提醒驾驶员此时在易滑路面上行驶,应谨慎驾驶。

6.1.4 驱动轮防滑转调节系统的组成和工作原理

驱动轮防滑转调节系统是控制车轮滑转率的装置,主要由轮速传感器、电控单元(ASR ECU)、ASR 制动执行器(如电磁阀等)、ASR 警示灯、ASR 关闭指示灯等组成。

驱动轮防滑转调节系统的工作原理如图 6-3 所示。汽车在起步或加速过程中,四个车轮上的轮速传感器不停地向电控单元输送各车轮转速信号,电控单元根据四个轮速信号计算出车轮的滑转率,并判断滑转率是否在最佳范围内。当电控单元判断某车轮的滑转率不在最佳范围内时,便由电控单元向 ASR 制动执行器发出指令,采用调节发动机的输出转矩、对驱动轮进行制动、对差速器进行锁止等控制方式,减小滑转率,使车轮的滑转率保持在最佳范围内,充分利用地面附着力,提高汽车在起步、加速等工况时的方向稳定性和转向控制能力。

6.1.5 ASR 系统和 ABS 的区别和联系

ASR 系统和 ABS 的不同之处是:ABS 根据轮速信号计算车轮滑移率;ASR 系统则根据轮速信号计算车轮滑转率。

ASR 系统在汽车起步、加速等工况时起作用,但在汽车制动时不起作用;而 ABS 则是在汽车制动时起作用,在汽车正常运行过程(包括起步、加速等工况)中不起作用。

ASR 系统和 ABS 的相同之处是二者都需要轮速传感器输出的轮速信号。由于 ABS 和 ASR 系统都需要轮速传感器输出的轮速信号,且都是根据此信号来控制车轮转速,因此,在实际应用中,常常将两系统组合在一起,即共用四个轮速传感器和一个电控单元(ABS/ASR ECU)。

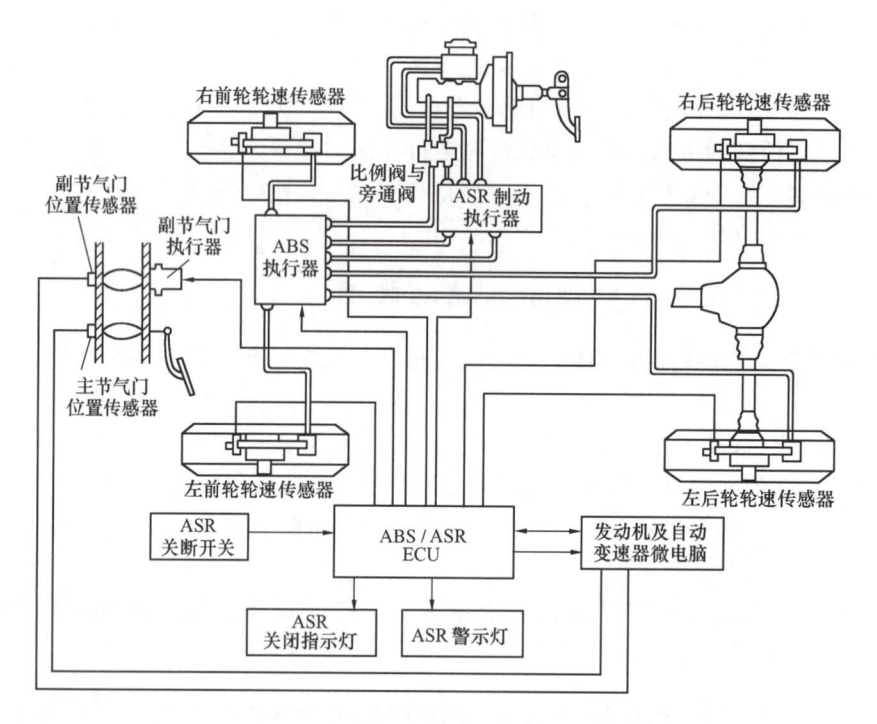

图 6-3 驱动轮防滑转调节系统的工作原理

6.2 典型驱动轮防滑转调节系统

在丰田轿车上设置了防抱死制动系统和牵引力控制系统，即 ABS/TRC 系统，该系统同时具有制动防抱死和驱动轮防滑转功能。在制动过程中，ABS 工作，对四个车轮进行防抱死控制；在驱动过程中，TRC 系统工作，采用调节副节气门开度和驱动车轮介入制动的方式，对两个驱动轮（后轮）进行防滑转控制。

6.2.1 丰田轿车 ABS/TRC 系统的组成

图 6-4 所示为丰田轿车 ABS/TRC 系统。该系统主要由轮速传感器、ABS/TRC ECU、ABS 执行器、TRC 制动执行器、TRC 辅助节气门马达、主节气门位置传感器、辅助节气门位置传感器、TRC 关断开关、TRC 关断指示灯、TRC 指示灯等组成。

6.2.2 丰田轿车 ABS/TRC 系统主要部件的结构

1. ABS 执行器

ABS 执行器即制动压力调节器，其作用是在汽车制动过程中车轮的滑移率超出最佳范围时，控制作用在制动分泵上的制动液压。ABS 执行器主要包括四个三位三通电磁阀、两个储液筒和一个电动双联回液泵。三位三通电磁阀用于控制制动总泵到制动分泵的液压通道，在防抱死控制中对分泵的液压进行升压、保压、减压的循环控制；储液筒用于

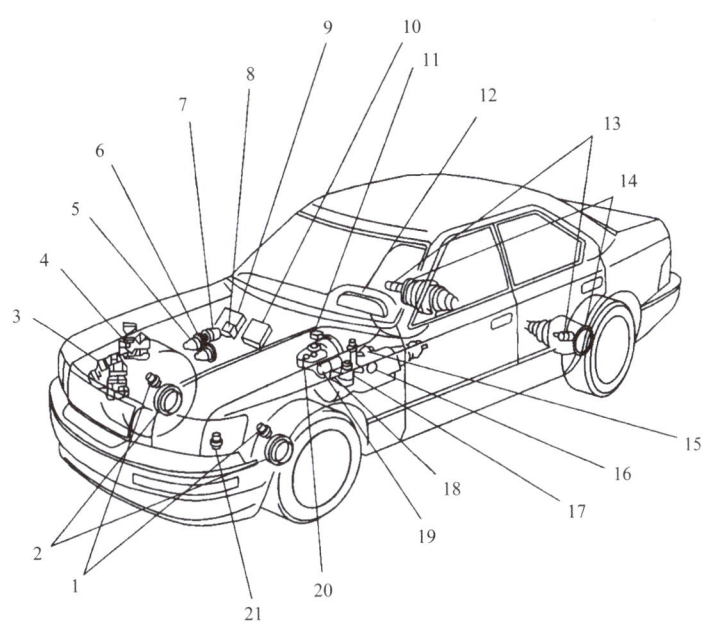

图 6-4　丰田轿车 ABS/TRC 系统

1—前轮轮速传感器；2—前轮轮速传感器转子；3—ABS 执行器；4—TRC 制动执行器；5—辅助节气门位置传感器；
6—主节气门位置传感器；7—TRC 辅助节气门马达；8—TRC 节气门继电器；9—ABS/TRC ECU；
10—发动机和变速器 ECU；11—TRC 关断开关；12—TRC 指示灯/TRC 关断指示灯；13—后轮轮速传感器；
14—后轮轮速传感器转子；15—停车灯开关；16—空挡启动开关；17—TRC 泵；18—TRC 马达继电器；
19—TRC 蓄电器；20—制动油位警示灯开关；21—TRC 制动器主继电器

储存液压调节过程中由制动分泵回流的制动液；电动双联回液泵用于将回流到储液筒的制动液泵回到制动总泵的储液箱内。

另外，电磁阀继电器、电动泵继电器安装在 ABS 执行器上。

2.TRC 制动执行器

TRC 制动执行器的作用是汽车驱动过程中当驱动轮的滑转率超过最佳范围时，向驱动轮输送制动液进行制动，并对制动液压进行调节。TRC 制动执行器主要由 TRC 隔离电磁阀总成和 TRC 泵总成组成。

（1）TRC 隔离电磁阀总成

TRC 隔离电磁阀总成主要由三个隔离电磁阀和一个压力开关或压力传感器组成，如图 6-5 所示。三个隔离电磁阀分别是制动总泵隔离电磁阀（主制动油缸隔离电磁阀）、蓄压器隔离电磁阀和储液器隔离电磁阀。

在未进入驱动轮防滑转状态时，三个隔离电磁阀均不通电。此时，制动总泵隔离电磁阀控制接通制动总泵到制动分泵之间的通道；蓄压器隔离电磁阀切断制动分泵通向蓄压器的通道；储液器隔离电磁阀切断车轮制动分泵到制动总泵的通道。隔离电磁阀在上述工作状态时，汽车能够实现正常的制动功能。

在驱动轮防滑转控制过程中，三个隔离电磁阀在 ECU 的控制下全部通电。此时，蓄压器隔离电磁阀接通制动分泵通向蓄压器的通道,蓄压器的制动液压作用在制动分泵;制动总泵隔离电磁阀切断制动总泵到制动分泵之间的通道,防止由蓄压器流向制动分泵的制动液回流到制动总泵;储液器隔离电磁阀接通车轮制动分泵到制动总泵的通道,由制动分泵回流的制动液能够经过此电磁阀流回制动总泵。

压力开关或压力传感器的作用是监测蓄压器中的压力,并控制泵的运转。其安装位置如图6-6所示。用于控制TRC泵工作的压力开关(或压力传感器)有两种:一种是在左座上驾驶汽车使用的接触型压力开关,当液压高于约13.24 N/mm^{2}时开关断开,当液压低于约9.32 N/mm^{2}时开关接通,如图6-7(a)所示。另一种是在右座上驾驶汽车使用的非接触型压力开关,当液压高于约12.75 N/mm^{2}时,三极管Tr截止;当液压低于约8.63 N/mm^{2}时,Tr导通,如图6-7(b)所示。

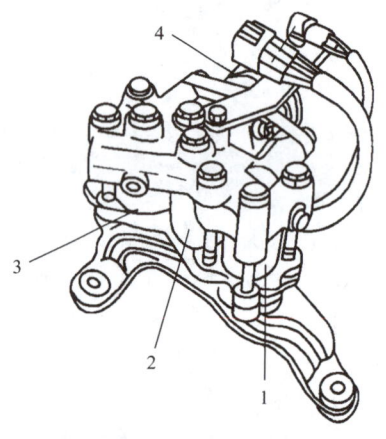

图6-5 隔离电磁阀总成
1—制动总泵隔离电磁阀;2—蓄压器隔离电磁阀;
3—储液器隔离电磁阀;4—压力开关(或压力传感器)

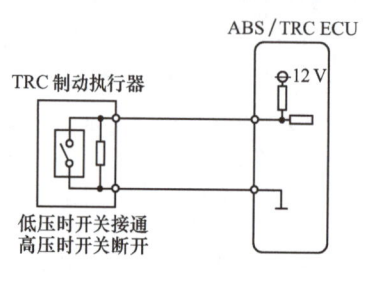

图6-6 压力开关(或压力传感器)的安装位置
1—TRC制动执行器;2—压力开关或压力传感器

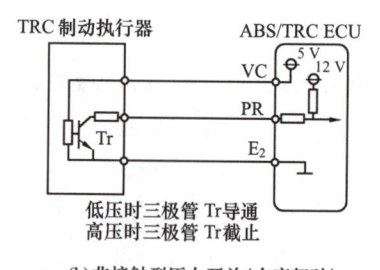

(a)接触型压力开关(左座驾驶)

(b)非接触型压力开关(右座驾驶)

图6-7 压力开关(或压力传感器)的工作电路

(2)TRC泵总成

TRC泵总成主要由泵和蓄压器组成。泵是一个由电动机驱动的柱塞式泵,其作用是将总泵储液箱中的制动液加压后输送到蓄压器,使蓄压器中的液压保持在一定范围内,为驱动轮防滑转控制时制动驱动轮提供制动能源。电动泵的工作由压力开关或压力传感器控制。蓄压器的内部被分隔成两个腔室,一个腔室内填充有高压氮气,另一个腔室内用于储存加压后的制动液,并在驱动轮防滑转工作过程中向车轮制动分泵提供制动液。填充着高压氮气的腔室在制动液体积发生变化时起缓冲作用。

3. 副节气门执行器

副节气门执行器的作用是根据 ABS/TRC ECU 输出的信号控制副节气门的开启角度,从而控制进入发动机的空气量,以达到控制发动机输出扭矩的目的。副节气门执行器及副节气门位于主节气门的前方,安装在节气门壳体上,如图 6-8 所示。

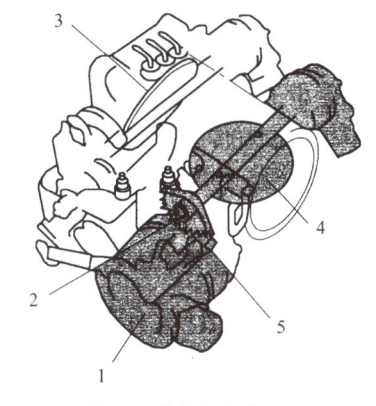

图 6-8 节气门总成
1—副节气门执行器;2—扇形齿轮;3—主节气门;4—副节气门;5—主动齿轮

副节气门执行器是指控制副节气门动作的步进电动机,主要由永磁体、传感线圈和旋转轴组成。在旋转轴的末端安装着一个小齿轮(主动齿轮),该齿轮和副节气门轴末端的扇形齿轮啮合。当步进电动机旋转时,通过小齿轮、扇形齿轮驱动副节气门旋转,从而改变副节气门的开启角度。

当驱动轮防滑转调节系统未进入工作状态时,副节气门完全打开,不起任何作用,驾驶员通过主节气门控制发动机的进气量(负荷),如图 6-9(a)所示。

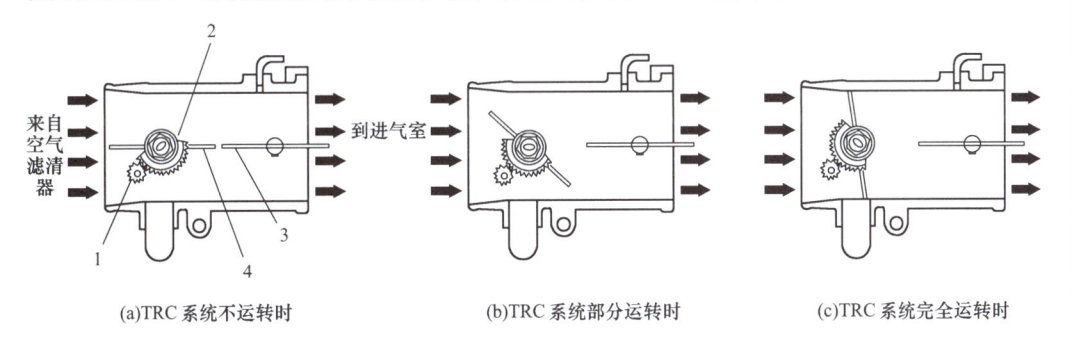

(a)TRC 系统不运转时　　(b)TRC 系统部分运转时　　(c)TRC 系统完全运转时

图 6-9　TRC 系统运转状况与副节气门的位置
1—主动齿轮;2—扇形齿轮;3—主节气门;4—副节气门

当驱动轮防滑转调节系统工作时,副节气门执行器根据 ABS/TRC ECU 的输出信号,控制副节气门开度在半开到全闭的范围内变化,调节发动机的进气量,控制发动机的输出转矩,防止驱动轮滑转,如图 6-9(b)、图 6-9(c)所示。

4. 副节气门位置传感器

副节气门位置传感器的作用是检测副节气门的开度,并把相应的信号输送到发动机和自动变速器 ECU、ABS/TRC ECU。当 ABS/TRC ECU 接收到不正常的信号时,会控制 TRC 系统停止工作。图 6-10 所示为 UCF10 系列副节气门位置传感器的工作电路。副节气门位置传感器安装在副节气门轴上,如图 6-11 所示。

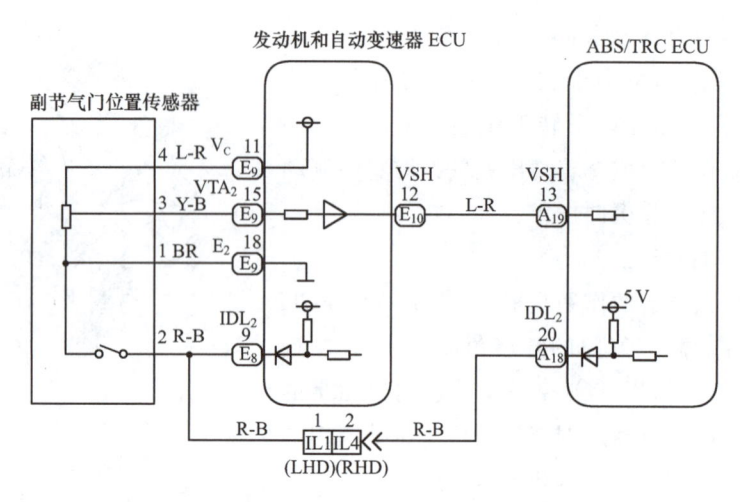

图 6-10　UCF10 系列副节气门位置传感器的工作电路

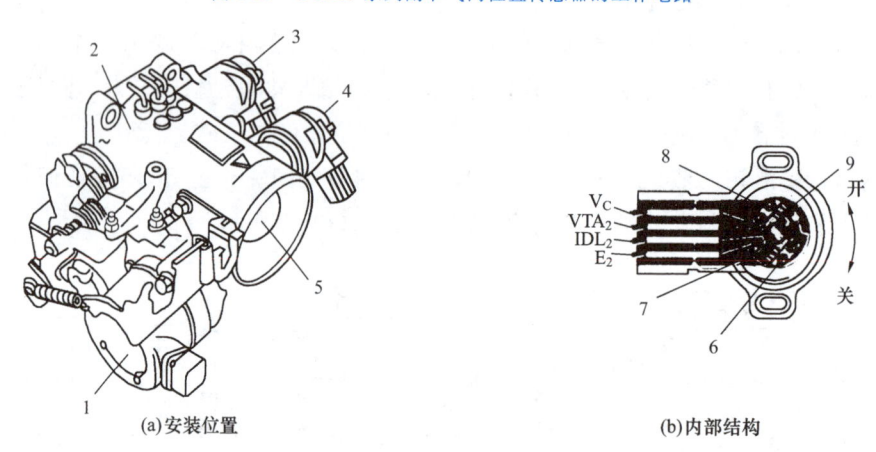

图 6-11　副节气门位置传感器
1—副节气门执行器；2—节气门壳体；3—主节气门开度传感器；4—副节气门位置传感器；
5—副节气门；6—怠速信号触点；7—怠速信号接触板；8—节气门开度信号触点；9—电阻片

副节气门位置传感器的 V_C 端子为传感器的电源端子，电控单元从该端子向传感器提供 5 V 稳定的工作电压；E_2 为接地端子；VTA_2 为传感器的输出信号端子，将节气门开度变化信号输送到发动机和自动变速器 ECU；IDL_2 为传感器的怠速信号端子。

5. ABS/TRC ECU

ABS/TRC ECU 是 ABS ECU 和 TRC ECU 的合理组合，包括了 ABS ECU 和 TRC ECU 的所有功能，是 ABS 和 TRC 系统的控制中枢。在驱动轮防滑转控制过程中，ABS/TRC ECU 根据四个轮速传感器输出的信号计算出车轮的滑转状况，采用减小发动机输出转矩和对驱动轮进行制动（降低车轮转速）的方法，对车轮速度进行控制，将驱动轮的滑转率控制在最佳范围内，保证汽车在驱动（起步、加速等）过程中的方向稳定性和转向控制能力。

ABS/TRC ECU 的主要控制功能有：车轮速度控制功能、初始检测功能、继电器控制功能、故障诊断功能和失效保护功能。

(1) 车轮速度控制功能

在汽车运行中，ECU 不停地从轮速传感器接收四个车轮的转速信号并不断地计算出各个车轮的速度，并且根据两个前轮速度估算出汽车的行驶速度，并据此设置目标控制速度值。

当在低地面附着系数的路面上（如泥泞的路面、冰雪路面等）突然踩下加速踏板，且驱动轮（后轮）开始滑转时，驱动轮的转动速度就会超过目标控制速度。ECU 据此向副节气门执行器发出关闭副节气门的信号，减小发动机的输出转矩，同时向 TRC 制动执行器发出制动信号，由 TRC 制动执行器控制向车轮制动分泵提供有一定压力的制动液，对驱动轮进行制动，TRC 系统开始工作。

图 6-12 所示为一个典型的车轮速度控制过程。踩下加速踏板后，主节气门迅速打开，发动机输出功率迅速增大，后轮（驱动轮）速度迅速提高。当后轮速度超过目标控制速度后，ABS/TRC ECU 发出指令，关闭副节气门（图 6-12 中①），发动机空气供给量减小，输出功率减小；与此同时，ABS/TRC ECU 还控制 TRC 制动执行器电磁阀通电（图 6-12 中②），由 TRC 制动执行器向驱动轮分泵提供有一定压力的制动液，并由 ABS 执行器（ABS 三位三通电磁阀）调节驱动轮分泵内的压力（图 6-12 中③和④），通过升压、保压和减压的循环控制过程，将车轮速度保持在目标控制速度值附近。

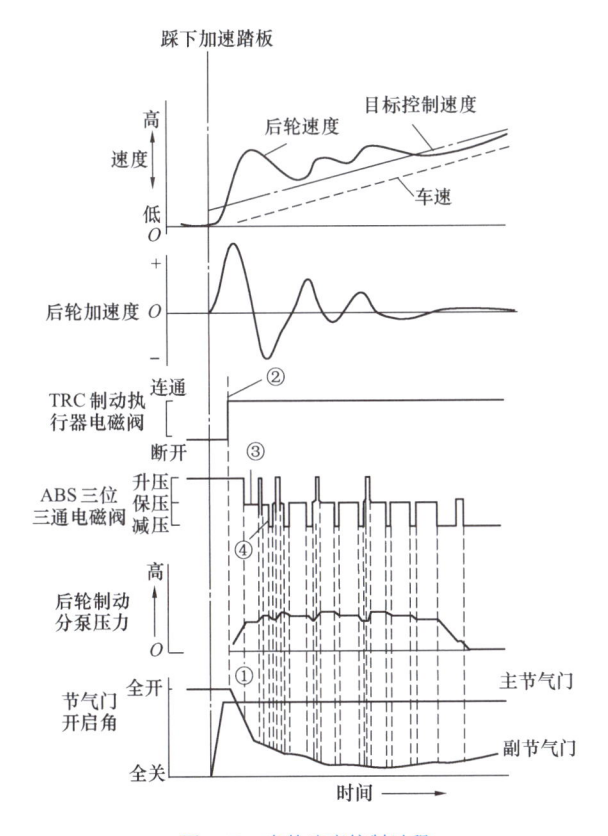

图 6-12 车轮速度控制过程

ABS/TRC ECU 进行车轮速度控制的条件是：

①主节气门没有完全关闭（IDL$_1$ 处于断开状态）。

②换挡杆应在"L""2""D"或"R"挡位（没有处在"P"停车挡和"N"空挡）。

③汽车行驶速度超过 9 km/h，并且制动灯开关处在断开位置。

④TRC 关断开关应该处于断开状态。

⑤ABS 处于不工作状态。

⑥ABS/TRC 系统不应处在传感器检测状态或故障码输出状态。

(2) 初始检测功能

副节气门执行器的检测：点火开关一打开，ABS/TRC ECU 就首先控制副节气门执行器完全关闭，然后再完全打开副节气门。在副节气门的这一动作过程中，ABS/TRC ECU 就对副节气门执行器、节气门开度传感器的电路、副节气门的工作情况进行检查，并将副节气门执行器完全关闭时副节气门的开启角记录下来。检测过程如图 6-13 所示。

ABS/TRC ECU 对副节气门执行器进行检测的条件：

①换挡杆处于"P"或"N"挡位。

②主节气门完全关闭。

③车速为 0。

TRC 制动执行器电磁阀的检测：点火开关一打开，就开始对 TRC 制动执行器电磁阀进行初始检测。检测的过程如图 6-14 所示。

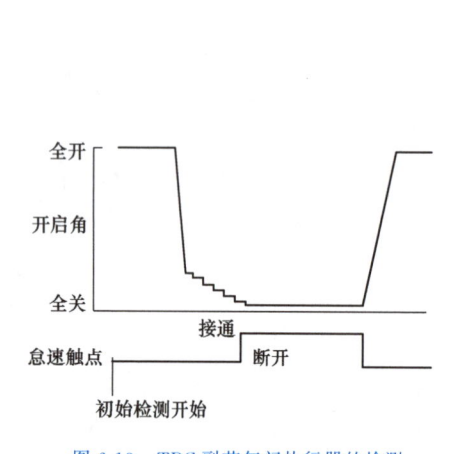

图 6-13 TRC 副节气门执行器的检测

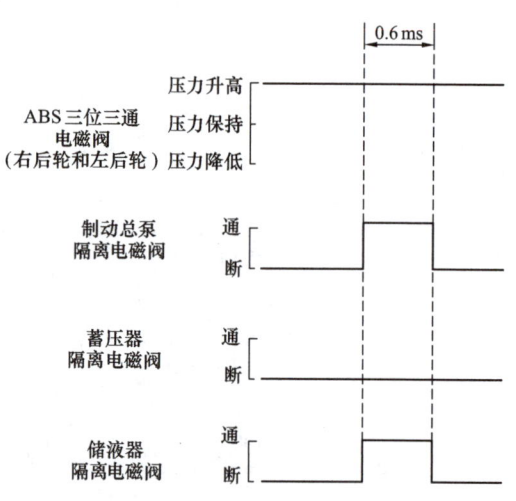

图 6-14 TRC 制动执行器电磁阀的检测

ABS/TRC ECU 对 TRC 制动执行器电磁阀进行检测的条件是：

①换挡杆处于"P"或"N"挡位。

②车速为 0。

③发动机工作。

(3) 继电器控制功能

TRC 制动主继电器和 TRC 副节气门继电器的控制：点火开关打开后，ABS/TRC ECU 就会控制接通 TRC 制动主继电器和 TRC 副节气门继电器。断开点火开关后，两继电器也会随之断开。当 ABS/TRC ECU 检测到系统有故障时,就会立即断开这两个继电器。图 6-15 所示为 TRC 制动主继电器和 TRC 副节气门继电器的工作电路。

(a)TRC 制动主继电器工作电路

(b)TRC 副节气门继电器工作电路

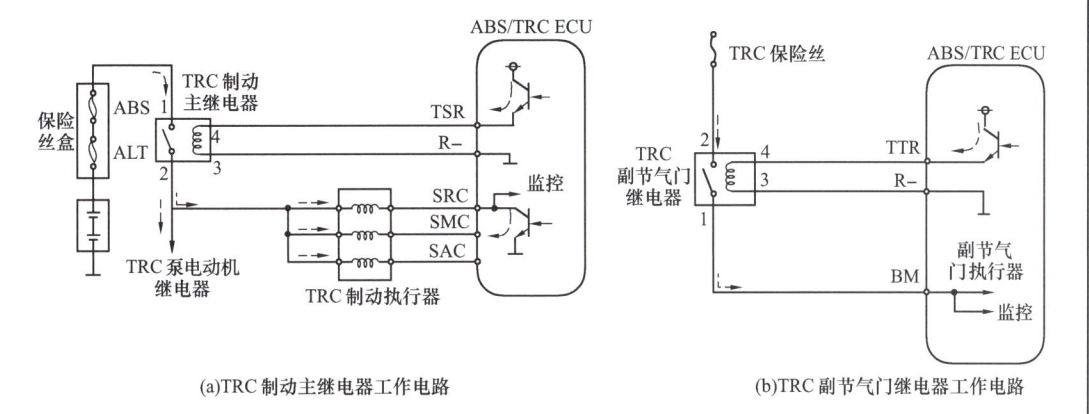

图 6-15　TRC 制动主继电器和 TRC 副节气门继电器的工作电路

TRC 泵电动机继电器的控制:ABS/TRC ECU 在下列情况下会控制接通 TRC 泵电动机继电器。

①TRC 制动主继电器接通。
②发动机转速超过 500 r/min。
③换挡杆在除"P"(停车)和"N"(空挡)以外的其他挡位。
④没有 IDL_1(怠速)信号(发动机不处于怠速工况)。
⑤压力开关接通。

图 6-16 所示为 TRC 泵电动机继电器的工作电路。

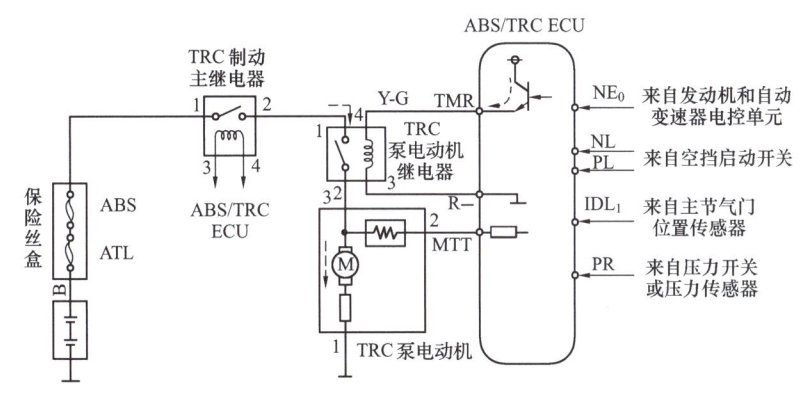

图 6-16　TRC 泵电动机继电器的工作电路

(4)故障诊断功能

ABS/TRC ECU 在工作过程中不停地对系统主要部件的工作情况进行检测,当检测到系统出现故障时,ECU 就控制点亮仪表板上的 TRC 指示灯,提醒驾驶员 TRC 系统有故障,应及时进行维修,并且将故障信息以故障码的形式存储在 ECU 内部的存储器中。

故障出现以后,应首先提取故障码,并按故障码的指示排除故障。提取故障码的方法如下:

①接通点火开关。

②将故障诊断仪通信线或故障诊断接口的接线柱 T_C 和 E_1 连接起来。

(5) 失效保护功能

当 TRC 系统没有工作而 ABS/TRC ECU 检测到系统出现故障时，ECU 就立即发出指令断开 TRC 副节气门继电器、TRC 泵电动机继电器和 TRC 制动主继电器，从而使 TRC 系统不起作用。

如果 ABS/TRC ECU 在 TRC 系统工作过程中检测到系统出现故障，那么 ECU 立即控制断开 TRC 泵电动机继电器和 TRC 制动主继电器。此时发动机和制动系统按没有装备 TRC 系统的正常模式工作。

6. TRC 关断开关(TRC OFF 开关)、TRC 关断指示灯(TRC OFF 指示灯)、TRC 指示灯

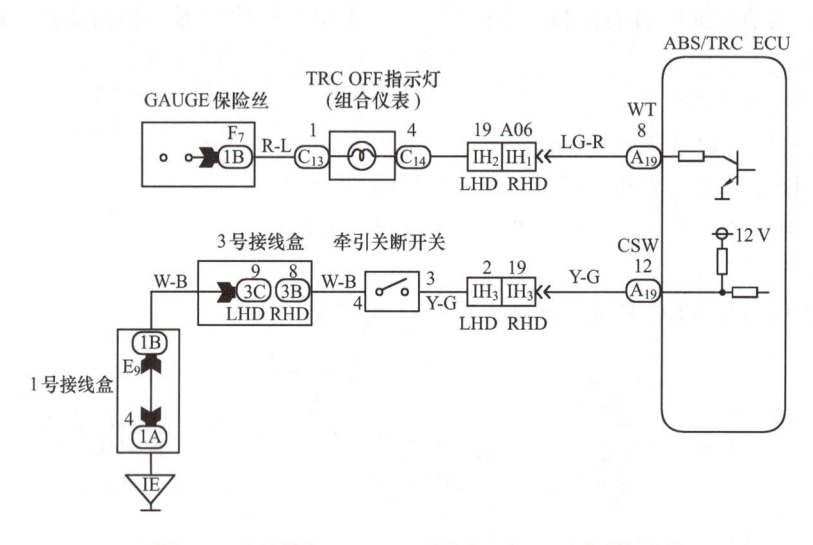

图 6-17 所示为丰田轿车 TRC OFF 开关和 TRC OFF 指示灯电路。TRC OFF 开关的作用是控制 TRC 系统工作与否。当按下 TRC OFF 开关时，TRC 系统将停止工作，且 TRC OFF 指示灯亮起。

图 6-17　丰田轿车 TRC OFF 开关和 TRC OFF 指示灯电路

图 6-18 所示为丰田轿车 TRC 指示灯电路。TRC 指示灯的作用是指示 TRC 系统工作与否，同时还用于 TRC 系统发生故障时报警和显示故障码。当 TRC 系统工作时，TRC 指示灯闪烁。

6.2.3　丰田轿车 ABS/TRC 系统的工作电路

图 6-19 所示为丰田轿车 ABS/TRC 系统的工作电路。

1. 自检过程

当接通点火开关，ABS/TRC ECU 的 IG 端子接收到蓄电池电压时，ECU 便开始自检。在自检过程中，ABS 报警灯通过 ABS 执行器中的电磁阀继电器搭铁而一直点亮。ECU 通过对控制系统检查，如果发现系统中存在影响正常工作的故障，则 ECU 将关闭

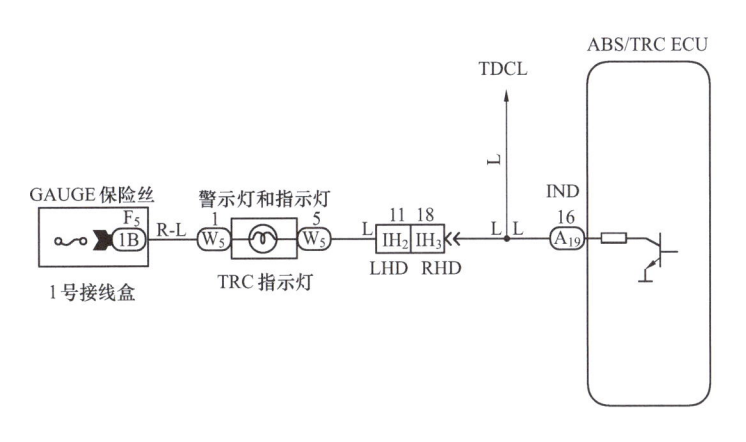

图6-18 丰田轿车TRC指示灯电路

ABS/TRC系统,使汽车按常规方式进行制动,按常规方式控制加速、起步和运行等过程,同时ECU将故障信息以代码的形式存储到存储器中,此时ABS报警灯继续点亮。若自检正常,则ECU使SR端子输出蓄电池电压,并使R-端子内部接地,电磁阀继电器通电工作,而ABS报警灯则因搭铁电路断开而熄灭。

如果经过自检,发现有影响TRC系统正常工作的故障,则ECU将控制端子IND内部接地,点亮仪表板上TRC指示灯,提醒驾驶员TRC系统出现故障,同时将故障信息以代码的形式存储到存储器中。如果自检正常,则ECU将停止IND端子内部接地并供给蓄电池电压,TRC指示灯因两端电位相同没有电流而熄灭。

2. 等待工作状态

ABS/TRC系统自检正常后,即进入等待工作状态。BAT端子接收蓄电池电压作为ECU工作电压,同时向电磁阀继电器供电而使其工作,蓄电池电压通过电磁阀继电器加在四个调压电磁阀上,ABS进入等待工作状态。

TRC系统在等待工作状态时,首先根据CSW端子信号确定驾驶员是否采用TRC装置。如果驾驶员使"TRC关断开关"处于断开位置,则CSW端子因未接地而处于高电位状态,ECU据此高电位信号判断驾驶员采用TRC装置,同时ECU将停止端子WT内部接地并供给蓄电池电压,"TRC关断指示灯"因两端电位相等而熄灭。TRC系统进入等待工作状态时,ECU向端子TSR、TTR提供蓄电池电压,使TRC制动主继电器、TRC副节气门继电器进入工作状态。TRC制动主继电器触点闭合后,蓄电池电压向TRC制动执行器、TRC泵电动机继电器提供工作电源;TRC副节气门继电器触点闭合后,蓄电池电压加在端子BM上,而端子BM和ACM、BCM通过ECU内部电路接通,因此蓄电池电压作用在副节气门执行器上。

在TRC工作过程中,若压力开关因蓄压器中压力低于规定值而闭合时,端子PR和E_2的电位相同,ECU据此控制TRC泵电动机继电器工作,继电器触点闭合,蓄电池电压加在TRC泵电动机上,TRC泵电动机运转。端子MTT用于监控TRC泵电动机工作与否,ECU根据端子ML+、ML-之间的电压监视泵电动机的运转情况。

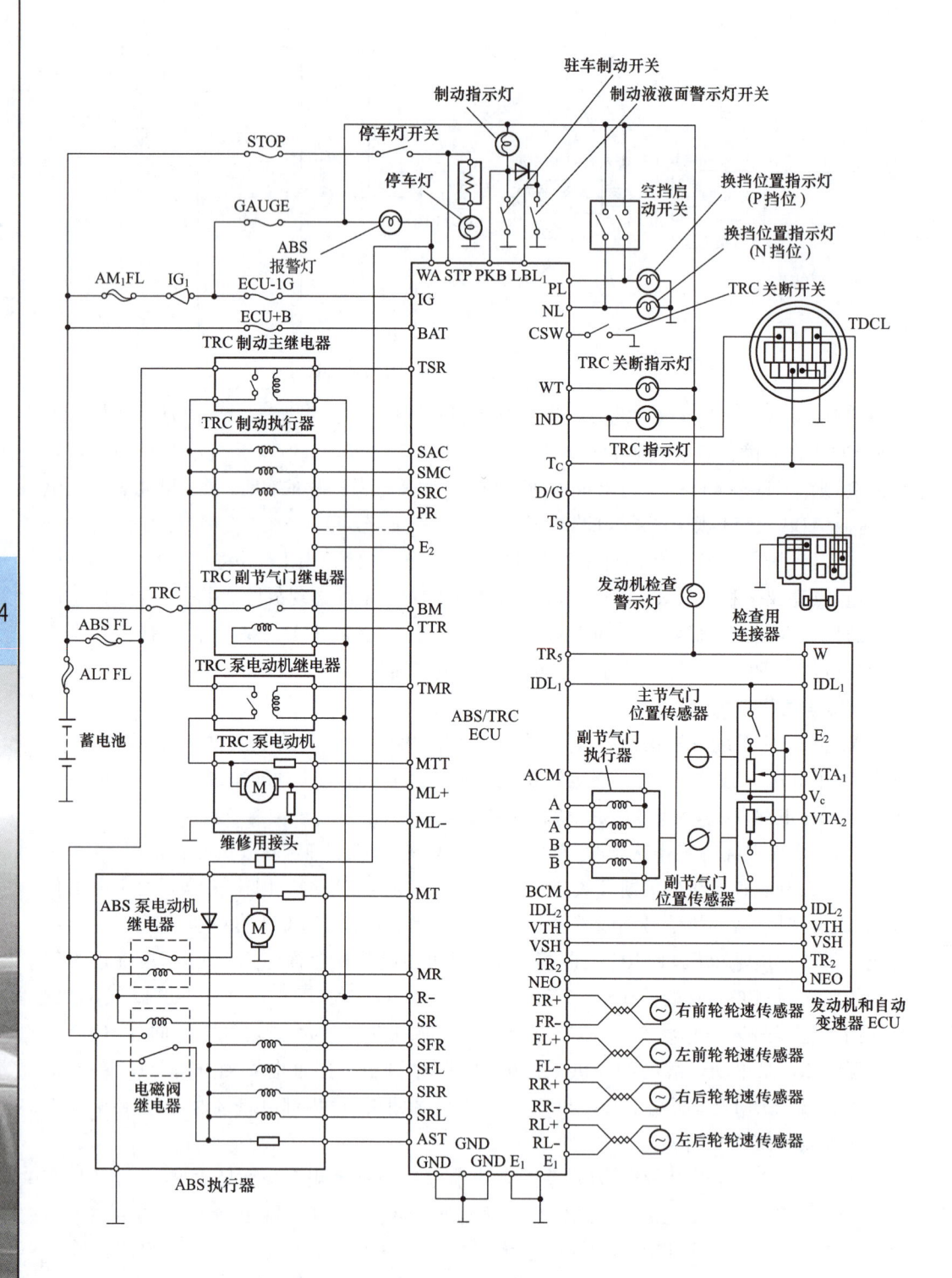

图 6-19 丰田轿车 ABS/TRC 系统的工作电路

3.ABS 工作时

当驾驶员踩下制动踏板时,制动灯开关闭合,蓄电池电压加到 STP 端子上,ECU 据此判断汽车进入制动状态。

在制动过程中,ECU 根据四个轮速传感器输出的信号不停地计算车轮的滑移率。当车轮的滑移率超出规定范围时,便进行防抱死控制。在控制过程中,ECU 通过控制端子 SFR、SFL、SRR、SRL 与内部接地之间的电阻值来控制流过四个电磁阀线圈中的电流在 5 A、2 A 和 0 A 之间交替变化,使制动分泵的液压在减压、保压和升压之间变化,将车轮滑移率控制在最佳范围内。与此同时,ECU 还控制 ABS 泵电动机继电器工作,使 ABS 泵电动机工作。MT 端子用于监测 ABS 泵电动机的工作情况。

4.TRC 工作时

TRC 工作时接收的传感信号有:

(1)轮速传感器输出的轮速信号。

(2)压力开关通过端子 PR 输入的信号。

(3)通过端子 PKB、LBL_1 输入的驻车制动开关、制动液液面警示灯开关信号。

(4)通过端子 PL、NL 输入的自动变速器位于停车挡(P)和空挡(N)的信号。

(5)通过端子 NEO、VSH、VTH、IDL_1、IDL_2 从发动机和自动变速器 ECU 接收的发动机转速信号、副节气门开度信号、主节气门开度信号、主节气门怠速信号、副节气门怠速信号。

(6)通过端子 TR_2 向发动机和自动变速器 ECU 输送要求延迟点火正时的信号,以推迟发动机的点火正时。

(7)当发动机控制系统出现故障时,ABS/TRC ECU 通过端子 TR_5 接收此信号,并控制关闭 TRC 控制功能。

在汽车起步、加速和运行过程中,ECU 根据轮速传感器输入的信号不停地计算目标控制速度和驱动轮滑转率。当驱动轮滑转率超出控制门限值时,便进行防滑转控制。在控制过程中,ECU 首先通过端子 A、$\overline{A}$、B、$\overline{B}$ 来控制步进电动机转动,步进电动机的转动带动副节气门转动,从而实现对发动机进气量的调节,改变发动机的输出功率;当 ECU 判断需要制动介入时,便控制 TRC 制动执行器中三个隔离电磁阀的端子 SAC、SMC 和 SRC 内部接地,三个隔离电磁阀动作,蓄压器的压力油作用在驱动轮的制动轮缸上,ECU 再通过控制后轮的三位三通电磁阀来调节后轮制动轮缸中的液压,将驱动轮的滑转率控制在最佳范围内。

在驱动轮防滑转过程中,ECU 使端子 IND 间断接地,TRC 指示灯闪烁。

6.2.4 丰田轿车 ABS/TRC 系统的工作过程

图 6-20 为丰田轿车 ABS/TRC 系统的液压油路。

1.ABS/TRC 系统未进入工作状态时

在汽车行驶过程中,当 ABS 和 TRC 系统均未进入工作状态时,ABS 执行器、TRC 制动执行器中的电磁阀均不工作,制动总泵和制动分泵之间的液压油路接通,能够进行正常的制动;副节气门执行器不工作,副节气门处于最大开度。

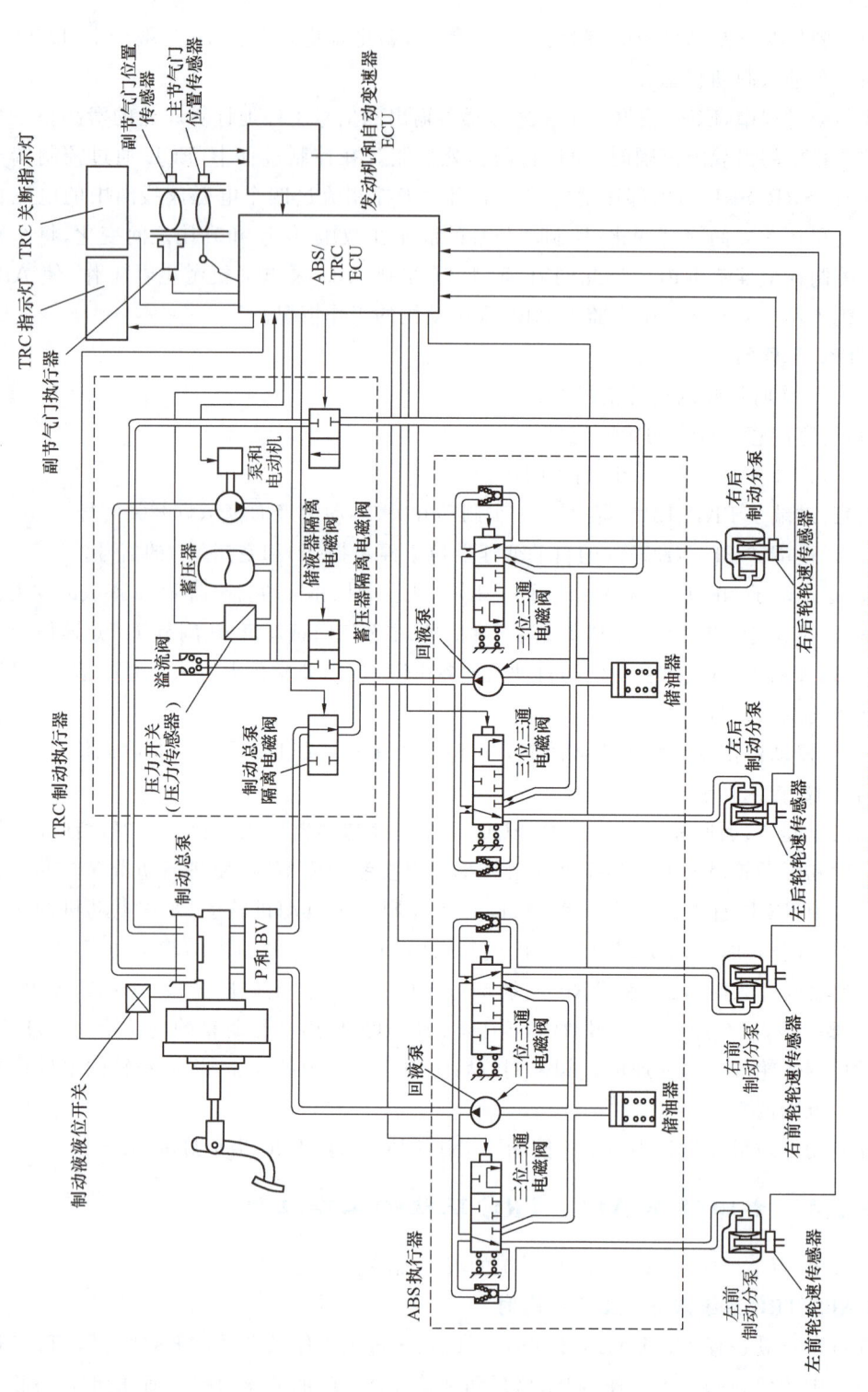

图 6-20 丰田轿车 ABS/TRC 系统的液压油路

2. ABS 工作时

当驾驶员踩下制动踏板时,便进入制动状态。

当车轮的滑移率低于控制门限值时,处于常规制动状态。制动分泵的液压由驾驶员通过制动总泵控制。

当 ECU 根据轮速传感器计算出车轮滑移率、判断车轮趋于抱死时,便控制防抱死制动系统工作,控制制动轮缸内的液压在升压、保压和减压之间循环,将车轮滑移率控制在最佳范围内。

3. TRC 系统工作时

在汽车起步、加速和运行过程中,当 ECU 根据轮速传感器输入的信号判断驱动轮的滑转率超过控制门限值时,便进行防滑转控制。

首先 ECU 控制副节气门执行器中的步进电动机转动,减小副节气门的开度,减小进气量,减小发动机的输出扭矩;当 ECU 判断需要对驱动轮进行制动介入时,便控制 TRC 制动执行器中的三个隔离电磁阀通电,使制动总泵隔离电磁阀处于"通"状态,蓄压器隔离电磁阀和储液器隔离电磁阀处于"不通"状态。这样,蓄压器的压力油便会经蓄压器隔离电磁阀、后轮三位三通电磁阀进入后轮制动分泵,对后轮进行制动。在对后轮的制动过程中,ECU 通过独立地控制两个后轮三位三通电磁阀的电流值,对两后轮内的制动液压进行升压、保压、减压的循环控制,最终将驱动轮的滑转率控制在规定范围内。此时的控制过程和防抱死控制时有所不同,升压时的制动液压不是来自制动总泵,而是来自蓄压器;减压时从制动分泵流出的制动液不是流回储液器,而是经三位三通电磁阀、储液器隔离电磁阀流回制动总泵的储液箱,此时 ABS 电动回液泵并不工作。

6.2.5 丰田轿车 ABS/TRC 系统各部件的检查

1. TRC 制动执行器的检查

图 6-21 所示为 TRC 制动执行器电路。

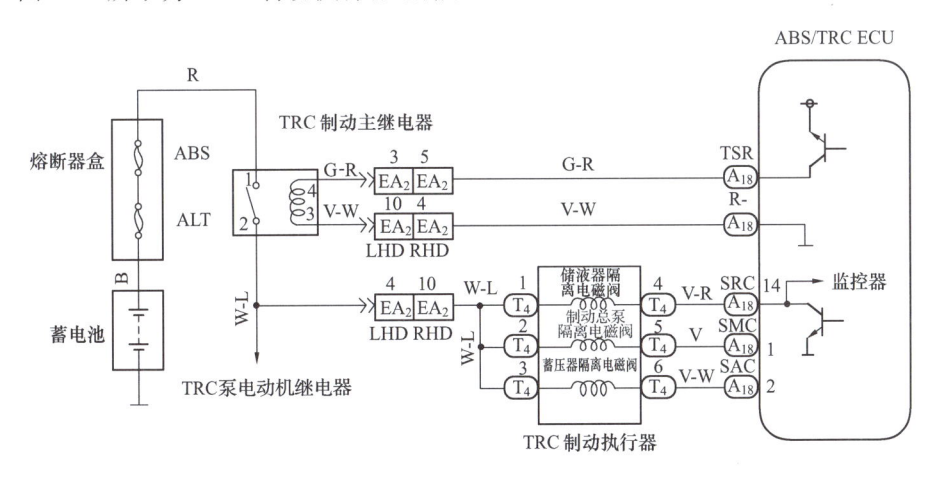

图 6-21 TRC 制动执行器电路

拆下 TRC 制动执行器的导线连接器 T₄,用欧姆表检查连接器 T₄ 上各端子之间的导通情况。正常情况下，端子 1 和 4、2 和 5、3 和 6 之间应导通。若检查结果不符，则应更换 TRC 制动执行器。

2.压力开关的检查

图 6-22 所示为丰田轿车的压力开关电路。

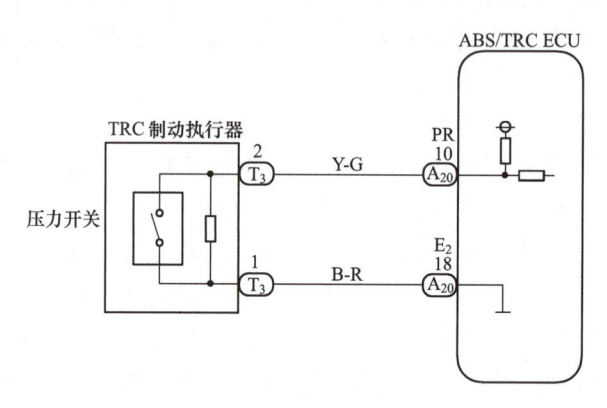

图 6-22　丰田轿车的压力开关电路

拆下 ABS/TRC ECU，但不拔下导线连接器。启动发动机，并使其怠速运转 30 s，以使 TRC 制动执行器的油压升高。将发动机熄火，然后再将点火开关旋转到 ON。用电压表测量端子 PR 与 E_2 之间的电压，电压值应为 5 V。放出 TRC 制动执行器中的油液以降低油压（检查后应向储液器中加油），此时电压表的读数应为 0 V。若检查结果不符合上述要求，则进行下面的检查：

拔下压力开关导线连接器 T_3，测量导线连接器 T_3 上端子 1 和 2 之间的电阻，其值应为 0 Ω。插好压力开关的导线连接器，启动发动机并使其以怠速运转 30 s，使 TRC 制动执行器的油压升高，然后使发动机熄火并再把点火开关旋转到 ON 位，此时再测量连接器 T_3 上制动端子 1 和 2 之间的电阻，其值应为 1.5 kΩ。若检查结果不符合上述要求，则应更换 TRC 制动执行器（含压力开关）。

3.TRC 泵电动机总成的检查

图 6-23 所示为丰田轿车的泵电动机总成电路。

拔下 TRC 泵电动机的导线连接器，用欧姆表检查 TRC 泵电动机各端子之间的电阻。正常时，端子 1 和 3 之间的电阻应不大于 100 Ω，2 与 3 之间的电阻应为 4～6 Ω。若检查结果不符合上述要求，则应更换 TRC 泵电动机。

4.副节气门位置传感器的检查

拆下带有导线连接器的 ABS/TRC ECU，拔下步进电动机的导线连接器，将点火开关旋转至 ON 位，用电压表测量 ABS/TRC ECU 连接器上端子 VSH（图 6-19）和接地之间的电压。副节气门在全闭位置时，电压值为 0.6 V；将副节气门转到全开位置时，电压值为 3.7 V。再用电压表测量 ABS/TRC ECU 连接器上端子 IDL_2（图 6-19）和接地之间的电压，副节气门在全闭位置时，电压值为 0 V；将副节气门转到全开位置时，电压值为 5 V。

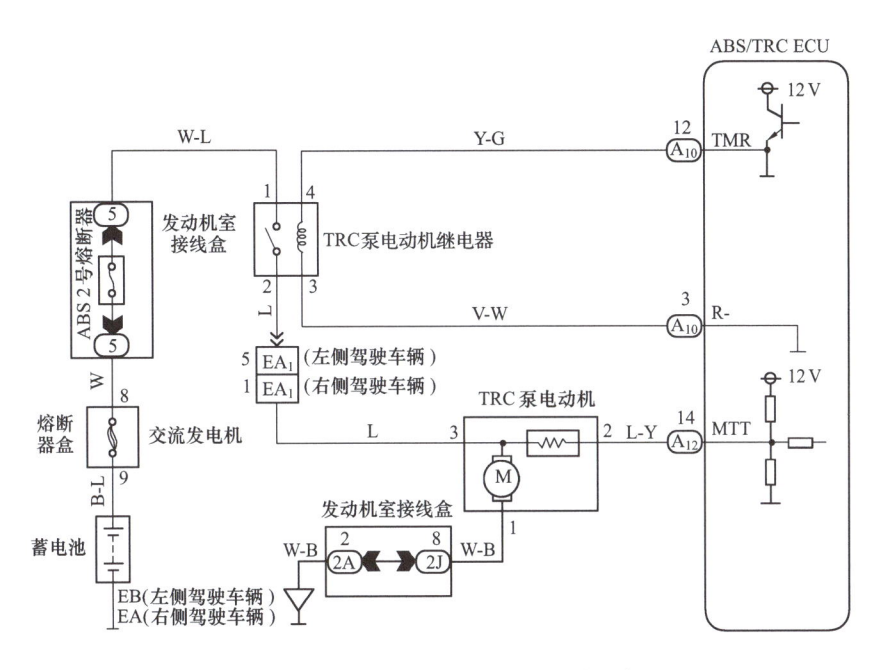

图 6-23 丰田轿车的泵电动机总成电路

5.TRC 关断开关(TRC OFF 开关)的检查

首先检查组合仪表。若不正常,则修理或更换组合仪表;若组合仪表正常,则检查其和 ABS/TRC ECU 之间的连线。若连线均正常,则进行如下检查:

拆下带有导线连接器的 ABS/TRC ECU,将点火开关旋到 ON 位,把电压表的负表笔接地,把正表笔接 ABS/TRC ECU 导线连接器 A_{19} 的端子 CSW。当 TRC OFF 开关在 ON 位时,电压表的读数应为 0 V;当 TRC OFF 开关在 OFF 位时,电压表的读数应为蓄电池电压。若符合上述要求,则按 TRC 故障征兆检查表进行检查。

用欧姆表检测 TRC OFF 开关端子 3 与 4 之间的电阻。当 TRC OFF 开关在 ON 位时,欧姆表的读数应为 0 Ω;当 TRC OFF 开关在 OFF 位时,欧姆表的读数应为无穷大。若不符合上述要求,则更换 TRC OFF 开关;若符合上述要求,则检查 ABS/TRC ECU 与 TRC OFF 开关、TRC OFF 开关与车身接地之间的配线和连接器。

6.TRC 指示灯的检查

首先读取故障码。若显示出故障码,则修理与所显示的故障码相应的电路;若 TRC 指示灯一直发光,则检查 ABS/TRC ECU 与 TRC 指示灯之间的配线和连接器。若存在开路或短路,则修理或更换配线和/或连接器;若配线和连接器良好,则检查和更换 ABS/TRC ECU。

6.3 防抱死制动系统和驱动轮防滑转调节系统的故障诊断

一般地,防抱死制动系统和驱动轮防滑转调节系统共用一个电控单元,因此其故障诊断方法相同。

6.3.1 防抱死制动系统和驱动轮防滑转调节系统故障诊断程序

当防抱死制动系统和驱动轮防滑转调节系统出现故障时,可按下列程序进行故障诊断。

1. 用户问题分析

首先根据用户提出的故障,向用户询问故障产生的条件及其他有关情况,并填写故障检查表(表 6-1)。

表 6-1 故障检查表

用户姓名		注册号		
		注册	年 月 日	
		车架号		
车辆进场日期		里程表读数		km
故障出现时的情况	故障出现日期			
	故障出现频率	□ 连续	□ 间断(次/每日)	
征兆	□ ABS 不工作			
	□ ABS 工作失效			
检查项目	ABS 报警灯异常	□ 总亮	□ 不亮	
	TRC 指示灯	□ 正常	□ 不亮	
诊断码检查	第一次	□ 正常码	□ 故障码(故障码号)	
	第二次	□ 正常码	□ 故障码(故障码号)	

2. 初步检查

初步检查是对可能造成 ABS/ASR 系统故障的基本原因进行检查。ABS/ASR 系统的很多故障并非是因零件损坏造成的,而常常是因为操作失误等简单原因造成的。比如对于四轮驱动汽车,当分动器在 L 位置(差速器锁止)时,防抱死制动系统不工作,同时报警灯闪亮。此时若进行初步检查,就可以很快排除故障,收到事半功倍的效果。

初步检查的内容一般有:

(1)检查制动液液面高度是否在规定范围内,检查制动液储存器和制动主缸有无泄漏现象,检查真空助力装置的工作状态。

(2)检查手刹车(驻车制动器)是否完全松开。

(3)检查电子控制系统各导线插接器的连接是否良好。主要检查轮速传感器、电动泵、制动压力调节器、控制继电器(电磁阀继电器和电动泵继电器)、制动液液面报警开关的插接器。

(4)检查蓄电池的容电量及蓄电池正负极桩导线的连接情况。当蓄电池容电量不足时,会影响 ABS/ASR 系统的正常工作。

(5)检查各继电器、保险丝是否正常,插座是否插接牢固。

(6)检查 ABS/ASR 系统中电控单元、制动压力调节器等装置的搭铁端接触是否可靠。

(7)检查车轮轮胎面的纹槽深度是否符合规定。

3. 故障自诊断

按规定步骤提取故障码,并记录下来,然后清除故障码。

4. 验证故障征兆

重新操作汽车,验证故障是否存在。若故障仍然存在,则继续进行下面的检查。若故障不存在,则按提取的故障码所指示的电路进行故障征兆模拟试验,以确认故障是否真的不存在。

5. 再次进行故障自诊断

按规定步骤提取故障码。如果输出故障码,则按故障码指示的部位进行检修;如果输出正常代码,则采用故障表诊断法(故障征兆检查表)等进行检查。

6. 修理

当确定了具体故障部位后,便可进行修理,以排除故障。零部件(大多数)损坏后,一般主张更换新件。

7. 验证试验

修理完毕后,不仅要证实确已排除了故障,还要进行路试,以证明系统工作正常。对有 ASR 系统的汽车,还需要检查防滑转调节系统。

6.3.2 防抱死制动系统和驱动轮防滑转调节系统的故障自诊断

1. 丰田轿车 ABS 的故障自诊断

(1)检查指示灯

将点火开关转至 ON 位,检查仪表板上的 ABS 报警灯。正常情况下,ABS 报警灯应亮 3 s。如果 ABS 报警灯不正常,则按组合仪表故障进行检查和排除。

(2)故障自诊断

将故障诊断仪连接到诊断接口,打开点火开关,进入诊断系统,即可读取故障码。

2. 丰田轿车 TRC 系统的故障自诊断

(1)检查指示灯

当点火开关旋转到 ON 位时,TRC 指示灯或 TRC OFF 指示灯应亮 3 s,否则,应对组合仪表进行检查。

(2)故障自诊断

将故障诊断仪连接到诊断接口,打开点火开关,进入诊断系统,即可读取故障码。

6.3.3 防抱死制动系统和驱动轮防滑转调节系统的故障征兆检查

借助于各汽车生产厂家在维修手册中给定的故障征兆检查表进行故障诊断的方法称作故障表诊断法。故障征兆检查表列出了各种常见故障现象以及引起故障的各种可能原因。

1. 丰田轿车 ABS 故障征兆检查

丰田轿车 ABS 故障征兆检查见表 6-2。

表 6-2　　　　　　　　　丰田轿车 ABS 故障征兆检查

故障征兆	检测部位
ABS 不工作	①检查故障码,再次确认输出的是正常码; ②IG 电源电路; ③轮速传感器电路; ④用检测仪检测 ABS 执行器。如果不正常,则检查液压系统是否漏油。 如果步骤①～④均正常而故障依然存在,则更换 ABS(带 TRC)ECU
ABS 功能减弱	①检查故障码,再次确认输出的是正常码; ②轮速传感器电路; ③停车灯开关电路; ④用检测仪检测 ABS 执行器。如果不正常,则检查液压系统是否漏油。 如果步骤①～④均正常而故障依然存在,则更换 ABS(带 TRC)ECU
ABS 报警灯故障	①ABS 报警灯电路; ②ABS(和 TRC)ECU
不能进行故障码检查	①ABS 报警灯电路; ②TC 针脚电路; ③ABS(和 TRC)ECU
不能进行传感器检查	①TS 针脚电路; ②停车灯开关电路; ③驻车制动开关电路; ④传感器检查电路; ⑤ABS(和 TRC)ECU

2. 丰田轿车 TRC 系统故障征兆检查

丰田轿车 TRC 系统故障征兆检查见表 6-3。

表 6-3　　　　　　　　　丰田轿车 TRC 系统故障征兆检查

故障征兆	检测部位
TRC 不运作	①检查故障码,再次确认输出的是正常码; ②IG 电源电路; ③检查液压管路是否泄漏; ④轮速传感器电路。 　只有当每个故障征兆相应的电路的检查结果为正常,而故障仍然存在时,才应更换 ABS(和 TRC)的 ECU
SLIP 指示灯不正常	SLIP(打滑)指示灯电路
TRC OFF 指示灯不正常	①TRC OFF 指示灯电路; ②TRC 关断开关电路。 　只有当每个故障征兆相应的电路的检查结果为正常,而故障仍然存在时,才应更换 ABS(和 TRC)的 ECU
不能进行故障校核	①TRC OFF 指示灯电路; ②TC 针脚电路。 　只有当每个故障征兆相应的电路的检查结果为正常,而故障仍然存在时,才应更换 ABS(和 TRC)的 ECU

案例引入

一辆丰田轿车，启动车后，仪表板上的 TRC 指示灯常亮。

本故障为典型的 TRC 系统故障。如何进行故障诊断？排除本故障需要哪些知识？对本故障进行诊断时应进行哪些检查项目？检查时应注意什么？

案例分析

要对本故障进行故障诊断，必须了解驱动轮防滑转调节系统的组成和工作原理，掌握丰田轿车 ABS/TRC 系统的工作电路，能够对丰田轿车 ABS/TRC 系统各部件进行检查，能够对防抱死制动系统和驱动轮防滑转调节系统进行故障自诊断。

案例实施

【故障诊断与排除】用故障诊断仪进行故障自诊断，显示如下故障信息：

①步进电动机不能达到 ECU 指示的位置。

②当 ECU 驱动节气门到全关位置时，副节气门仍然静止。

TRC 系统存储故障码，说明 TRC 系统已侦测到副节气门传感器或其线路故障。经检查发现，副节气门传感器是崭新的，拆下副节气门传感器线束护套，发现靠近插头部位的电线已断开，电线断头处露出崭新的铜丝，断头呈簇状。可能是在以前维修中用万用表表笔刺破电线进行测量，导致该处电线强度降低，随着发动机运转时的抖动，发生疲劳损伤而折断。因此，焊好副节气门传感器插头线路，插上插头，接通点火开关，对传感器及其线路数值进行测量：

①端子 1：棕色，传感器搭铁线，对地 0 V，正常。

②端子 2：红—黑色，怠速开关信号线。怠速开关接通时，0 V；怠速开关断开时，5 V，正常。

③端子 3：黄—黑色，副节气门位置信号线。副节气门在全闭位置时，0.6 V；副节气门转到全开位置时，3.7 V，正常。

④端子 4：蓝—红色，传感器电源线，测量值，5 V，正常。

测量结果显示：副节气门传感器及其线路均正常，电压信号值也正常。

关闭点火开关至 OFF 位置，等待 20 s，然后重新打开 TRC 指示灯，亮 6 s 然后自动熄灭，说明 TRC 系统故障已修复。

小　结

　　驱动轮防滑转调节系统的作用是在汽车驱动过程中,特别是在起步、加速和转弯过程中,防止驱动轮滑转,使汽车快速、平稳地起步和加速。所谓驱动轮滑转,就是指汽车在起步时,驱动轮不停地转动,但汽车却原地不动,或者在加速时,汽车车速不能随驱动轮转速的提高而提高。驱动轮滑转的根本原因是汽车的驱动力大于地面的附着力。

　　一般地,用滑移率来表示汽车制动时车轮滑移的程度,用滑转率来表示驱动轮的滑转程度。汽车的滑转率直接影响汽车驱动时的纵向、横向附着系数。要想使汽车在驱动时获得较大的驱动力,充分利用发动机输出的转矩,应当将驱动轮滑转率控制在20%左右。

　　驱动轮防滑转的控制方法有:对发动机的输出转矩进行控制;对驱动轮进行制动;对差速器进行锁止。

　　驱动轮防滑转调节系统是控制车轮滑转率的装置,主要由轮速传感器、电控单元、驱动轮防滑转调节系统执行器、ASR警示灯、ASR关闭指示灯等组成。

　　防抱死制动系统和驱动轮防滑转调节系统的故障诊断程序为:用户问题分析、初步检查、故障自诊断、验证故障征兆、再次进行故障自诊断、修理。

拓展阅读

◆ 付百学.汽车底盘电控技术[M].北京:机械工业出版社,2016.
◆ 程飞.实施汽车 ABS/ASR 维修[M].北京:机械工业出版社,2010.

模块6

模块 7

车身稳定性控制系统

学习目标

1. 了解车身稳定性控制系统的作用。
2. 了解车身稳定性控制系统主要组件的结构。
3. 了解车身稳定性的控制原理。
4. 了解 ABS、EBD 系统、EBA 系统、ASR 系统和 VSC 系统的特点。
5. 了解车辆动态综合管理系统的功能和控制原理。

7.1 车身稳定性控制系统的结构与工作原理

车身稳定性控制系统(Vehicle Stability Control System，VSC系统)又称车身动态稳定性控制系统(Dynamic Stability Control System，DSC系统)，因为车身稳定性控制系统主要是在防抱死制动系统和驱动轮防滑转调节系统的基础上，增设控制程序和个别传感器，所以又称为电子控制稳定性程序(Electronically Controlled Stability Program，ESP)。车型不同，其缩写也有所不同，沃尔沃称其为DSTC，宝马称其为DSC，丰田称其为VSC，其原理和作用基本相同。

车身稳定性控制系统的作用是：当汽车在湿滑的路面上行驶，其前轮或后轮发生侧滑时，自动调节各车轮的驱动力和制动力，确保车辆稳定行驶。VSC系统是在ABS和ASR系统的基础上拓展而来的主动安全控制系统，整合了ABS和ASR系统的功能，并大大拓展了其功能范围。

如图7-1所示，当汽车在湿滑的路面上行驶时，如果前轮受到侧向力的作用而发生侧滑，就会失去路径跟踪能力(又称为循迹能力)而偏离行驶轨迹，出现转向不足；如果后轮受到侧向力的作用而发生侧滑，就会发生侧滑甩尾而失去稳定性，出现转向过度。VSC系统能自动采取措施，减少在各种场合下发生侧滑的危险。通过有针对性地单独制动各个车轮，在紧急躲避障碍物或转弯出现转向不足或转向过度时，使车辆避免偏离原行驶轨迹。VSC系统可减轻驾驶员的劳累程度，使汽车容易控制，减少了交通事故。

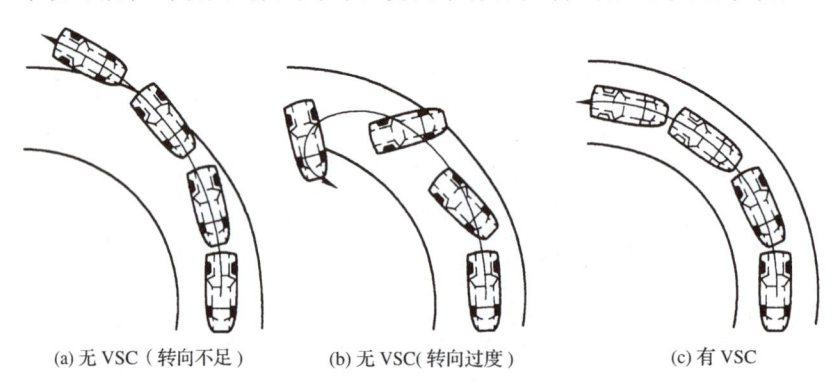

(a) 无VSC（转向不足）   (b) 无VSC（转向过度）   (c) 有VSC

图7-1 车辆稳定性控制系统的作用

7.1.1 车身稳定性控制系统的组成

车身稳定性控制系统由传感器、电控单元和执行器三部分组成。图7-2所示为BOSCH ESP的组成。BOSCH ESP各主要组件在车上的位置如图7-3所示。

BOSCH ESP传感器主要有ESP/ASR控制键、制动灯开关、制动踏板开关、轮速传感器、转向角传感器、横向加速度传感器、制动压力传感器、偏转率传感器、附加信号(来自发动机管理系统、变速器管理系

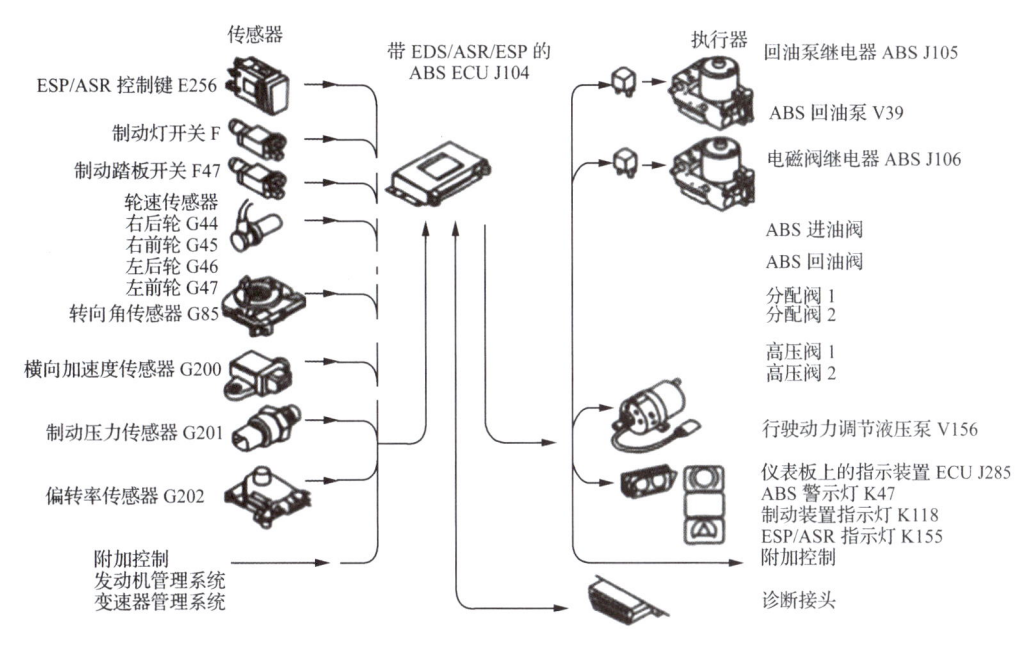

图 7-2　BOSCH ESP 的组成

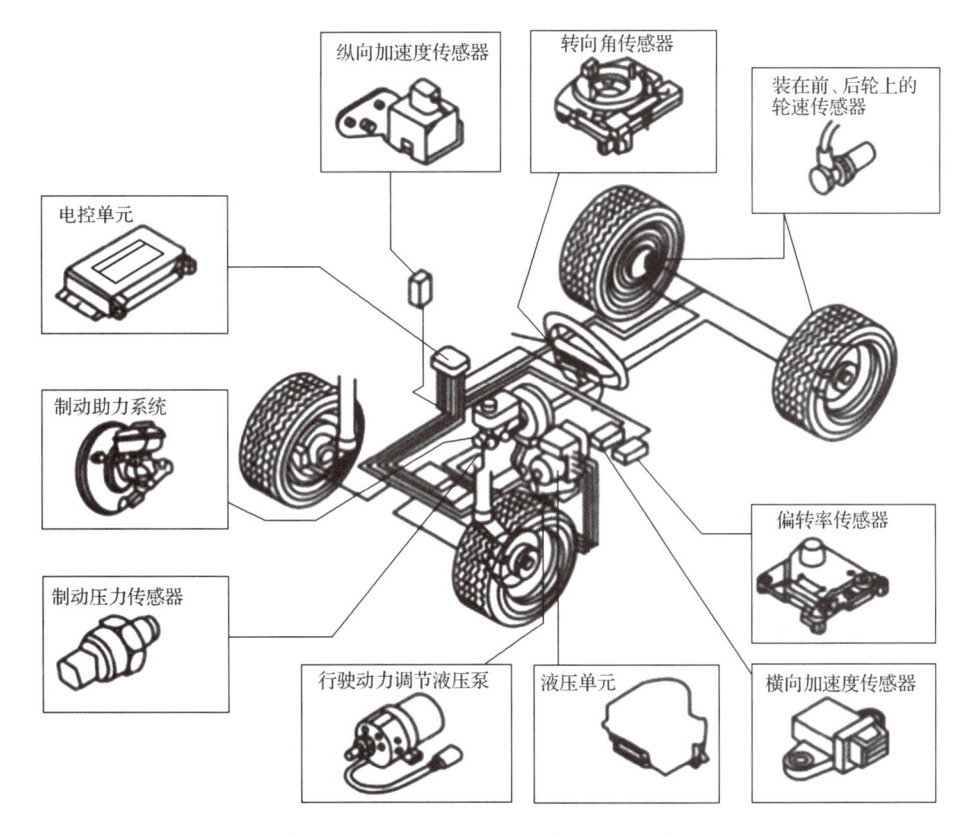

图 7-3　BOSCH ESP 主要组部件在车上的位置

统）。其中转向角传感器、横向加速度传感器、制动压力传感器、偏转率传感器、ESP/ASR

控制键为 BOSCH ESP 新增设的传感器,其他传感器及信号都与 ABS 和 ASR 系统共用。

BOSCH ESP ECU 与 ABS、ASR、EDS 共用,称为 ABS/ASR/ESP/EDS ECU。该 ECU 功能更强大,有更强的运算能力,增加了相应的信号处理电路、驱动放大电路和软件程序。

BOSCH ESP 的执行部件主要有回油泵继电器、ABS 回油泵、电磁阀继电器、ABS 进油阀、ABS 回油阀、分配阀、高压阀、行驶动力调节液压泵、仪表板上的指示装置 ECU、ABS 警示灯、制动装置指示灯、ESP/ASR 指示灯、附加控制(发动机管理系统、变速器管理系统、导航管理系统)、诊断接头等。其中,分配阀、高压阀、行驶动力调节液压泵、ESP/ASR 指示灯为 BOSCH ESP 新增设的执行部件,其他部件均与 ABS、ASR 系统共用,用于自动调节各车轮的驱动力和制动力,确保车辆稳定行驶。

7.1.2 车身稳定性控制系统主要组件的结构

BOSCH ESP 在 ABS/EDS/ASR 系统基础上新增设的传感器有转向角传感器、横向加速度传感器、制动压力传感器、偏转率传感器、ESP/ASR 控制键。

1. 转向角传感器

转向角传感器安装在转向柱开关和转向盘之间的转向柱上,滑环式复位环(安全气囊用)和转向角传感器构成一个整体并装在传感器的下面,如图 7-4 所示。转向角传感器的作用是将转向盘转动的角度转变成电信号传送给带 ECU,用于判断驾驶员操作转向盘的转向意图(向左转弯还是向右转弯)以及转向的角度。转向角传感器测量范围为 ±720°(转向盘转 4 圈),分辨率可以达到 1.5°。当 ECU 接收不到转向角传感器信号时,ECU 无法判断汽车的行驶方向,ESP 失效。

转向角传感器采用光电测量原理,主要由光源、编码盘、光敏晶体管和旋转计数器组成,如图 7-5 所示。编码盘安装在转向柱上,随转向盘转动;编码盘由两个具有不同宽度开口的圆环组成,分别称为增量板和绝对位置板。增量板具有均匀的开口,用来记录增量数;绝对位置板排列着不均匀的开口,用来确定转动的起点,具有定位功能。将两者所获得的脉冲信号加以比较就可以确定出转向盘的起始位置,并计算出转向盘转动角度、转动方向。

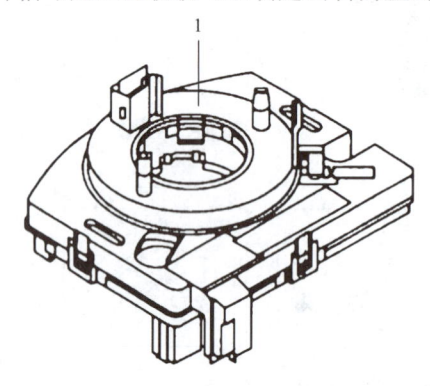

图 7-4 转向角传感器 G85 的安装位置
1—驾驶员侧安全气囊的滑环式复位环

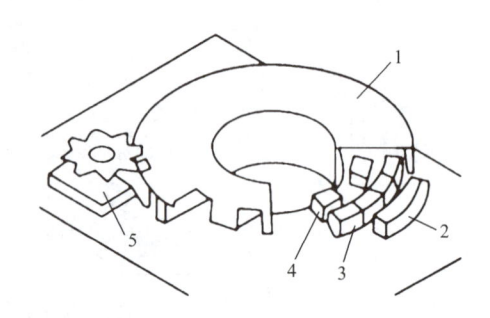

图 7-5 转向角传感器 G85 的结构
1—编码盘;2、4—光敏晶体管;3—光源;5—旋转计数器

为说明问题，简化结构，将带孔的增量板和绝对位置板平行放置，在增量板和绝对位置板之间设有旋转光源，此外还有光敏晶体管，如图 7-6（a）所示。

若光源通过缝隙照到光敏晶体管上，则会产生一个信号电压；若光源被遮挡住，则无信号电压。移动增量板和绝对位置板，会在光敏晶体管 4 和光敏晶体管 5 上产生两种不同的信号电压。因为增量板上的孔排列均匀，所以增量板侧光敏晶体管输出的信号是均匀的。因为绝对位置板上的孔排列不均匀，所以绝对位置板侧光敏晶体管输出的信号不均匀。比较这两种信号，系统就能计算出带孔模板移动的距离。移动的起始位置由绝对位置板决定，如图 7-6（b）所示。转动方向盘时，转向角传感器按照此原理工作，所不同的是增量板和绝对位置板为两个圆环，如图 7-6（c）所示。

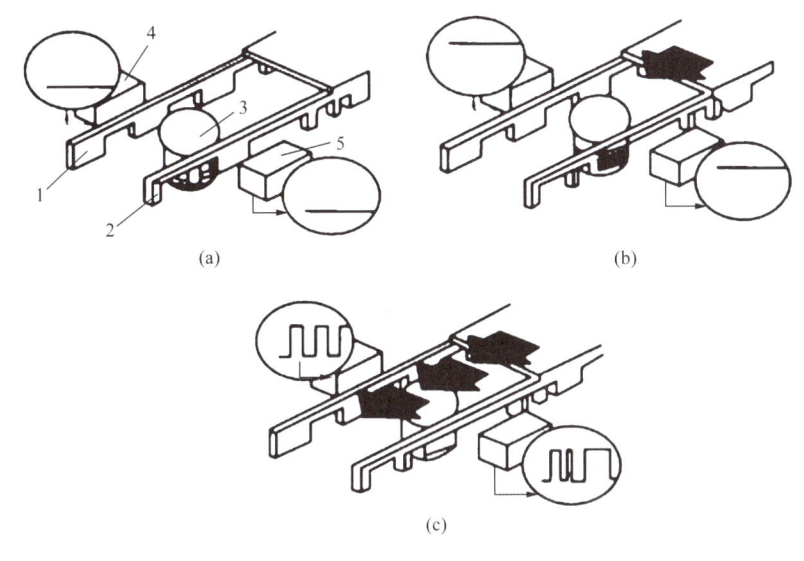

图 7-6　转向角传感器 G85 的工作原理
1—增量板；2—绝对位置板；3—光源；4，5—光敏晶体管

转向角传感器是 ESP 中唯一将数据直接通过 CAN 总线传递给 ECU 的传感器。接通点火开关后将方向盘转动 4.5°（相当于转过 15 mm），转向角传感器即完成初始化。

故障自诊断系统能诊断出转向角传感器没有接通、安装不当、机械故障、传感器失灵、不真实信号等故障。更换 ECU 或转向角传感器后，必须将其再调整到零位。

2.横向加速度传感器

横向加速度传感器（图 7-7）简称加速度传感器或 G 传感器，安装在汽车重心前方、前轴上部中央位置的地板下面。横向加速度传感器的作用是检测前轴的横向加速度（车辆是否有偏离预定方向的侧向力及侧向力大小），ECU 据此判断车身状态以及前轮是否产生侧滑。当 ECU 接收不到横向加速度信号时，ECU 无法计算出车辆的实际状态，ESP 失效。

横向加速度传感器由霍尔传感器、永久磁铁、减震板和弹簧组成，如图 7-8 所示。永久磁铁、弹簧、减震板构成电磁系统，永久磁铁和弹簧紧密连接，并能在减震板上来回摆动。

如果汽车行驶中产生侧滑，就会有横向加速度作用到横向加速度传感器上，由于惯性，永久磁铁会滞后一段时间才会随之运动，即刚开始时，永久磁铁保持静止，而减震板跟着横向加速度传感器机体和整个车辆一起运动，如图 7-9（a）所示。通过相对移动，在减震板上产生电子涡流，形成了一个与永久磁铁相反的磁场，从而减小了总磁场的强度，引起霍尔电压的变化。该变化与横向加速度的大小成比例,如图 7-9(b)所示。减震板和永久磁铁间摆动越大,磁场强度就越弱,霍尔电压变化越明显。没有横向加速度时,霍尔电压是一个常数,如图 7-9(c)所示。

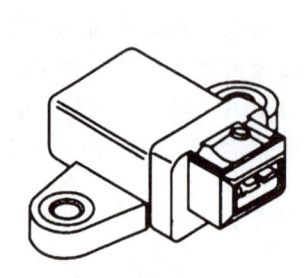

图 7-7 横向加速度传感器 G200 的外形

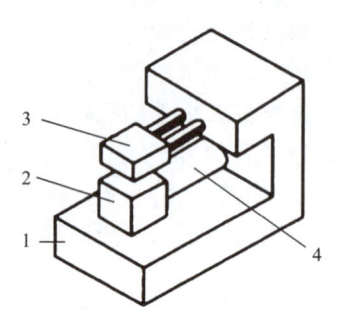

图 7-8 横向加速度传感器 G200 的结构
1—减震板;2—永久磁铁;3—霍尔传感器;4—弹簧

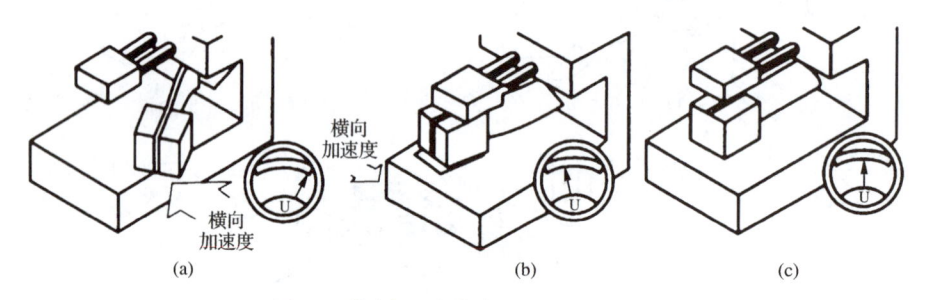

图 7-9 横向加速度传感器 G200 的工作原理

如图 7-10 所示,横向加速度传感器通过三根电线与电子控制单元 J104 连接:一根为 5 V 电源线,一根为信号线,另一根为搭铁线。

在系统自诊断时,ECU 首先确定是否有线路断路故障或正极与外壳的短路故障,然后再确定传感器是否失效。

3. 偏转率传感器

偏转率传感器又称为偏航率传感器或横摆率传感器,安装在汽车行李舱内、后轴上部中央位置,并与汽车车身中心垂直轴线平行,用于检测后轴绕车身中心垂直轴线旋转的角速度(偏转率或横摆率)信号,如图 7-11 所示。偏转率传感器是反映后轮是否产生侧滑的关键部件。当偏转率传感器传感器有信号输入 VSC ECU 时,说明后轮有侧滑现象。如果后轮向右侧滑时的偏转率传感器信号为正,则偏转率传感器信号为负时表示后轮向左侧滑。

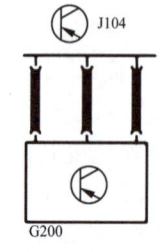

图 7-10 横向加速度传感器 G200 的工作电路

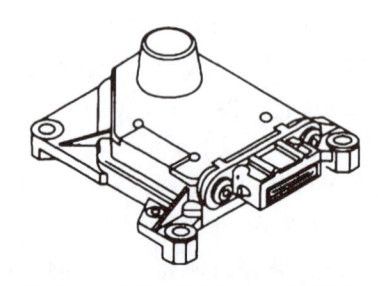

图 7-11 偏转率传感器 G202 的外形

如图 7-12 所示,偏转率传感器的基本元件是一个金属空心圆柱,其表面设有 4 对 8 个压电元件,其中 4 个压电元件用于激振,使空心圆柱处于谐振状态,另外 4 个压电元件用于测量所在空心圆柱的振荡波节是否改变。当有转矩作用在这个空心圆柱上时,振荡波节就完全改变。压电元件检测出振荡波节在移动,并将电压信号输送给 ECU。ECU 根据此电压信号计算出车辆的偏转率。

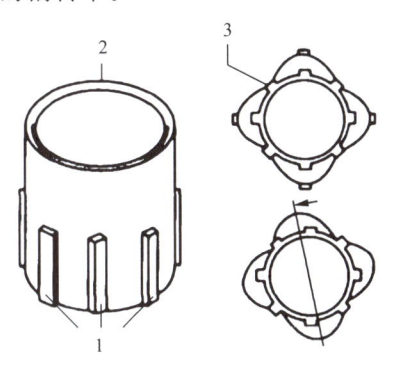

图 7-12　偏转率传感器 G202 的结构
1—压电元件；2—空心圆柱；3—振荡波节

4.制动压力传感器

制动压力传感器安装在 VSC 液压调节器的上部,用于检测制动主缸内制动液的压力,判断驾驶员的制动意图,ECU 根据制动压力大小向液压调节器的电磁阀发出不同占空比的控制脉冲,以便控制车轮制动力的大小。当 ECU 接收不到反映实际制动力大小的制动压力传感器输送的信号时,系统无法进行控制,ESP 失效。

制动压力传感器的核心部件是一个会受到制动液作用的压电元件和一个传感器电子元件,如图 7-13 所示。

如果制动液挤压压电元件,压电元件上的电荷分布就会变化。未受到制动液的压力时,正、负电荷分布是均匀的,压电元件两侧没有电压；一旦受

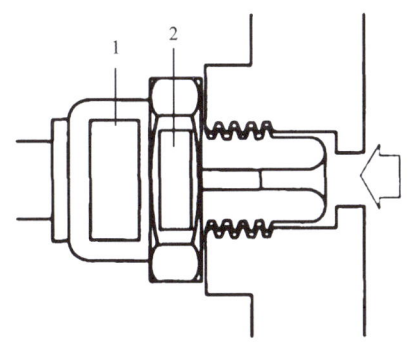

图 7-13　制动压力传感器 G201 的结构
1—传感器电子元件；2—压电元件

到压力,压电元件两侧受到挤压,正、负电荷分别向两侧移动,压电元件两侧产生电压,如图 7-14 所示。压力越大,正、负电荷向两侧移动的数量越多,产生的电压越大。ECU 根据此电压信号确定制动压力。

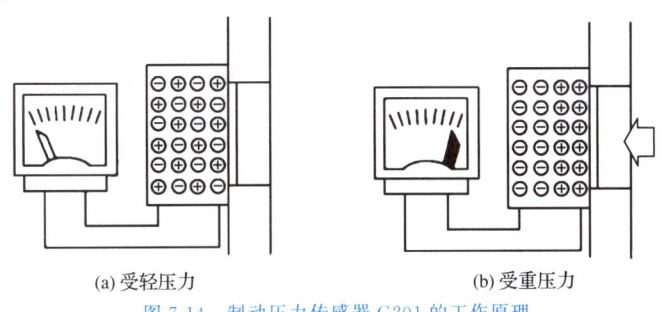

(a) 受轻压力　　　　　　(b) 受重压力
图 7-14　制动压力传感器 G201 的工作原理

在系统自诊断时，自诊断系统能诊断出制动压力传感器及其电路断路或正极接头和外壳处短路等故障。

5. ESP/ASR 控制键

一般，ESP/ASR 控制键均安装在仪表板区域内，其外形如图 7-15 所示。

ESP/ASR 控制键的功能是使驾驶员能够取消 ESP 功能。踩制动踏板或再次按下该控制键都能再次接通 ESP 功能。如果忘记接通 ESP，则发动机再次启动时，ESP 又会重新工作。以下三种情况应取消 ESP 功能：

(1) 车辆要从深雪或疏松的路面驶出时。
(2) 车辆带防滑链条行驶时。
(3) 在功率试验台上开动车辆时。

ESP 工作时或车辆以某一速度行驶时，不能取消 ESP 功能。

当 ESP/ASR 控制键失灵时，ESP 不能再关闭，仪表板上的 ESP/ASR 指示灯会闪烁，表示 ESP 发生故障。

ESP/ASR 控制键的电路比较简单，是一个开关，如图 7-16 所示。

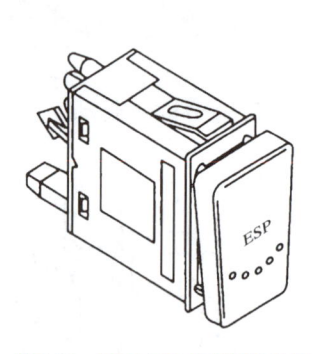

图 7-15　ESP/ASR 控制键的外形 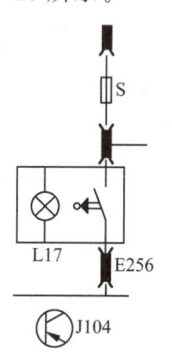　　　图 7-16　ESP/ASR 控制键的电路

6. 轮速传感器

轮速传感器安装在每个车轮上，用于检测车轮旋转的角速度，ECU 根据此信号计算车轮滑移率和滑转率并采取相应的控制措施。

7.1.3　车身稳定性控制系统 ECU

BOSCH 公司生产的带 EDS/ESP/ASR 的 ABS ECU(ABS/ASR/ESP/EDS ECU)与液压调节单元是分开的，安装在右侧放脚空间的前部，其外形如图 7-17 所示。

ABS/ASR/ESP/EDS ECU 里面装有一台高速微型计算机。由于要求系统故障率低，因此系统由两个计算单元、一个自用的电压监视装置和一个诊断接口组成。两个计算单元共用同一软件进行数据处理，并互相监督，这种双配置的系统称为主动冗余系统。

ABS/ASR/ESP/EDS ECU 的正极接在仪表板的电源线路上，以获得电源电压，如图 7-18 所示。

当 ECU 出现故障时(这种情况很少发生)，ABS、ASR 和 ESP 功能失效，但驾驶员仍可以正常使用不带 ABS、ASR 和 ESP 功能的普通制动系统进行制动。

故障自诊断可以识别 ECU 失灵和电压供给方面的故障,并通过故障指示灯报警。

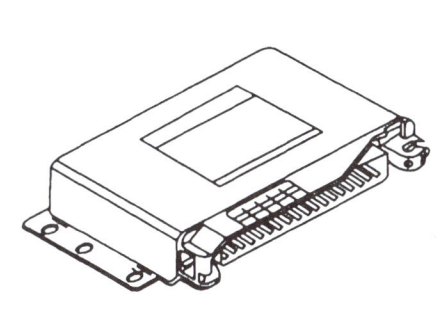

图 7-17　ECU J104 的外形 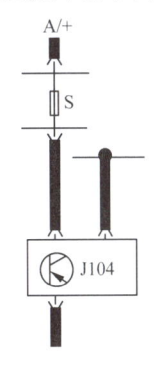　　　　图 7-18　ECU J104 的电路

7.1.4　车身稳定性控制系统主要执行器的结构

BOSCH ESP 在 ABS/EDS/ASR 系统基础上新增设的执行器有分配阀、高压阀、行驶动力调节液压泵、ESP/ASR 指示灯。其中分配阀、高压阀和 EDS/ASR/ABS 液压调节单元制作成一体,形成一个整体式调节单元。

1.行驶动力调节液压泵

行驶动力调节液压泵安装在发动机舱的液压调节单元下面,和液压调节单元共用一个支座,其外形如图 7-19 所示。

行驶动力调节液压泵的作用是在给制动踏板较小压力或没有压力时向制动管路中提供初始压力,以满足车身稳定性控制时车轮制动的需要。

在车身稳定性控制时,如果驾驶员向制动踏板施加了巨大压力,ABS 调节所需制动液量很小,ABS 回油泵就能满足此需求。但是,如果驾驶员向制动踏板施加较小压力或没有施加压力时,ABS 回油泵提供的制动液不能满足 ABS 调节所需的大量制动液,尤其是低温时制动油黏度太高,ABS 回油泵提供的制动液更不能满足 ABS 调节需求,因此需要在 ESP 装置上附设一个液压泵,这个液压泵就是行驶动力调节液压泵。行驶动力调节液压泵给 ABS 回油泵吸入端提供一定压力的制动液,该压力在经过主缸上的节流阀时受到限制。

行驶动力调节液压泵的两根导线都连接在 ECU 上,一根为电源线,另一根为搭铁线,如图 7-20 所示。

当行驶动力调节液压泵发生故障时,ESP 功能无法实现,但 ABS、EDS 和 ASR 的功能不会受影响。

故障自诊断系统能够诊断行驶动力调节液压泵的电路断路及正极与外壳的短路故障。需要注意的是,行驶动力调节液压泵不能修理,只能整体更换;新的行驶动力液压泵里装满了制动液,不要提前打开塞子;没装满制动液的行驶动力调节液压泵不能使用。

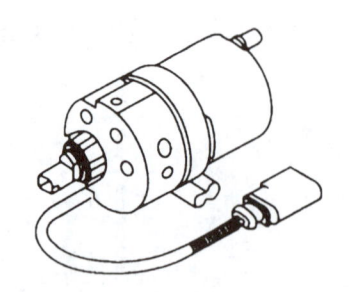

图 7-19　行驶动力调节液压泵 V156 的外形 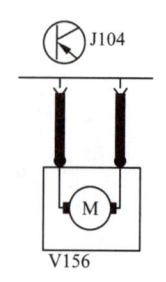　　图 7-20　行驶动力调节液压泵 V156 的工作电路

2. 液压调节单元

一般地,液压调节单元为 ABS、ASR、ESP 所共用。当汽车制动导致车轮发生滑移时,液压调节单元执行 ABS 功能;当车轮发生滑转时,液压调节单元执行 ASR 功能;当车身发生侧滑时,液压调节单元执行 ESP 功能。ABS、ASR 和 ESP 功能都是通过自动调节各车轮的制动力实现的。

液压调节单元主要由蓄压器、储液器、回液泵、回液泵电动机、选择电磁阀和控制电磁阀等组成,其结构原理与前述同类装置大同小异。选择电磁阀在 ESP、ASR 或 ABS 工作时,接通或关闭制动主缸与控制电磁阀之间的液压管路。控制电磁阀在 ESP、ASR 或 ABS 工作时,升高、保持或降低每个车轮制动轮缸的制动液压,调节每个车轮的制动力或驱动力,从而实现 ABS、ASR 和 ESP 功能。

(1) 液压调节单元的结构

液压调节单元安装在发动机舱的支架上。在机舱内具体位置不尽相同,如在帕萨特轿车上液压调节单元安装在驾驶座一侧,靠近减震板。

EDS/ESP/ASR/ABS 液压调节单元与两个呈对角线排列的制动管路相连接,并在 ABS 的基础上,每个制动管路上都加装了分配阀和高压阀。

如图 7-21 所示,液压调节单元中有 12 个电磁阀和 1 个液压泵,其中 8 个电磁阀是 ABS 的进油阀和回油阀,用于控制 4 个车轮制动轮缸压力;另外 4 个电磁阀是 ESP 的 2 个分配阀和 2 个高压阀,2 个呈对角线排列的制动管路上分别布置有 1 个分配阀和 1 个高压阀,用于控制车身稳定性。从图 7-21 中可以看出,所有电磁阀共用同一根 12 V 电源线,ECU(J104)控制各个电磁阀搭铁回路。如果电磁阀发生故障,则整个系统停止工作。

(2) 液压调节单元的工作原理

图 7-22 所示为液压调节单元的工作原理。ESP 不工作时,高压阀 N227 关闭,分配阀 N225 打开,ABS 进油阀、ABS 回油阀、ABS 回油泵正常工作,可以在 ABS 工作时实现车轮制动缸的增压、保压、减压控制。ESP 工作时,ESP ECU 控制分配阀 N225、高压阀 N227、行驶动力调节液压泵、ABS 进油阀、ABS 回油阀、ABS 回油泵按如下程序工作,实现对车轮轮缸液压的增压、保压、减压控制。

① 增压。当 ESP 起作用时,ESP ECU 控制高压阀 N227 打开,分配阀 N225 关闭,ABS 进油阀打开,ABS 回油阀关闭,行驶动力调节液压泵和 ABS 回油泵开始工作。行驶

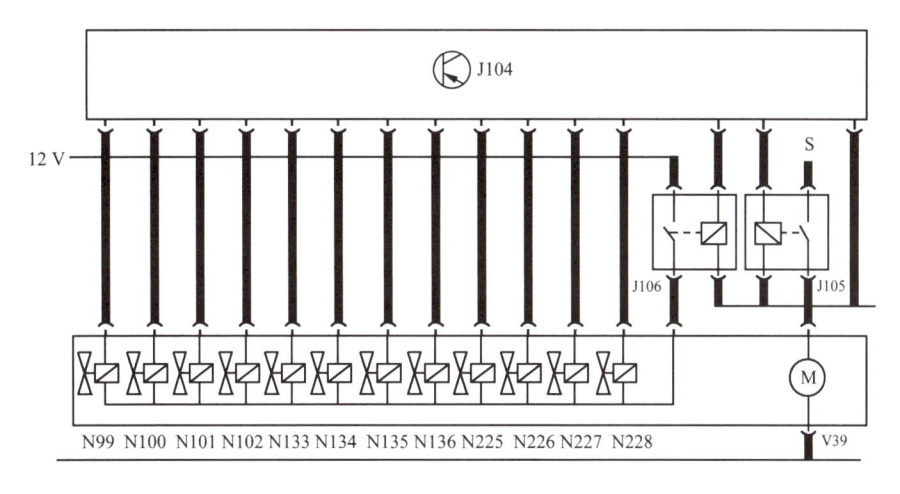

图 7-21 液压调节单元电路

动力调节液压泵将储油罐中的制动液以一定压力输送到制动管路中,经高压阀 N227 输送至 ABS 回油泵,ABS 回油泵进一步加压后,经 ABS 进油阀流入车轮制动缸,使车轮制动缸压力增大,系统处于增压状态,如图 7-23 所示。

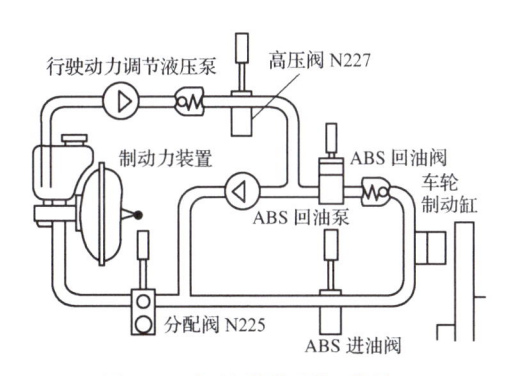

图 7-22 液压调节单元的工作原理

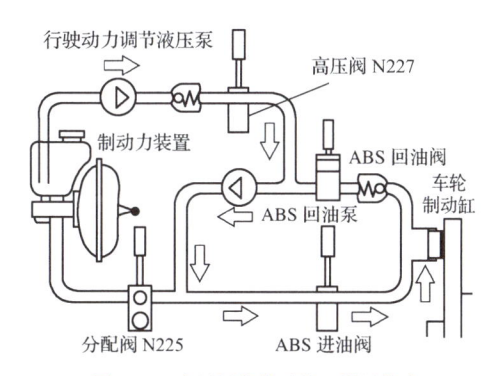

图 7-23 液压调节单元处于增压状态

②保压。在保压阶段,ESP ECU 控制高压阀 N227 关闭,ABS 回油泵停止工作,ABS 进油阀关闭,其他执行器的工作状态同增压阶段。即 ESP 的分配阀 N225、高压阀 N227 均关闭,ABS 回油泵停止工作,ABS 进油阀、ABS 回油阀均关闭,这样车轮制动缸中制动液处于封闭状态,车轮制动缸中压力保持不变,系统处于保压状态,如图 7-24 所示。

③减压。在减压阶段,ESP ECU 控制分配阀 N225 打开,ABS 回油阀打开,ABS 回油泵工作,其他执行器的工作状态同保压阶段。即 ESP 的分配阀 N225 打开、高压阀 N227 关闭,ABS 回油泵工作,ABS 进油阀关闭、ABS 回油阀打开,车轮制动缸中的制动液经 ABS 回油阀、ABS 回油泵、分配阀 N225 流回制动主缸的储油罐中,车轮制动缸中压力减小,系统处于减压状态,如图 7-25 所示。

故障自诊断系统能够检测分配阀 N225、N226 及高压阀 N227、N228 在正极和外壳处有没有电路断路和短路现象。

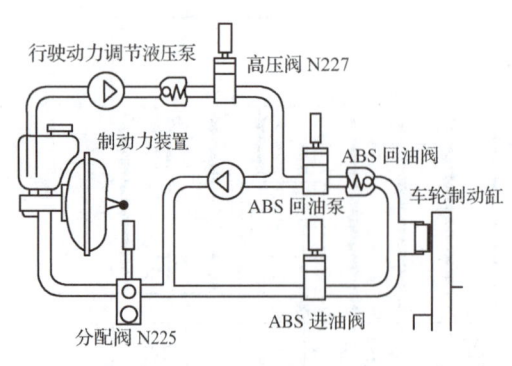

图 7-24　液压调节单元处于保压状态 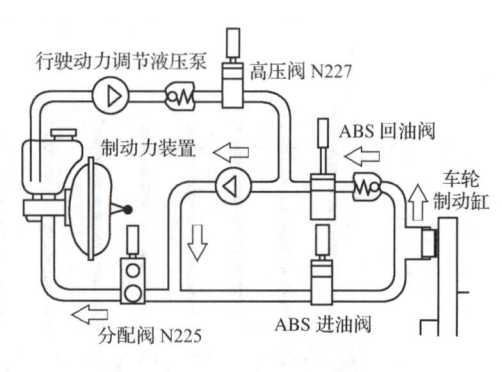　　　　　图 7-25　液压调节单元处于减压状态

3. 节气门执行器

节气门执行器就是指发动机输出转矩调节装置，一般采用步进电动机与扇形齿轮配合对发动机副节气门的位置进行控制。节气门执行器为 ESP 和 ASR 所共用。

当汽车在行驶中出现前轮侧滑或后轮甩尾时，ESP ECU 向发动机输出转矩调节装置（副节气门位置控制步进电动机）发出控制指令，使副节气门开度减小（副节气门在 ASR 系统、VSC 系统不起作用时处于全开状态），减少发动机的进气量，使发动机的输出转矩减小，降低汽车行驶速度。

7.1.5　车身稳定性的控制原理

1. 车身稳定性基本原理

VSC 系统抑制车轮侧滑的原理是：利用左、右两侧车轮制动力之差产生的横摆力矩，使车身产生一个与侧滑相反的旋转运动，从而防止前轮侧滑失去路径跟踪能力以及防止后轮侧滑甩尾失去行驶稳定性。

汽车前轮侧滑会失去路径跟踪能力（循迹能力），后轮侧滑会发生甩尾现象。车身稳定性控制主要是指侧滑控制，控制内容包括两方面：一是抑制前轮侧滑，保持汽车的路径跟踪能力；二是抑制后轮侧滑，防止车身出现甩尾现象，确保车辆稳定行驶。

如图 7-26 所示，在汽车行驶中，ESP 各传感器不断向 ESP ECU 输送反映驾驶员操作的信息和车辆行驶状态的信息。轮速传感器不断向 ESP ECU 提供每个车轮的转速数据，转向角传感器将转向盘转角信号输送给 ESP ECU，ESP ECU 根据这两个传感信号计算车辆的目标转向和目标行驶状态，估计驾驶员期望的行车状态。横向加速度传感器向 ESP ECU 传送车辆在实际行驶中的侧向偏转信息，偏转率传感器传送车辆在实际行驶中的离心趋势，ESP ECU 根据这两个传感信号计算车辆实际行驶状态。

ESP ECU 根据汽车行驶状态的目标值和实际值之间的偏差，判断汽车是处于转向不足还是转向过度。转向不足的直接原因是前轮侧滑（比如转弯时车辆离心力或惯性力大于前轮与地面之间的附着力），转向过度的直接原因是后轮侧滑引起甩尾（比如转弯时车辆离心力或惯性力大于后轮与地面之间的附着力）。转向不足则产生向理想轨迹曲线外侧的偏离倾向,转向过度则产生向理想轨迹曲线内侧的偏离倾向,如图 7-27 所示。

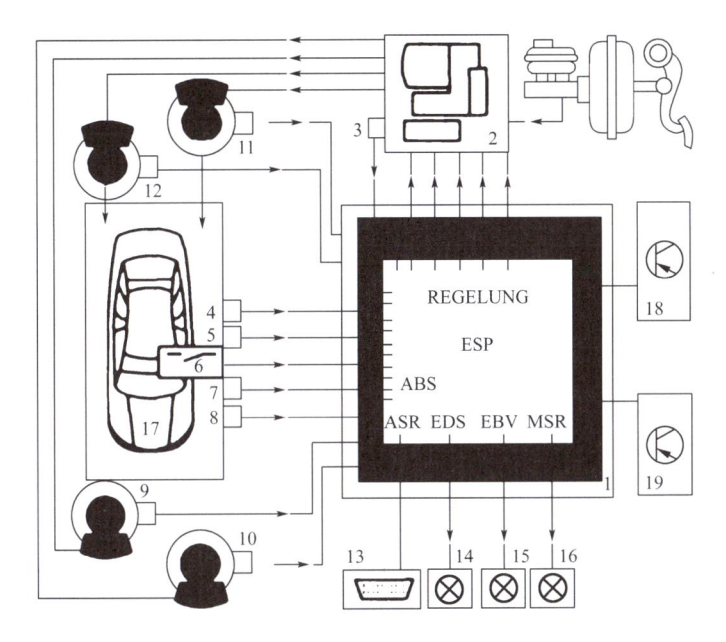

图 7-26 BOSCH ESP 的工作原理

1—带 ABS/ASR/EDS 的 ESP ECU；2—带液压泵的液压调节单元；3—制动压力传感器；4—横向加速度传感器；5—偏转率传感器；6—ESP/ASR 控制键；7—转向角传感器；8—制动灯开关；9～12—轮速传感器；13—诊断导线；14—制动装置指示灯；15—ABS 警示灯；16—ESP/ASR 指示灯；17—车辆驾驶员状态；18—接入发动机管理系统；19—接入变速器管理系统(仅在自动变速的车辆上)

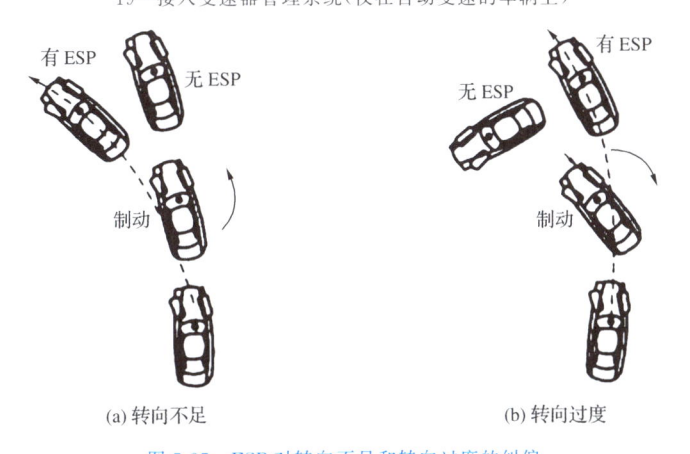

(a) 转向不足　　(b) 转向过度

图 7-27 ESP 对转向不足和转向过度的纠偏

当汽车出现行驶不稳定状态(行驶状态的目标值和实际值之间存在偏差)时,ESP 将二者的差别作为控制依据,通过控制制动器的制动力和发动机输出转矩进行调节,在整车上产生控制汽车行车状态的横摆力矩,自动纠正驾驶员的转向不足或转向过度,帮助车辆维持动态平衡,达到校正汽车状态的目的,如图 7-28 所示。

ESP 工作时,ESP 不需要驾驶员对其操作,而是自动根据实际情况做出反应,从而不再盲目服从驾驶员,使汽车行驶安全性大大提高。

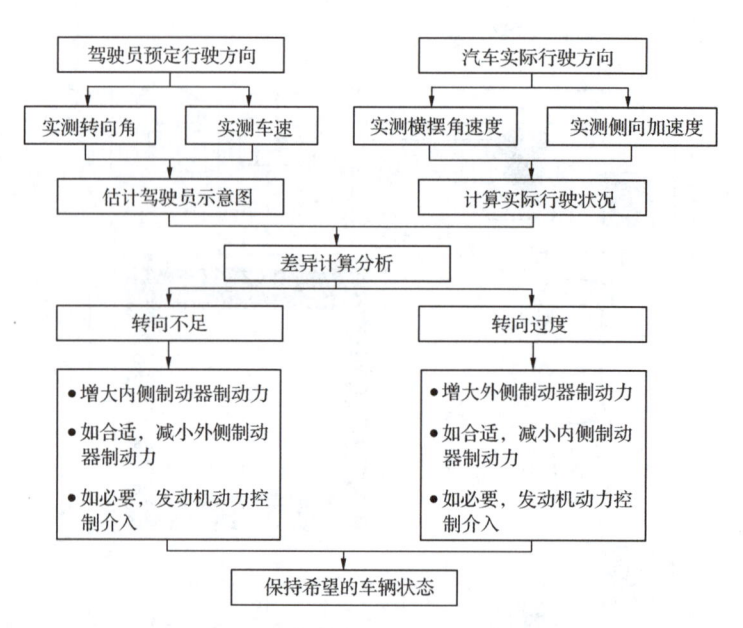

```
┌─────────────────────┐           ┌─────────────────────┐
│  驾驶员预定行驶方向  │           │  汽车实际行驶方向    │
└──────────┬──────────┘           └──────────┬──────────┘
      ┌────┴────┐                      ┌─────┴──────┐
      ▼         ▼                      ▼            ▼
  ┌───────┐ ┌───────┐          ┌────────────┐ ┌────────────┐
  │实测转向角│ │实测车速│          │实测横摆角速度│ │实测侧向加速度│
  └───┬───┘ └───┬───┘          └──────┬─────┘ └──────┬─────┘
      └────┬────┘                     └──────┬───────┘
           ▼                                 ▼
    ┌─────────────┐                   ┌─────────────┐
    │ 估计驾驶员示意图 │                   │ 计算实际行驶状况 │
    └──────┬──────┘                   └──────┬──────┘
           └──────────────┬──────────────────┘
                          ▼
                   ┌─────────────┐
                   │  差异计算分析  │
                   └──────┬──────┘
                 ┌────────┴────────┐
                 ▼                 ▼
            ┌────────┐        ┌────────┐
            │ 转向不足 │        │ 转向过度 │
            └────┬───┘        └────┬───┘
                 ▼                 ▼
       ┌─────────────────┐ ┌─────────────────┐
       │•增大内侧制动器制动力│ │•增大外侧制动器制动力│
       │•如合适，减小外侧制动│ │•如合适，减小内侧制动│
       │ 器制动力          │ │ 器制动力          │
       │•如必要，发动机动力控│ │•如必要，发动机动力控│
       │ 制介入            │ │ 制介入            │
       └─────────┬───────┘ └────────┬────────┘
                 └────────┬─────────┘
                          ▼
                 ┌─────────────────┐
                 │  保持希望的车辆状态  │
                 └─────────────────┘
```

图 7-28　车辆稳定性控制系统的工作原理

2.车身稳定性控制过程

在汽车行驶(特别是在湿滑的路面上转弯)过程中,前轮发生侧滑时会产生较大的侧向(横向)加速度,后轮发生侧滑时会产生较大的侧偏角,横向加速度传感器和横摆率传感器分别将这两种侧滑产生的信号输入 ABS/ASR/VSC ECU,ABS/ASR/VSC ECU 据此向发动机输出转矩调节装置(副节气门位置控制步进电动机)发出控制指令,使发动机的输出转矩减小来降低车速。与此同时,ABS/ASR/VSC ECU 还要根据制动液压的大小向制动液压调节器的电磁阀发出不同占空比的控制脉冲,控制相应车轮的制动力,使车身产生一个与侧滑相反的旋转运动,从而防止前轮侧滑而失去路径跟踪能力或防止后轮侧滑甩尾而失去行驶稳定性,减少交通事故。

(1)前轮侧滑的控制过程

当右前轮侧滑时,ABS/ASR/VSC ECU 首先向副节气门执行器发出控制指令,使发动机输出转矩减小来降低车速,同时向制动液压调节器中左后轮液压通道的电磁阀发出占空比控制脉冲,向左后轮施加一个制动力,如图 7-29(a)所示,以便产生沿逆时针方向旋转的运动,然后再对两前轮施加制动力,使车速降低平稳行驶并保持路径跟踪能力。

当左前轮侧滑时,ABS/ASR/VSC ECU 首先向副节气门执行器发出控制指令,使发动机输出转矩减小来降低车速,同时向制动液压调节器中右后轮液压通道的电磁阀发出占空比控制脉冲,向右后轮施加一个制动力,如图 7-29(b)所示,以便产生沿顺时针方向旋转的运动,然后再对两前轮施加制动力,使车速降低平稳行驶并保持路径跟踪能力。

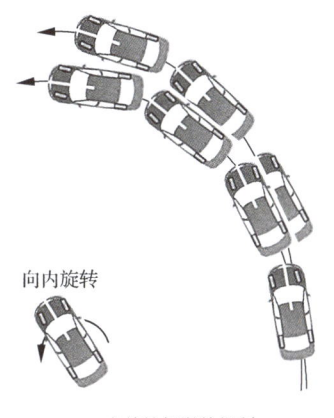

(a) 右前轮侧滑的抑制　　　　　　　　(b) 左前轮侧滑的抑制

图 7-29　前轮侧滑抑制原理

（2）后轮侧滑的控制过程

当右后轮侧滑时，ABS/ASR/VSC ECU 首先向副节气门执行器发出控制指令，使发动机输出转矩减小来降低车速，同时向制动液压调节器中右前轮液压通道的电磁阀发出占空比控制脉冲，向右前轮施加一个制动力，如图 7-30(a)所示，使车身产生沿顺时针方向旋转运动，从而防止发生甩尾或掉头现象。

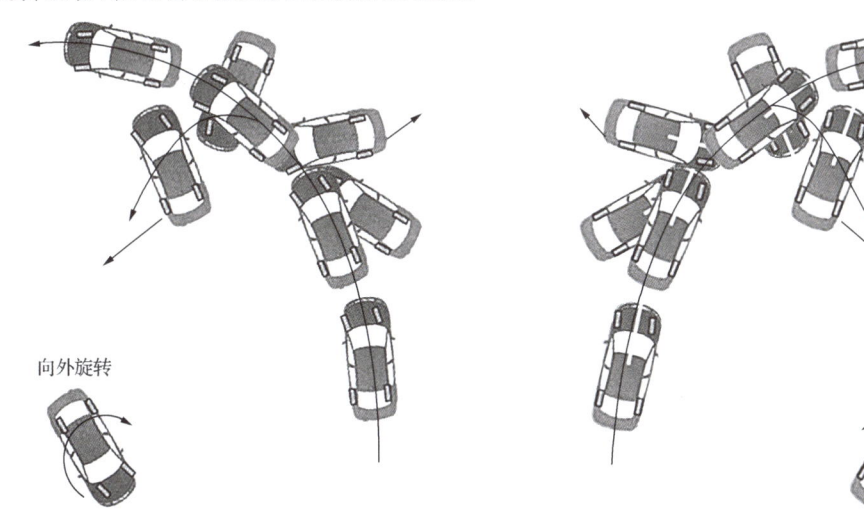

(a) 右后轮侧滑的抑制　　　　　　　　(b) 左后轮侧滑的抑制

图 7-30　后轮侧滑抑制原理

当左后轮侧滑时，ABS/ASR/VSC ECU 在控制副节气门执行器使发动机输出转矩减小的同时，还向制动液压调节器中左前轮液压通道的电磁阀发出占空比控制脉冲，向左前轮施加一个制动力，如图 7-30(b)所示，使车身产生沿逆时针方向旋转的运动，防止发生甩尾或掉头现象，从而确保汽车稳定行驶。

7.1.6 ABS、EBD 系统、EBA 系统、ASR 系统和 VSC 系统的特点

ABS、EBD 系统、EBA 系统、ASR 系统和 VSC 系统都属于汽车行驶主动安全装置，其共同点是：通过调节车轮制动器制动力来提高控制效能（缩短制动距离、增强转向控制能力、提高行驶稳定性），从而减少交通事故。虽然它们都可调节制动力，但调节目的不同。不同之处如下：

(1) ABS 能够防止车轮制动力大于附着力时车轮抱死滑移，既使制动效果强烈，又能保持行驶稳定性和转向性能。

(2) EBD 系统能够在 ABS 还没有起作用或 ABS 失效时，利用四只轮胎的制动装置根据不同情况用不同的方式和力量制动，并在运动中不断高速调整，从而保证车辆的平稳、安全。

(3) EBA 系统能够增大紧急制动时各车轮的制动力。

(4) ASR 系统通过使用制动和发动机管理系统来防止驱动轮打滑，增大总驱动力。

(5) VSC 系统通过有目的地制动和使用发动机管理系统来防止车辆离心力引起的前、后轮侧滑，可以使车辆在各种状况下保持最佳的稳定性，尤其在转向过度或转向不足的情形下效果更加明显。

ASR 系统和 VSC 系统在调节车轮制动器制动力的同时，还要调节发动机的输出转矩。

7.2 丰田汽车公司车辆动态综合管理系统

丰田汽车公司车辆动态综合管理 VDIM（Vehicle Dynamics Integrated Management）系统整合了防抱死制动控制（ABS）、电子制动力分配控制（EBD）、斜坡起步辅助控制（HAC）、制动辅助控制（BA）、牵引力控制（TRC）、车辆稳定性控制（VSC）等主动安全系统，并与电子控制动力转向（EPS）和可变传动比转向控制（VGRS）进行协同控制，形成一个各功能平滑控制、协同运行的车辆动态综合管理系统，如图 7-31 所示。车辆动态综合管理（VDIM）系统可以使车辆行驶、转弯、停止等基本运动性能进一步提高。

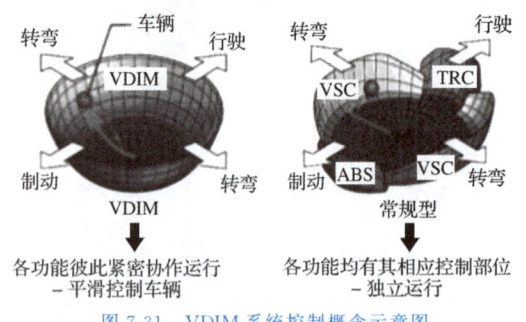

图 7-31 VDIM 系统控制概念示意图

1. 车辆动态综合管理（VDIM）系统概述

车辆在起步、行驶、转弯和停止时，由于轮胎抓地力的影响和驾驶员操纵方向盘不当，会引起车辆的纵向侧滑和横向侧滑。车辆动态综合管理就是通过对发动机输出扭矩控制和制动性能控制，结合转向协同控制，在车辆发生纵向和横向侧滑，车姿出现不稳定前，进

行预调节，及时消除车辆不稳定状态，提高车辆在各种行驶状态下的主动安全性，如图 7-32 所示。

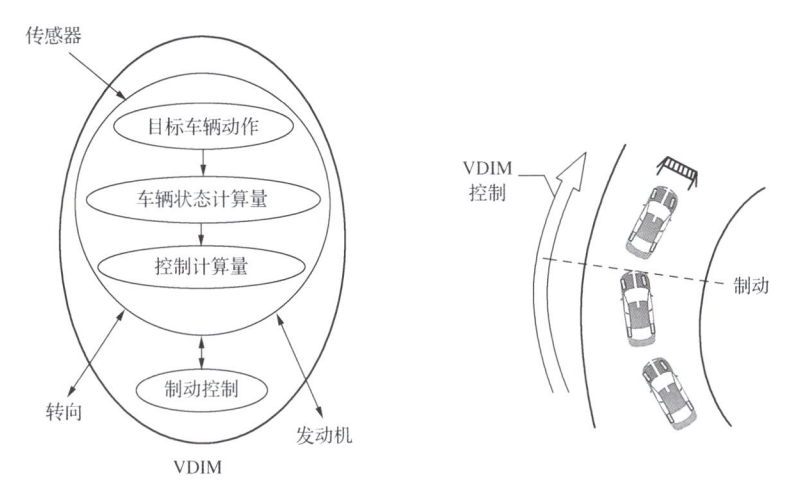

图 7-32 VDIM 系统控制示意图

车辆动态综合管理（VDIM）系统中各子系统的功能如下：

(1) 转向协同控制（EPS&VGRS）

EPS ECU 和 VGRS ECU 协同控制，能够根据车辆工作状态，提供转向辅助。

(2) 防抱死制动控制（ABS）

车辆紧急制动或在附着力小的道路上制动时，ABS 有助于防止车轮抱死而滑移。

(3) 电子制动力分配控制（EBD）

EBD 是利用 ABS，根据车辆行驶状况在前、后轮之间合理分配制动力。此外，在转弯制动时，它还控制左、右车轮的制动力，以帮助车辆稳定行驶。

(4) 制动辅助控制（BA）

BA 的主要作用是在紧急制动期间，驾驶员踩制动踏板的力量不够，无法产生较大的制动力时，为驾驶员提供辅助制动力，以确保车辆制动性能。

(5) 牵引力控制（TRC）

车辆在光滑的路面上起步或加速，该控制功能有助于防止因驾驶员过度踩下加速踏板引起驱动轮打滑的现象。

(6) 车辆稳定性控制（VSC）

车辆转弯期间，如果出现严重的转向不足或转向过度，该功能有助于防止车辆侧滑。

(7) 斜坡起步辅助控制（HAC）

车辆在陡峭或打滑的山坡上起步时，斜坡起步辅助控制检测到车辆向后的移动状况，执行车轮制动，防止车辆倒退。

(8) 紧急制动灯控制

紧急制动时，紧急制动灯闪烁，以警告尾随车辆的驾驶员。

2. 车辆动态综合管理（VDIM）系统主要零部件及功能

车辆动态综合管理（VDIM）系统组成如图 7-33 所示，其零部件的功能见表 7-1。

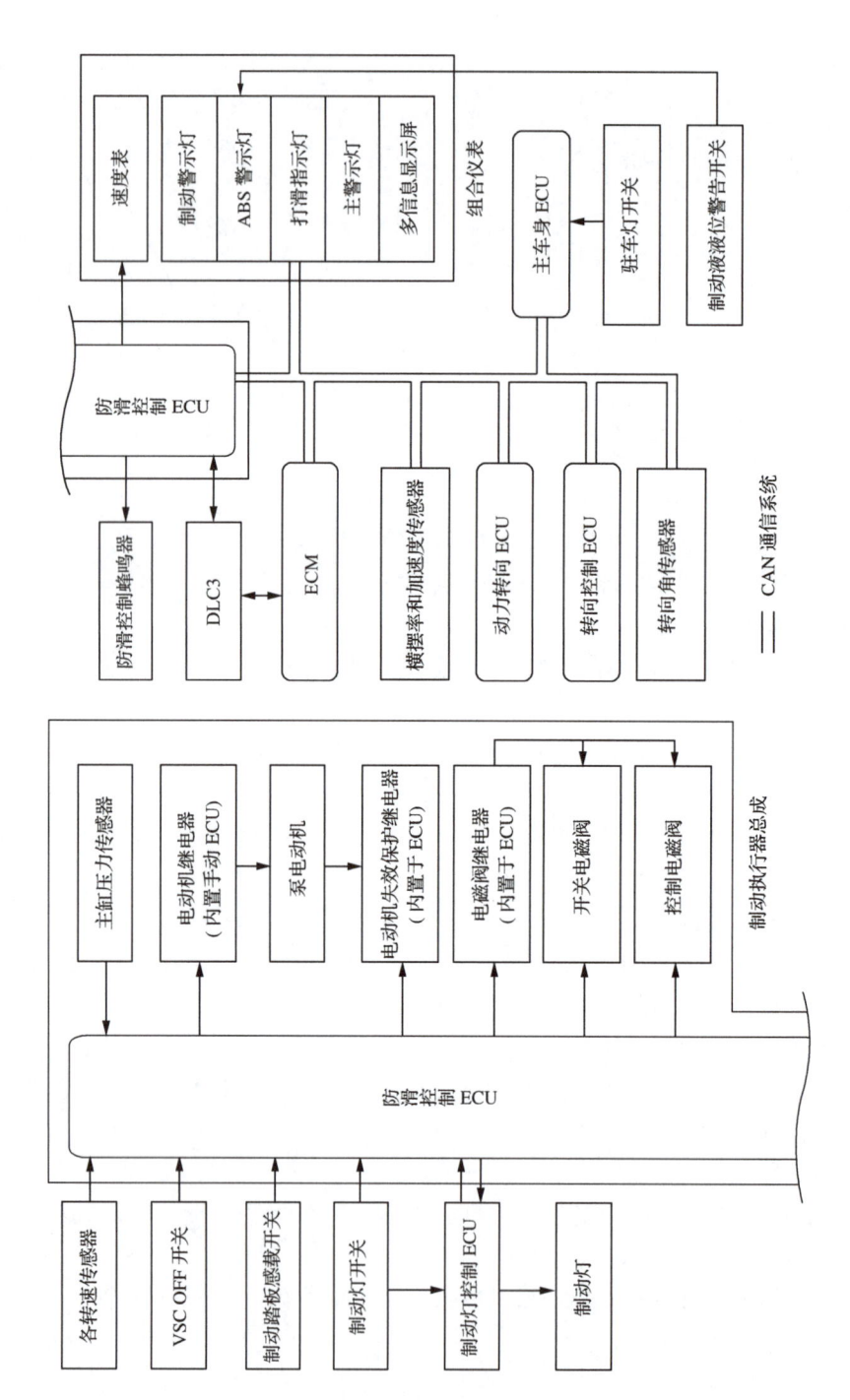

图 7-33 VDIM 系统组成

表 7-1　　　　　　　　　　　VDIM 系统各零部件的功能

零部件		功能
制动执行器总成	电磁阀 制动主缸切断电磁阀	在制动控制系统功能运行期间,根据来自防滑控制 ECU 的信号,改变制动液压油的流动路径,控制施加到各制动轮缸的液压
	主缸压力传感器	置于制动执行器内,检测制动主缸的压力
	防滑控制 ECU	根据轮速传感器信号、横摆率和加速度传感器信号、转向角传感器信号等,判断车辆行驶状况,将制动控制信号发送至制动执行器。并请求 ECM 进行输出扭矩控制和动力转向 ECU 及转向控制 ECU 进行转向辅助控制
	电动机继电器	向泵电动机供电
	电磁阀继电器	向电磁阀供电
组合仪表	制动警示灯	防滑控制 ECU 检测到 EBD 控制故障时,此灯与 ABS 警示灯同时亮起;防滑控制 ECU 检测到制动助力器故障时,此灯亮起;制动液液位低时,此灯亮起;施加驻车制动时,此灯亮起
	ABS 警示灯	防滑控制 ECU 检测到 ABS 控制故障时,此灯亮起
	打滑指示灯	TRC 或 VSC 控制运行时,此灯闪烁;选择 TRC OFF 模式时,此灯亮起;防滑控制 ECU 检测到 TRC 或 VSC 系统故障时,此灯亮起
	主警示灯	防滑控制 ECU 检测到制动系统或 VGRS 系统发生故障时,此灯亮起
	多信息显示屏	选择 VSC OFF 模式时,显示警告信息;防滑控制 ECU 检测到 TRC 或 VSC 系统故障时,显示警告信息
防滑控制蜂鸣器		VSC 系统运行期间,发出警告声;斜坡起步辅助控制工作开始或结束时,发出警告声
制动灯控制 ECU		斜坡起步辅助控制时,制动灯亮起
转向角传感器		检测方向盘转动的方向和角度
横摆率和加速度传感器		检测车辆纵向及横向加速度和减速度;检测车辆横摆率
轮速传感器		检测四个车轮转速
制动灯开关		检测制动踏板的操作状况
制动踏板感载开关		检测制动踏板的踩踏力
驻车灯开关		检测驻车制动踏板的状态
VSC OFF 开关		使驾驶员能够选择正常模式、TRC OFF 模式或 VSC OFF 模式
ECM		将节气门位置信号、加速踏板位置信号、发动机转速信号等发送给防滑控制 ECU,根据接收来自防滑控制 ECU 的请求信号控制发动机输出扭矩
主车身 ECU		通过 CAN 总线通信,将驻车制动信号发送给防滑控制 ECU
动力转向 ECU		根据接收来自防滑控制 ECU 的请求信号控制转向辅助扭矩
转向控制 ECU		根据接收来自防滑控制 ECU 的请求信号控制转向角度

3.车辆动态综合管理(VDIM)系统中协同转向控制原理

(1)前轮打滑控制

车辆在较高行驶速度状态下转弯,由于驾驶员过度转动方向盘,会使前轮失去抓地能力,发生越过度转动方向盘,前轮侧滑越严重,以使车辆不能按照正常向右轨迹转弯(转向不足)。

为防止上述现象发生,防滑控制 ECU 通过检测到的转向角传感器、轮速传感器、横摆率和加速度传感器的信号,计算出目标横摆率和实际横摆率间的差异来确定前轮打滑的状态。车辆的实际横摆率小于驾驶员操纵方向盘所产生的目标横摆率(由车速和方向盘转向角制定)时,表示车辆将以大于目标行驶轨迹的角度转向。因此,防滑控制 ECU 判定前轮打滑趋势增大。

防滑控制 ECU 根据前轮打滑趋势的程度采取措施。在不带 VGRS 系统的车辆上,防滑控制 ECU 会请求 ECM 减小发动机输出扭矩,向两个后轮施加制动来降低车速。同时向处于外侧的前轮施加制动和通过 EPS ECU 增大向右操纵方向盘的阻力,防止前轮继续打滑。在带 VGRS 系统的车辆上,防滑控制 ECU 除了采取上述措施外,还会协同 VGRS ECU 增大转向传动比,以限制前轮的转向角。EPS ECU 会在方向盘的回转方向上产生辅助扭矩,这样可以控制驾驶员的转向操控来稳定车姿。前轮打滑控制如图 7-34 所示。

(a) 不带 VGRS 系统的车型　　　　(b) 带 VGRS 系统的车型

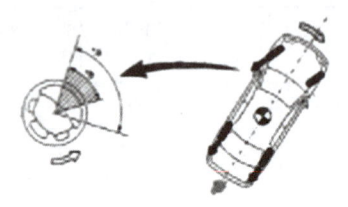

图 7-34　前轮打滑控制

(2)后轮打滑控制

车辆在行驶转弯过程中,如果后轮失去抓地能力,会使车辆超出转弯轨迹(转向过度)。

为防止上述现象发生,防滑控制 ECU 通过检测到的转向角传感器、轮速传感器、横摆率和加速度传感器的信号,计算出车辆打滑角度和车辆侧偏角速度(单位时间车辆打滑角度的变化率)的值来判定后轮打滑的状态。当车辆打滑角度大且侧偏角速度过大时,防滑控制 ECU 判定后轮打滑趋势增大。

防滑控制 ECU 根据后轮打滑趋势的程度采取措施。在不带 VGRS 系统的车辆上,防滑控制 ECU 会请求 ECM 减小发动机输出扭矩,对转向外侧的前轮和后轮施加制动,使车辆产生向外的惯性力矩以帮助抑制后轮打滑趋势。同时,EPS ECU 协同控制以增大反向辅助力矩,方便驾驶员进行转向操控来适当校正因后轮打滑引起的转向过度。在带 VGRS 系统的车辆上,防滑控制 ECU 除了采取上述措施外,根据后轮打滑的程度,还会协同 VGRS ECU 调整转向传动比,以控制前轮转向角,稳定车姿。后轮打滑控制如图 7-35 所示。

(3)车轮在摩擦系数差异较大的路面上紧急制动控制

如果左、右轮在摩擦系数差异较大的路面上实施紧急制动,左、右轮间的制动效果差

(a) 不带 VGRS 系统的车型　　　　　(b) 带 VGRS 系统的车型

图 7-35　后轮打滑控制

异会产生横摆力矩，导致车辆甩尾。发生这种状况时，在不带 VGRS 系统的车辆上，防滑控制 ECU 会启动 VSC 控制和 EPS 控制协同运行，对左、右轮施加不同的制动及转向辅助力矩，方便驾驶员进行转向操控来稳定车姿。

在带 VGRS 系统的车辆上，防滑控制 ECU 除采取上述措施外，还会协同 VGRS ECU 使转向执行总成输出合适的转向传动比，控制前轮转向角，以稳定车姿，修正甩尾现象。车轮在摩擦系数差异较大的路面上紧急制动控制如图 7-36 所示。

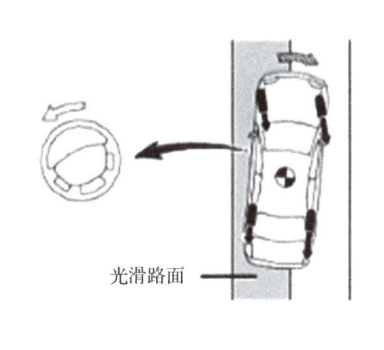

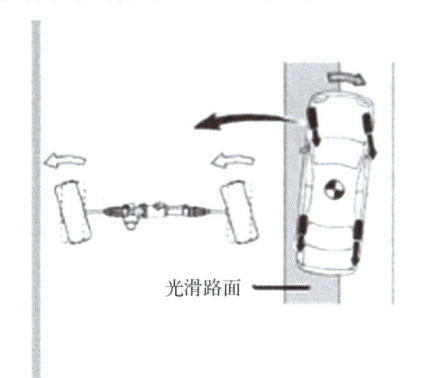

(a) 不带 VGRS 系统的车型　　　　　(b) 带 VGRS 系统的车型

图 7-36　车轮在摩擦系数差异较大的路面上紧急制动控制

(4) 车轮在摩擦系数差异较大的路面上突然起步或加速控制

如果左、右轮在摩擦系数差异较大的路面上突然起步或加速，导致驱动轮打滑，引起车姿不稳，并会对加速性能产生负面影响。发生这种状况时，在不带 VGRS 系统的车辆上，防滑控制 ECU 会启动 TRC 控制和 EPS 控制协同运行，对打滑的驱动轮实施制动及转向辅助力矩，方便驾驶员进行转向控制来稳定车姿。同时，防滑控制 ECU 请求 ECM 实施发动机输出扭矩控制，使加速效果得到改善。

在带 VGRS 系统的车辆上，防滑控制 ECU 除了采取上述措施外，还会协同 VGRS ECU 使转向执行器总成输出合适的转向传动比，控制前轮转向角以稳定车姿。车轮在摩擦系数差异较大的路面上突然起步或加速控制如图 7-37 所示。

4. VDIM 系统故障诊断

当防滑控制 ECU 检测到 VDIM 系统发生控制故障时，防滑控制 ECU 会启动失效保护模式行，并且 ABS 警示灯、制动警示灯、打滑指示灯和主警示灯都会亮起。根据故障码检查方法，观察 ABS 警示灯闪烁模式读取故障码，或从多信息显示屏上读取故障码。

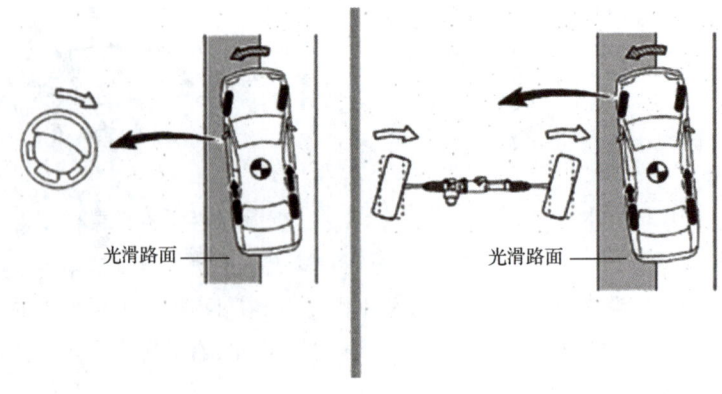

(a) 不带 VGRS 系统的车型　　(b) 带 VGRS 系统的车型

图 7-37　车轮在摩擦系数差异较大的路面上突然起步或加速控制

(1) VDIM 系统失效保护

如果防滑控制系统的各种传感器或制动执行器系统发生故障,防滑控制 ECU 将禁止向制动执行器供电,并通过 CAN 总线向 ECM 发出 VSC 系统故障的信息,同时启动失效保护模式。

① 制动执行器停止电磁阀工作。ECM 根据来自防滑控制 ECU 的信号,使 VSC 系统请求 ECM 调节发动机扭矩功能停止运行。然后车辆按照与未配备 ABS、TRC 和 VSC 系统的车辆相似的方式运行。

② ABS 控制禁用,但 EBD 控制继续,直至无法运行该控制。如果 EBD 控制不能运行,则制动警示灯亮起以警告驾驶员。

③ 如果 VSC 系统开始前,VSC 系统零件发生故障,则 VSC 系统停止工作。如果 VSC 系统工作过程中,VSC 系统零件发生故障,则 VSC 系统将逐渐停止工作,以免引起车辆稳定性发生骤变。如果 VSC 控制不能进行,则主警示灯将亮起以告知驾驶员控制已终止。

④ 在带多信息显示屏的车辆,如果 EBD 系统、BA 系统或 TRC 系统有故障或 ABS 控制、VSC 控制无法执行,则主警示灯亮起的同时,多信息显示屏上显示警告信息。

(2) VDIM 系统故障码(DTC)检查

① 用诊断连接线连接诊断插座(DLC3)的 13 号(TC)端子和 4 号(CG)端子。

② 将点火开关置于 ON(IG)位置。

③ 通过组合仪表中的 ABS 警示灯闪烁读取代码或读取多信息显示屏上输出的故障码。

(3) VDIM 系统故障码(DTC)清除

① 用诊断连接线连接诊断插座(DLC3)的 13 号(TC)端子和 4 号(CG)端子。

② 将发动机开关置于 ON(IG)位置。

③ 5 s 内踩制动踏板 8 次或以上,清除存储在 ECU 中的故障码(DTC)。

④ 检查多信息显示屏和 ABS 警示灯是否还输出故障码(DTC)。如果未输出故障码(DTC),则说明故障码(DTC)已清除。

⑤从诊断插座(DLC3)端子上拆下诊断连接线。

⑥故障码检查/清除后,检查并确认将发动机开关置于ON(IG)位置约3 s,ABS警示灯和打滑指示灯应熄灭。

注意:不能通过断开蓄电池端子电缆或LH ECU-IG保险丝来清除故障码(DTC)。

5.VDIM系统校准

在更换VSC相关零件或进行前轮定位调整后,应当执行系统校正。VDIM系统校正的操作方法见表7-2。

表7-2　　　　　　　　　　　　VDIM系统校正

更换零件或执行程序	必要操作
更换制动执行器总成(防滑控制ECU)	(1)清除零点校准数据和系统信息
更换横摆率和加速度传感器	(2)执行横摆率和加速度传感器零点校准并存储系统信息
前轮定位调整	

注意:只有在清除储存的系统信息后,才能储存新的系统信息。获取横摆率和加速传感器零点时,车辆必须保持静止状态,不要振动、倾斜,不要启动发动机和移动车辆。确保车辆停止在坡度小于1°的水平路面上执行校准程序。

(1)清除零点校准数据和系统信息

①将发动机开关置于OFF位置。

②检查并确认方向盘置中。

③检查并确认换挡杆置于P挡位。

④将发动机开关置于ON(IG)位置。

⑤ABS警示灯和打滑指示灯持续亮起3 s熄灭,指示初始检查完成。

⑥用诊断连接线,在8 s内连接和断开诊断插座(DLC3)的12号(TS)端子和4号(CG)端子4次或以上。

⑦检查并确认ABS警示灯亮起(闪烁),并且VSC警告显示在多信息显示屏上。

⑧进入执行横摆率和加速度传感器零点校准程序。

(2)执行横摆率和加速传感器零点校准,并存储系统信息

①将发动机开关置于OFF位置。

②检查并确认方向盘置中。

③检查并确认换挡杆置于P挡位。

④用诊断连接线连接诊断插座(DLC3)的12号(TS)端子和4号(CG)端子。

⑤将发动机开关置于ON(IG)位置。

⑥在水平路面上保持车辆静止5 s或更长时间。

⑦通过检查多信息显示屏,确保VSC处于测试模式。通过检查并确认ABS警示灯闪烁(亮0.125 s,熄灭0.125 s),确保ABS处于测试模式。

⑧将发动机开关置于OFF位置,并从诊断插座(DLC3)上断开诊断连接线。

案例引入

一辆美规奔驰 GL450 轿车行驶里程为 75 000 km 时,ESP 指示灯一直亮。更换轮速传感器后试车,行驶 1 km 后又出现了 ESP、ABS、EBD 故障码。

本故障为典型的 ESP/ABS/EBD 系统故障。如何进行故障诊断?排除本故障需要哪些知识?对本故障进行诊断时应进行哪些检查项目?检查时应注意什么?

案例分析

要对本故障进行故障诊断,必须了解车身稳定性控制系统的组成,掌握车身稳定性控制系统主要传感器、主要执行器的结构,能够对 ESP/ABS/EBD 系统进行故障自诊断。

案例实施

【故障诊断与排除】借助检测仪读取故障代码,显示:左前轮轮速信号错误;前轴轮速信号错误;后轴轮速信号错误。基本上每个轮速传感器都有故障,出现这一现象的概率很小。

清除所有故障代码后试车,行驶 1 km 后 ESP 指示灯又亮。读取故障代码,显示:前轴轮速信号错误。

为确认前轴轮速传感器故障,将两个前轮轮速传感器和两个后轮轮速传感器互换,然后试车,行驶 1 km 左右,ESP 指示灯又亮。再次读取故障代码,依旧为前轴轮速信号错误。

围绕车转了一圈,发现右后轮使用的轮胎与其他三个轮胎明显不同。右后轮轮胎磨损严重,而其他三个是新的。这正是造成本故障的原因。右后轮磨损严重,其外径要比左后轮小,同样的转速,两个车轮的行驶距离不同,此时 ESP/ABS/EBD 控制模块会认为后车轮处于右转向状态,而此时前轴没有轮速差,ESP/ABS/EBD 控制模块电脑就会认为是前轴转速错误。

将右后轮换上同样型号的新轮胎,试车,ESP 指示灯不再亮,故障排除。

小 结

车身稳定性控制系统的作用是:当汽车在湿滑的路面上行驶,其前轮或后轮发生侧滑时,自动调节各车轮的驱动力和制动力,确保车辆稳定行驶。VSC 系统是在 ABS 和 ASR 系统的基础上拓展而来的主动安全控制系统,整合了 ABS 和 ASR 系统的功能。

BOSCH ESP 新增设的传感器主要有转向角传感器、横向加速度传感器、制动压力传

感器、偏转率传感器、ESP/ASR 控制键，新增设的执行部件主要有分配阀、高压阀、行驶动力调节液压泵、ESP/ASR 指示灯，BOSCH ESP ECU 与 ABS、ASR、EDS 共用，称为 ABS/ASR/ESP/EDS ECU。

VSC 系统抑制车轮侧滑的原理是：利用左、右两侧车轮制动力之差产生的横摆力矩，使车身产生一个与侧滑相反的旋转运动，从而防止前轮侧滑失去路径跟踪能力以及防止后轮侧滑甩尾失去行驶稳定性。

ABS、EBD 系统、EBA 系统、ASR 系统和 VSC 系统都属于汽车行驶主动安全装置，其共同特点是：通过调节车轮制动器的制动力来提高控制效能（缩短制动距离、增强转向控制能力和提高行驶稳定性），从而减少交通事故。虽然它们都可调节制动力，但调节目的不同。不同之处如下：

（1）ABS 能够防止车轮制动力大于附着力时车轮抱死滑移，既使刹车效果强烈，又能保持行驶稳定性和转向性能。

（2）EBD 系统能够在 ABS 还没有起作用时或 ABS 失效时，利用四只轮胎的制动装置根据不同情况用不同的方式和力量制动，并在运动中不断高速调整，从而保证车辆的平稳、安全。

（3）EBA 系统能够增大紧急制动时各个车轮的制动力。

（4）ASR 系统通过使用制动和发动机管理系统来防止驱动轮打滑，增大总驱动力。

（5）VSC 系统通过有目的地制动和使用发动机管理系统来防止车辆离心力引起的前、后轮侧滑，可以使车辆在各种状况下保持最佳的稳定性，尤其在转向过度或转向不足的情形下效果更加明显。

ASR 系统和 VSC 系统在调节车轮制动器制动力的同时，还要调节发动机的输出转矩。

车辆动态综合管理系统整合了防抱死制动控制（ABS）、电子制动力分配控制（EBD）、斜坡起步辅助控制（HAC）、制动辅助控制（BA）、牵引力控制（TRC）、车辆稳定性控制（VSC）等主动安全系统，并与电子控制动力转向（EPS）和可变传动比转向控制（VGRS）进行协同控制，形成一个各功能平滑控制、协同运行的车辆动态综合管理系统，可以使车辆行驶、转弯、停止等基本运动性能进一步提高。

拓展阅读

◆ 蒋卫东.汽车底盘电控技术[M].北京：机械工业出版社，2016.

在线自测
模块 7

模块 8

电子控制悬架系统

学习目标

1. 了解电子控制悬架系统的组成与工作原理；掌握电子控制悬架系统各主要组件的结构。
2. 了解丰田轿车电子调节空气悬架系统的组成和控制功能。
3. 能够对丰田轿车电子调节空气悬架系统进行故障诊断。

电子控制悬架系统(Electronic Controlled Suspension System，ECS 系统)，也称为电子调节悬架系统(Electronic Modulated Suspension System，EMS 系统)。电子控制悬架系统的作用是根据路面条件、载重量、行驶速度等来自动调节车身高度、悬架刚度和减震器阻尼，从而使车辆在各种行驶条件下均可获得最佳的行驶平顺性和操纵稳定性。

8.1 电子控制悬架系统的结构与工作原理

8.1.1 概　述

汽车悬架是车架与车桥之间的弹性连接传力装置，其作用是把车架与车桥弹性地连接起来，用于缓和和吸收车轮在不平道路上行驶时所产生的冲击和振动，保证汽车行驶的平顺性。

汽车悬架可分为非独立悬架和独立悬架两大类。非独立悬架的结构特点是两侧车轮安装在一根整体式车轴的两端，车轴则通过弹性元件与车架或车身相连接，如图 8-1(a)所示。这种悬架的缺点是当一侧车轮因道路不平而跳动时，将要影响另一侧车轮的工作。非独立悬架主要用于承载负荷大的客车和货车。

独立悬架是指两侧车轮分别安装在断开式车轴两端，每段车轴和车轮单独通过弹性元件与车架相连，如图 8-1(b)所示。这种结构的优点是当一侧车轮跳动时对另一侧车轮不产生影响，乘坐舒适性和操纵稳定性都较好，且可以降低汽车重心，为紧凑布置提供了条件。独立悬架主要用于轿车。

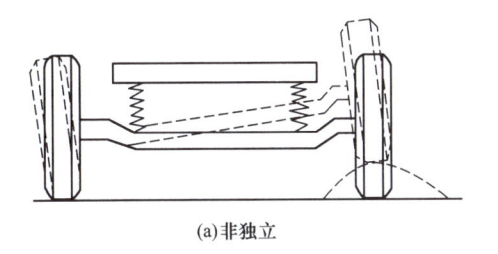

(a)非独立　　　　　　　　　(b)独立

图 8-1　汽车悬架结构示意图

汽车悬架主要由弹性元件、减震器和导向装置等组成，如图 8-2 所示。

弹性元件的作用是承受和传递垂直载荷，缓冲和抑制不平路面所引起的冲击。常用的弹性元件有钢板弹簧、螺旋弹簧、气体弹簧等，其中气体弹簧是在密封的容器中充入压缩空气和油液，利用气体的可压缩性实现其弹簧作用的，这种弹簧的刚度是可变的。气体弹簧有空气弹簧(图 8-3(a))和油气弹簧(图 8-3(b)、图 8-3(c))两种。

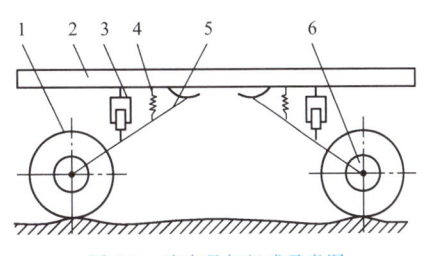

图 8-2　汽车悬架组成示意图
1—车轮；2—车架；3—减震器；
4—弹性元件；5—导向装置；6—车桥

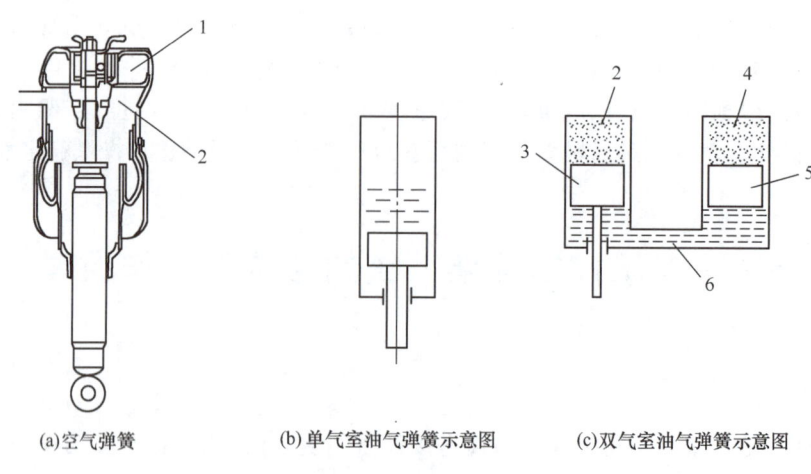

(a) 空气弹簧　　(b) 单气室油气弹簧示意图　　(c) 双气室油气弹簧示意图

图 8-3　气体弹簧

1—副气室；2—主气室；3—主活塞；4—反压气室；5—浮动活塞；6—通道

减震器的作用是加速车身与车架振动的衰减，改善汽车行驶的平顺性。目前常用的是液力减震器。液力减震器是利用液体流动阻力来消耗振动的能量，其工作原理如图 8-4 所示。带有活塞的活塞杆插入筒内，筒内充满油液，活塞上有节流孔，活塞杆伸缩时油液通过节流孔。减震器做伸缩运动时，具有黏性的油液通过节流孔产生阻力，利用活塞动作速度改变阻尼力。减震器若缓慢动作，则阻尼力小；若快速动作，则会产生很大的阻尼力。节流孔越大，阻尼力越小；而油液黏度越大，阻尼力越大。

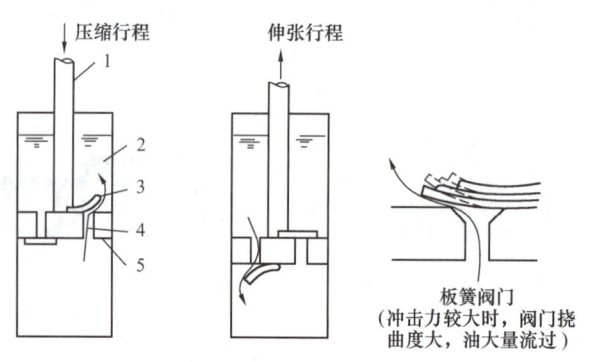

图 8-4　液力减震器的工作原理

1—活塞杆；2—油；3—阀；4—节流孔；5—活塞

目前汽车主要使用双向作用式减震器，如图 8-5 所示，其主要组成有储油缸筒、带有伸张阀和流通阀的活塞、带有压缩阀和补偿阀的下支座。流通阀和补偿阀是单向阀，其弹簧很软，较小的油压即可使其打开或关闭。压缩阀和伸张阀是卸载阀，其弹簧较硬，预紧力较大，需要较大的油压才能打开，当油压稍有减小时，阀立刻关闭。

双向作用式减震器的工作过程可分为压缩和伸张两个行程。减震器在压缩和伸张两个行程内均起减震作用。在压缩行程(车轮靠近车架，减震器被压缩)时，活塞下移，其下腔室容积减小，油压增大，这时油液经过流通阀进入活塞上腔室。由于活塞杆占去上腔室一部分容积，故上腔室增大的容积小于下腔室减小的容积，使下腔室油液不能全部流入上腔室，而多余的油液则压开压缩阀进入储油缸筒。由于流通阀的弹簧较软，通道较大，油液流动的阻尼力并不太大，所以在压缩行程时能使弹簧充分发挥缓冲作用。在伸张行程（车轮离开车架，减震器被拉长），活塞上移，其上腔室容积减小，油压增大，这时，上腔室油液推开伸张阀流入下腔室。同样由于活塞杆的存在致使下腔室形成一定的真空度，储油缸筒内的油液在真空度的作用下推开补偿阀补偿到下腔室。由于伸张阀弹簧的刚度和预紧力比压缩阀大，且伸张行程时油液通道截面也比压缩行程小，所以减震器在伸张行程内产生的最大阻尼远远超过压缩行程内的最大阻尼。减震器这时充分发挥减震作用，保护钢板弹簧不被拉坏。

汽车悬架系统直接影响汽车的行驶平顺性和操纵稳定性。所谓汽车的行驶平顺性，是指汽车在颠簸的路面上行驶过程中，保持驾驶员和乘员乘坐舒适度，或保持所载货物完好的能力。所谓汽车的操纵稳定性，是指汽车按转向机构规定方向行驶的能力（操纵性），和在外界条件干扰下保持原方向行驶的能力（稳定性）。

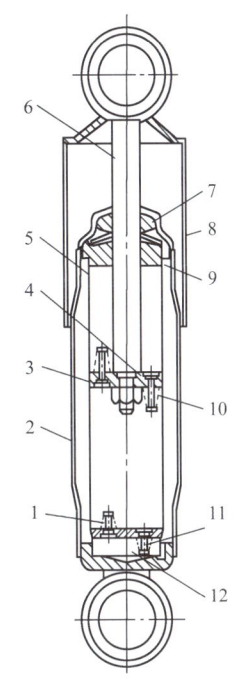

图 8-5 双向作用式减震器
1—压缩阀；2—储油缸筒；3—伸张阀；4—活塞；
5—工作缸筒；6—活塞杆；7—油封；8—防尘罩；
9—导向座；10—流通阀；11—补偿阀；12—下支座

在设计汽车悬架系统时，为保证行驶平顺性，应使车身自然振动频率（又称系统固有频率）尽可能地接近人体所习惯的垂直振动频率。人体所习惯的垂直振动频率是步行时身体上下运动的频率，为 1~1.6 Hz，而车身自然振动频率是由悬架刚度和悬架弹簧所支承的质量决定的。假如把汽车看成一个在弹性悬架上做单自由度振动的质量，根据力学知识可知其自然振动频率为

$$f = 1/2\pi(c/M)^{1/2} = 1/2\pi(g/l)^{1/2}$$

式中　g——重力加速度；
　　　l——悬架垂直变形（挠度）；
　　　M——悬架簧载重量；
　　　c——悬架刚度，是指车轮中心相对于车架和车身向上移动单位距离所需作用于悬架上的垂直载荷，即 $c = Mg/l$。

由自然振动频率公式可以看出，当悬架刚度 c 一定时，自然振动频率随悬架簧载重量的变化而变化。若要使自然振动频率在悬架簧载重量变化（比如乘员人数变化、载货质量变化等）时保持不变，使汽车有较好的行驶平顺性，则应使悬架刚度 c 随悬架簧载重量的变化而变化。

在设计汽车悬架时，保证行驶平顺性和操纵稳定性的措施是矛盾的。比如，为了保证

乘坐舒适性,悬架刚度应尽可能小,以使车身自然振动频率更接近人体习惯的垂直振动频率,但悬架刚度越小,悬架的垂直变形就越大,在汽车行驶过程中由于路面的颠簸而使车体产生的位移就越大,汽车在行驶过程的操纵稳定性就越差;若悬架刚度过大,在路面颠簸时车体的位移就越小,操纵稳定性越好,但乘员在行驶过程中的颠簸就越严重,行驶的平顺性就越差。

在传统悬架设计时,为同时兼顾行驶平顺性和操纵稳定性,常常根据车辆的用途等确定一个折中方案,以保证在某个悬架簧载重量下的行驶平顺性和操纵稳定性。但传统悬架系统的悬架刚度不能随悬架簧载重量变化,不能在各种行驶路面、各种载重量、各种车速等行驶条件下得到最优的行驶平顺性和操纵稳定性。为此,人们研制开发了电子控制悬架系统。

电子控制悬架系统可根据路面条件、载重量、行驶速度等来调节悬架系统的刚度、减震器阻尼、车身高度,从而使车辆在各种行驶条件下均可获得最佳的行驶平顺性和操纵稳定性。

电子控制悬架系统的主要优点有:

(1)可以将悬架刚度设计得很小,以使车身的自然振动频率尽可能低,保证汽车正常行驶时乘坐的舒适性。

(2)可以将汽车悬架抗侧倾、抗纵摆的刚度设计得较大,以提高汽车的操纵稳定性,使汽车的行驶安全性明显提高。

(3)可以在车轮碰到障碍物(如砖、石等)时,将车轮快速提起,避开障碍物,提高汽车的通过性。

(4)可以在汽车载荷变化、在不平路面上行驶时自动保持车身高度不变,使车身稳定。

(5)可以防止汽车制动时车头的下冲。

(6)可以避免汽车转弯时车身向外倾斜,提高汽车转弯时的操纵稳定性。

(7)可以减小车轮跳离地面的倾向,增大车轮与地面间的附着力。

8.1.2 电子控制悬架系统的组成与工作原理

1.电子控制悬架系统的组成

图8-6所示为电子控制空气悬架系统,该系统主要由空气压缩机、干燥器、空气电磁阀、车身高度传感器、带有减震器的空气弹簧、悬架控制执行器、悬架控制选择开关和电控单元等组成。

空气压缩机是悬架系统的动力源,其作用是输出压缩空气。空气压缩机由直流电动机驱动。空气压缩机输出的压缩空气经干燥器后通过空气管道、空气电磁阀输送到空气弹簧的主气室。

车身高度传感器用来检测车身高度的变化,将车身高度转变为电信号向电控单元输送。

电控单元根据车身高度传感器传来的信号以及其他开关信号对车身高度、悬架刚度等进行控制。

悬架控制执行器的作用是根据电控单元输出的指令调节悬架刚度。

空气电磁阀的作用是根据电控单元的指令控制车身高度。

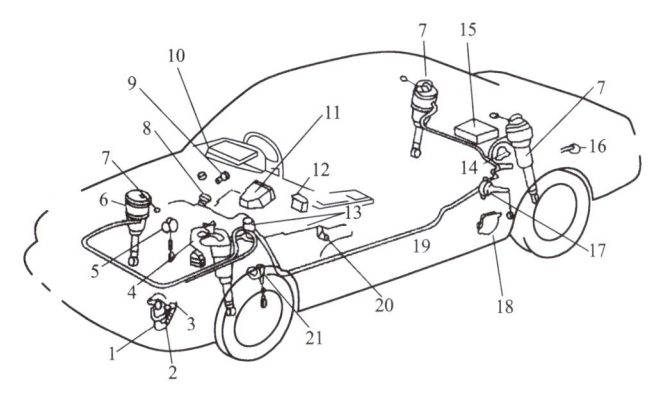

图 8-6　电子控制空气悬架系统

1—空气压缩机；2—空气电磁阀；3—干燥器；4—节气门位置传感器；5—右前车身高度传感器；
6—带有减震器的空气弹簧；7—悬架控制执行器；8—转向传感器；9—停车灯开关；10—TEMS 指示灯；
11—电子多点视频器；12—悬架控制选择开关；13—1 号高度控制阀；14—2 号高度控制阀；
15—显示器用 ECU；16—诊断用接线柱；17—后车身高度传感器；18—悬架控制 ECU；19—空气管道；
20—车速传感器；21—左前车身高度传感器

带有减震器的空气弹簧是悬架系统的执行机构，悬架控制执行器、空气电磁阀最终通过该空气弹簧实现对车身高度、悬架刚度的控制。

2. 电子控制悬架系统的工作原理

在汽车行驶过程中，电控单元不停地接收车身高度传感器、节气门位置传感器、转向传感器、轮速传感器等输出的信号，并进行运算、分析、判断，最终向各执行器输出控制信号，控制车身高度和悬架刚度。

当需要升高车身时，电控单元便控制空气电磁阀使压缩空气进入空气弹簧的主气室，空气弹簧伸长，车身升高；当需要降低车身时，电控单元便控制空气电磁阀使主气室中的压缩空气排放到大气中，空气弹簧被压缩，如图 8-7 所示。

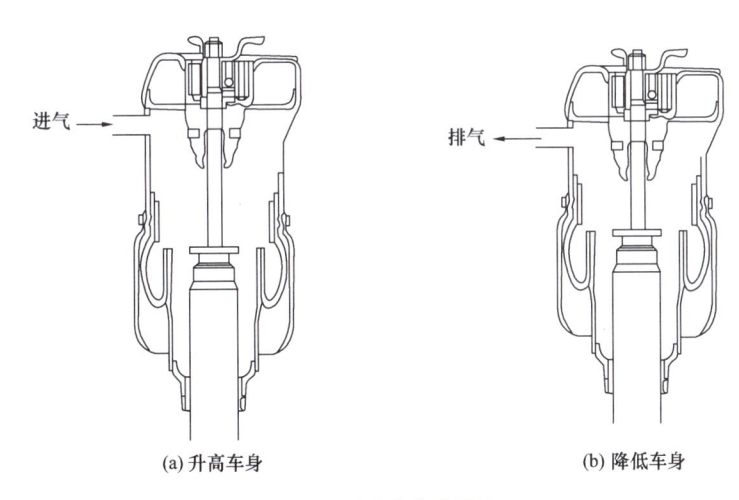

(a) 升高车身　　(b) 降低车身

图 8-7　车身高度的调整

当需要改变悬架刚度时，电控单元通过悬架执行器来控制空气弹簧主、辅气室之间的连通阀,改变主、辅气室之间的气体流量,进而改变悬架的刚度。

当需要改变减震器的阻尼力时,电控单元便控制减震器的阻尼力调节装置工作,调节减震器的阻尼力。阻尼力的调节方式因车型而变,比如,丰田轿车的电子控制空气悬架系统采用驱动减震器的阻尼力调节杆调节阻尼孔的开闭,进而来改变减震器的阻尼力;雪铁龙XM轿车则通过电磁阀控制油液管路中的节流小孔来改变减震器的阻尼力。

(1)车身高度控制

一般地,在下列情况下对车身高度进行控制(以丰田轿车为例):

①当车速高于90 km/h时,将车身高度降低一级,以减小风阻,提高行驶稳定性。当车速降低到某值(如60 km/h)时,车身高度恢复原状。

②当汽车连续在坏路面上行驶、车身高度信号持续2.5 s以上有较大变动且超过规定值时,车身高度将升高一级,使来自路面的突然抬起感减弱,并提高汽车的通过性能。

③当汽车在连续坏路上行驶且车速为40~90 km/h时,车身高度将调至高值,以减小路面不平感,确保足够的离地间隙,提高乘坐的舒适性。

④当汽车在连续坏路面上行驶且车速高于90 km/h时,车身高度将调至中间值(标准值),以避免车身过高对高速行驶稳定性产生不利影响。

⑤当汽车处于驻车状态时,将车身高度调到低值,以保持良好的驻车姿势。

(2)悬架刚度和阻尼力控制

一般地,在下列情况下对悬架刚度和阻尼力进行控制(以丰田轿车为例):

①当车速低于20 km/h且加速度大时(急起步加速),电控单元通过执行器提高悬架刚度和减震器阻尼力,以抵消车身的后坐趋势。

②当汽车急转弯时,电控单元通过执行器对悬架刚度和减震器阻尼力进行调节,以抵消车身侧倾趋势。

③当汽车在车速高于60 km/h情况下紧急制动时,电控单元通过执行器提高悬架刚度和减震器阻尼力,以抵消车身前部下冲的趋势。

④当汽车在高于110 km/h的车速行驶时,电控单元将把悬架刚度和减震器阻尼力调节到中间值,以提高高速行驶时的操纵稳定性。

⑤当汽车在30~80 km/h的范围内行驶时,如果前轮车身高度传感器检测到路面有小凸起(如前轮通过混凝土路面接缝等),则在后轮通过该凸起之前,电控单元将把悬架刚度和减震器阻尼力调节到最低值,以提高乘坐舒适性。

⑥当汽车在40~100 km/h的范围内行驶时,如果前轮车身高度传感器检测到路面有较大的凸起(如前轮通过损坏的铺砌路面等),电控单元将把悬架刚度和减震器阻尼力调节到中间值,以减小车体的前后颠簸、振动等动作的幅度,提高乘坐舒适性和汽车通过性。当汽车车速超过100 km/h且通过较大凸起时,电控单元将把悬架刚度和减震器阻尼力调节到最高值。

⑦当汽车在良好路面上行驶时,悬架刚度和减震器阻尼力由驾驶员通过开关选择。

3.设置有路况预测传感器的电子控制悬架系统

图8-8所示为一设置有路况预测传感器的电子控制悬架系统。该系统的传感器主要有速度传感器、路况预测传感器、车身高度传感器、纵向加速度传感器等;执行器主要有电磁控制阀和选择阀;车身与车轮之间的悬架装置有悬架弹簧和单向液压执行器;储压器内充有气体,在工作时起弹簧的作用;主节流孔的直径小于副节流孔,两个节流孔用于控制

减震器阻尼力,当选择阀不通电时,只有主节流孔工作,减震器阻尼力大;当选择阀通电时,副节流孔进入工作状态,主节流孔和副节流孔同时工作,减小了减震器阻尼力。

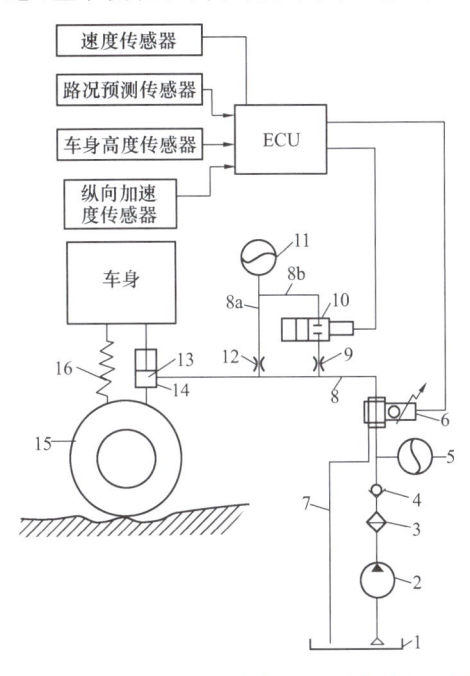

图8-8 设置有路况预测传感器的电子控制悬架系统

1—油箱;2—油泵;3—滤清器;4—单向阀;5—储压器;6—电磁控制阀;7—回油管;8—油管;9—副节流孔;10—选择阀;11—储压器;12—主节流孔;13—油压腔;14—单向液压执行器;15—车轮;16—悬架弹簧

图8-9所示为日产汽车公司设置有路况预测传感器(声呐系统)的汽车,其声呐系统设置在汽车前部,主要用于检测车辆前下方是否有凸起物及凸起物的大小。路况预测传感器输出的信号电压与路面凸起物的大小成正比。如图8-10所示,电子控制系统设定一个低阈值V_1和高阈值V_2,只有当路况预测信号位于V_1和V_2之间时,电控单元才输出一个打开选择阀的控制信号。如果不设定低阈值V_1,而是完全按照传感器输出的信号进行控制,则悬架系统的阻尼变化就会过于频繁;如果不设定高阈值V_2,则车辆在通过一个很大的凸起物时,就会因悬架系统阻尼系数调节得过小而产生很大的冲击力,使悬架底部与车桥之间产生刚性碰撞。

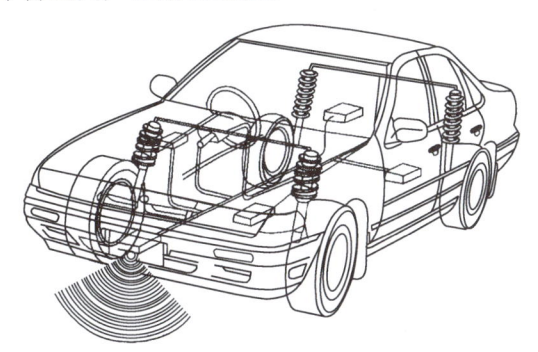

图8-9 设置有路况预测传感器(声呐系统)的汽车

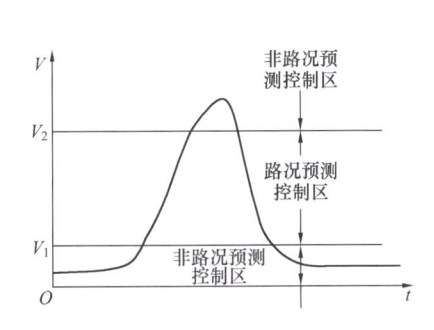

图8-10 路况预测传感器的输出曲线

在汽车行驶过程中,电控单元根据各传感器输入的信号进行分析、判断,对设置在各车轮上的控制阀和选择阀进行控制,实现悬架刚度、减震阻尼和车身高度的控制。

在车辆正常行驶时,电控单元控制关闭选择阀,使液压执行器的油压腔通过主节流口与储压器相通,此时可吸收并减小因路面不平而引起的较小振动。当车辆在有凸起物的路面上行驶时,电控单元根据车速传感器输入的信号估算出检测到的凸起物大小和以实际车速通过凸起物的滞后时间,并在车轮通过凸起物时打开选择阀,减小悬架的阻尼力,待车轮通过凸起物,又控制选择阀关闭,将悬架阻尼恢复到原值。这样在车轮通过凸起物时,悬架的阻尼系统只做了短暂变化,提高了汽车行驶稳定性。

8.1.3 电子控制悬架系统各主要组件的结构

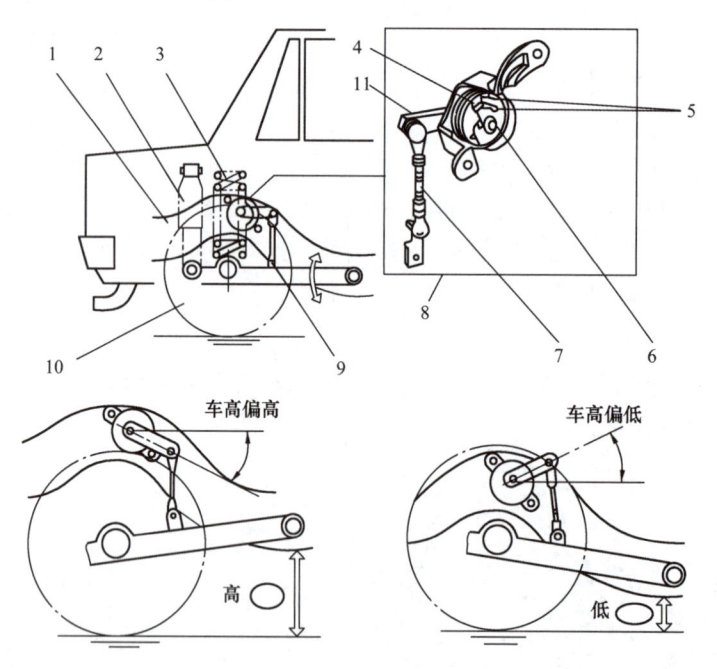

1. 车身高度传感器

车身高度传感器的作用是检测车身高度的变化,将车身高度转变为电信号向电控单元输入,作为车身高度控制的主要依据。其实,车身高度是通过检测汽车悬架装置的位移来确定的。车身高度传感器如图 8-11 所示。车身高度传感器固定在车架上不动,传感器的连杆通过拉紧螺栓与后悬架臂连接。当车身高度变化时,后悬架臂上下摆动,从而通过拉紧螺栓带动连杆摆动。连杆摆动时,传感器内部便产生出反映车身高度变化的电信号。目前,汽车多用光电式车身高度传感器。

图 8-11 车身高度传感器

1—车架;2—减震器;3—螺旋弹簧;4—槽;5—光电元件;6—遮光盘;
7—拉紧螺栓;8—车身高度传感器;9—后悬架臂;10—轮胎;11—连杆

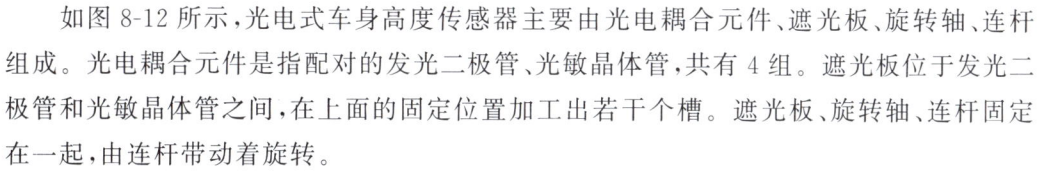

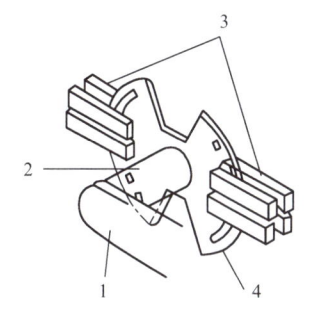

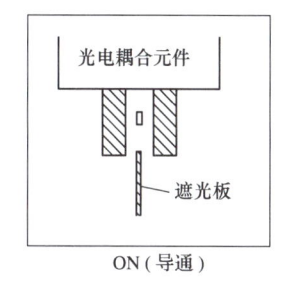

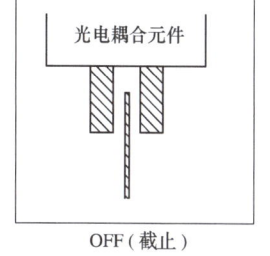

如图 8-12 所示，光电式车身高度传感器主要由光电耦合元件、遮光板、旋转轴、连杆组成。光电耦合元件是指配对的发光二极管、光敏晶体管，共有 4 组。遮光板位于发光二极管和光敏晶体管之间，在上面的固定位置加工出若干个槽。遮光板、旋转轴、连杆固定在一起，由连杆带动着旋转。

图 8-12　光电式车身高度传感器的原理
1—连杆；2—旋转轴；3—光电耦合元件；4—遮光板

当连杆带动遮光板转动到某一位置时，如果发光二极管发出的光线正对遮光板的槽，则光线通过槽照射到与其对应的光敏晶体管上，光敏晶体管导通；如果发光二极管发出的光线没有对准遮光板的槽，则光线便被遮光板遮挡住，不能照射到光敏晶体管上，光敏晶体管截止。遮光板位于不同的位置，四个光敏晶体管的导通、截止情况就不同，根据四个光敏晶体管导通、截止情况的组合就可以确定遮光板的位置，也就可以确定出车身高度。

图 8-13 所示为车身高度传感器的原理电路。表 8-1 为车身高度传感器光敏晶体管的工作组合。

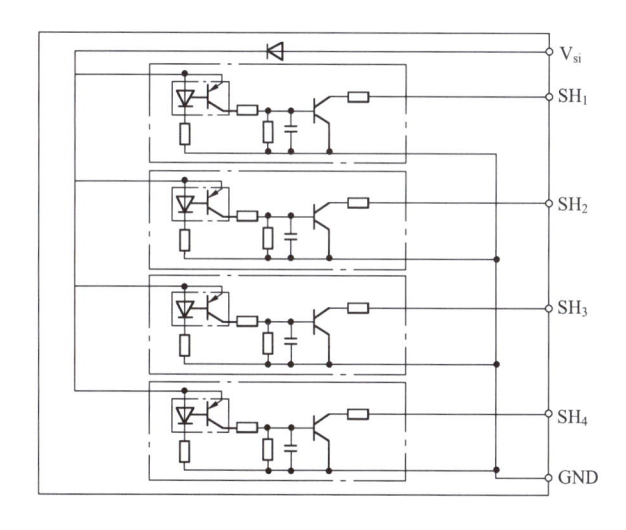

图 8-13　车身高度传感器的原理电路

表8-1　　　　　　　　车身高度传感器光敏晶体管的工作组合

车高	光敏晶体管的工作情况				车高范围	计算机判断结果
	No.1(SH₁)	No.2(SH₂)	No.3(SH₃)	No.4(SH₄)		
高 ↑ ↓ 低	OFF	OFF	ON	OFF	15	过高
	OFF	OFF	ON	ON	14	高
	ON	OFF	ON	ON	13	
	ON	OFF	ON	OFF	12	
	ON	OFF	OFF	OFF	11	
	ON	OFF	OFF	ON	10	
	ON	ON	OFF	ON	9	正常
	ON	ON	OFF	OFF	8	
	ON	ON	ON	OFF	7	
	ON	ON	ON	ON	6	
	OFF	ON	ON	ON	5	低
	OFF	ON	ON	OFF	4	
	OFF	ON	OFF	OFF	3	
	OFF	ON	OFF	ON	2	
	OFF	OFF	OFF	ON	1	过低
	OFF	OFF	OFF	OFF	0	

2. 车身高度控制执行装置

图8-14所示为丰田汽车公司电子控制悬架系统（TOYOTA Electronic Modulated Suspension，即TEMS）的车身高度控制系统。该系统车身高度控制执行装置主要由电动压缩机、空气电磁阀、干燥器、空气弹簧等组成。电动压缩机是电动机和压缩机的组合，用于产生压缩空气。干燥器的作用是滤去压缩空气中水分，避免水分进入空气弹簧的气室。干燥器积存的水分会在空气弹簧收缩时随着排出的气体排出。空气电磁阀主要由进气阀和排气阀组成，进气阀控制向空气弹簧主气室充气，排气阀控制空气弹簧主气室中气体的排出。

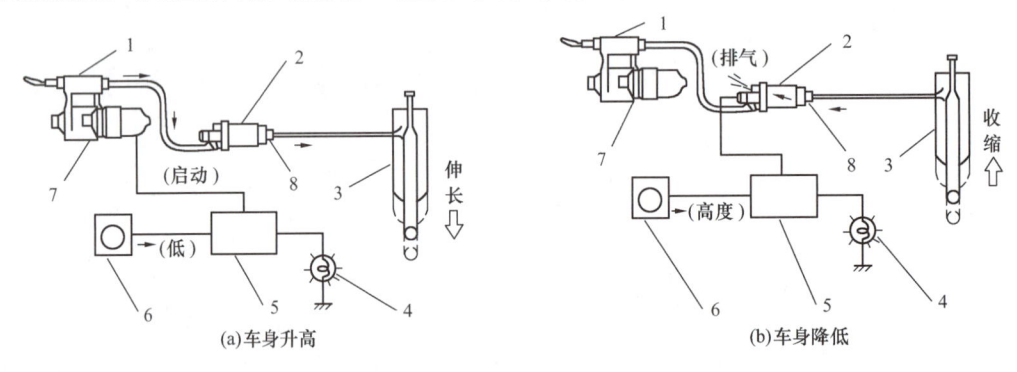

图8-14　丰田汽车公司TEMS的车身高度控制系统
1—压缩机；2—干燥器；3—空气弹簧；4—指示灯；5—ECU；6—车身高度传感器；7—电动机；8—空气电磁阀

当电控单元输出车身升高的控制指令时，便控制空气电磁阀的进气阀打开由电动压缩机通向空气弹簧的进气道，电动压缩机产生的压缩空气经干燥器流向空气弹簧，在压缩气体的作用下空气弹簧伸长，车身升高；当电控单元输出车身降低的控制指令时，便控制空气电磁阀的排气阀打开排气口，空气弹簧主气室中的压缩空气经该排气口排放到大气中，空气弹簧内气体量减小，空气弹簧收缩，车身降低。

图 8-15 所示为日本富士汽车空气悬架系统车身高度控制执行装置,该装置主要包括空气压缩机、储气罐、电磁阀、空气弹簧等。空气压缩机产生的压缩空气经干燥器后进入储气罐,储气罐内的气体压力由调压阀调节。干燥器内装有硅胶,用来吸收压缩空气中的水分,当排气阀打开,压缩空气经排气阀排出时,通过抽气喷嘴从干燥器内将潮湿气雾抽出并排放。

当电控单元输出车身升高的控制指令时,便控制电磁阀、进气阀通电打开,来自储气罐的压缩空气经进气阀进入空气弹簧的主室,在压缩空气的作用下空气弹簧伸长,车身升高;当需要保持车身高度不变时,电磁阀便控制空气弹簧内的空气量保持不变;当需要降低车身时,电控单元使空气压缩机停止工作,同时使电磁阀、排气阀也都通电打开,空气弹簧主气室内气体经排气阀排出,车身下降。

3.空气悬架刚度调节装置

空气悬架刚度调节装置主要由刚度调节阀和悬架控制执行器组成。

图 8-16 所示为空气悬架的基本构造。悬架的上端与车身相连,下部与车轮相连。悬架的内部腔室被分为两部分:主气室和辅气室,主、辅气室之间设有气体通道。当车身与车轮之间发生相对运动时,主气室的容积便发生变化,压力也发生变化,主、辅气室之间气体便相互流动。改变主、辅气室之间的通道大小,可以改变主气室被压缩的空气量,进而使空气悬架的刚度随之变化。

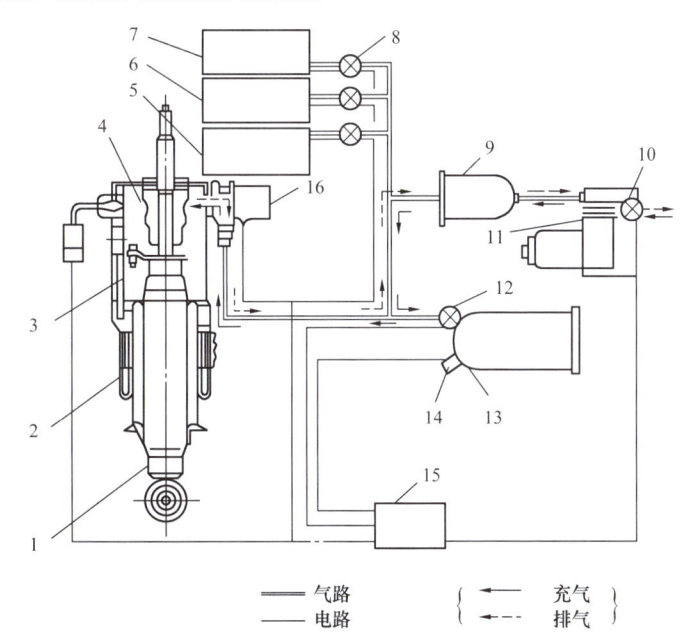

图 8-15 日本富士汽车空气悬架系统车身高度控制执行装置
1—减震器;2—伸缩膜;3—高度传感器;4—后左空气弹簧;5—后右空气弹簧;
6——前左空气弹簧;7——前右空气弹簧;8、16—电磁阀;9—干燥器;10—排气阀;
11—空气压缩机;12—进气阀;13—储气罐;14—调压阀;15—ECU

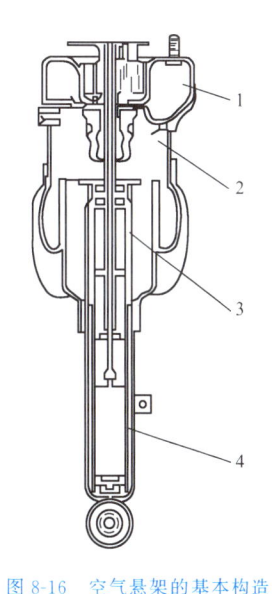

图 8-16 空气悬架的基本构造
1—排气室;2—主气室;
3—低压惰性气体;4—减震器

主、辅气室之间通道大小由刚度调节阀来调节,如图 8-17 所示。刚度调节阀位于主、辅气室之间，刚度调节阀的气阀体上设有大气室通道和小气室通道。位于阀体中央的阀芯与气阀控制杆连接在一起，当气阀控制杆转动时，便带动阀芯转动。当阀芯上气道正对气阀体上的大气室通道时，主、辅气室之间的通道面积大，气体流量也大，相当于参与工作的气体容积大，此时悬架的刚度最小，处于"低"刚度状态；当阀芯上的气道正对气阀体上的小气室通道时，主、辅气室之间的通道面积小，气体流量也小，悬架刚度增大一些，处于"中"刚度状态；当阀芯上的气道被气阀体遮挡住时，主、辅气室之间的通道被堵塞，无气体流动，被压缩的气体容积最小，只有主气室的气体被压缩，此时悬架的刚度最大，处于"高"刚度状态。

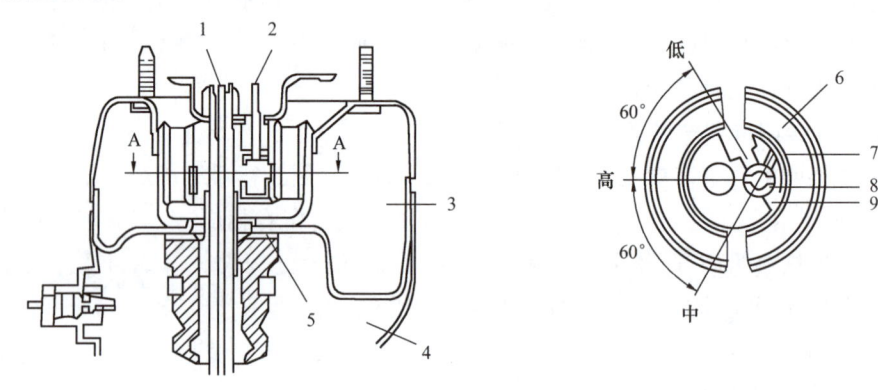

图 8-17 刚度调节阀
1—阻尼调节杆；2—气阀控制杆；3—辅气室；4—主气室；5—主、辅气室通道；
6—气阀体；7—小气室通道；8—阀芯；9—大气室通道

刚度调节阀的工作由悬架控制执行器根据电控单元输出的指令进行控制。悬架控制执行器主要由步进电动机、小齿轮、扇形齿轮、刚度调节杆、电磁线圈、制动杆、阻尼调节杆等组成，如图 8-18 所示。步进电动机通过齿轮机构驱动刚度调节杆转动，进而带动刚度调节阀的阀芯转动。

如图 8-19 所示，步进电动机的转子为永久磁铁，定子上有两对磁极。定子上通电状况不同时，磁极的极性不同，转子的转角也不同。当在 A-B 绕组加上正向电流(A 端接正极，B 端接负极)时，转子处于"低"位；当 A-B 绕组不通电，C-D 绕组通电时，转子处于"高"位；当 A-B 绕组接反向电流时，左、右磁极磁性相反，转子处于"中"位。

电磁线圈的作用是通过制动杆锁定齿轮机构，保持悬架系统的参数（刚度、阻尼系数）稳定。当电磁线圈控制的电磁制动开关松开时，制动杆处于扇形齿轮的滑槽内，扇形齿轮可以转动，悬架系统的参数可以根据需要改变；当电磁制动开关吸合时，制动杆往回拉，齿轮系处于锁定状态，各转阀均不能转动，悬架系统参数保持相对稳定。

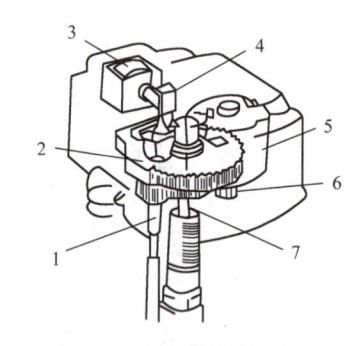

图 8-18 悬架控制执行器
1—刚度调节杆；2—扇形齿轮；
3—电磁线圈；4—制动杆；5—步进电动机；
6—小齿轮；7—阻尼调节杆

(a)工作原理

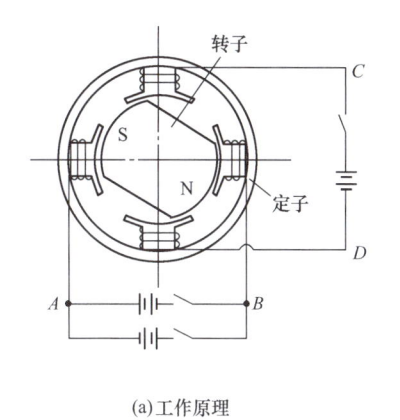

(b)工作状态

图 8-19　步进电动机的工作原理

4.悬架系统阻尼调节装置

阻尼调节装置是通过改变阻尼孔的大小来改变悬架系统的阻尼力。

(1)机电式阻尼调节装置

图 8-20 所示为机电式阻尼调节装置,主要由阻尼调节执行机构和减震器两大部分组成。阻尼调节执行机构位于减震器的上部,可以驱动减震器中的回转阀转动,改变阻尼孔的大小。

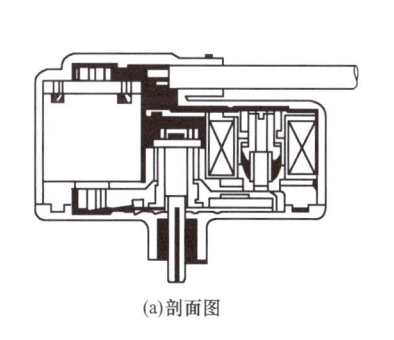

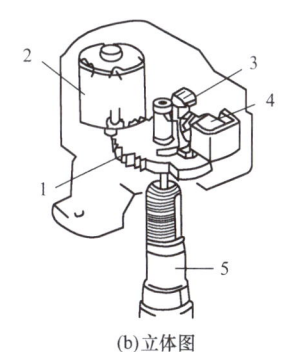

(a)剖面图

(b)立体图

图 8-20　机电式阻尼调节装置

1—减速齿轮;2—直流电动机;3—挡块;4—挡块用电磁铁;5—减震器

阻尼调节执行机构主要由直流电动机、减速齿轮、挡块、电磁铁等组成。直流电动机用于驱动回转阀的转动;挡块用于限制减速齿轮的旋转,挡块的工作由电磁铁控制。

电控单元控制电动机和电磁铁的通电状态,通电状态不同,齿轮的旋转角度不同,使减震器的阻尼力也不同,如图 8-21 和表 8-2 所示。

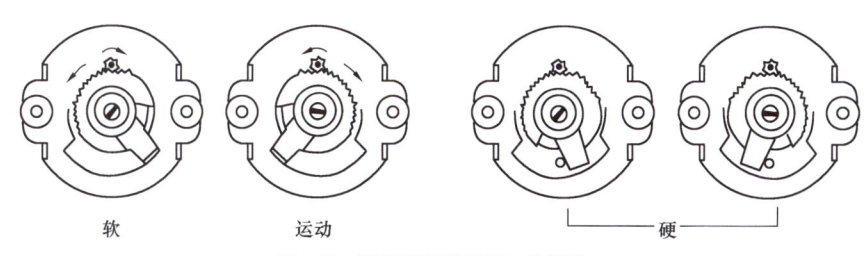

软　　　运动　　　　　硬

图 8-21　阻尼调节装置的工作原理

表 8-2　　　　　　　　　　　阻尼调节装置工作状态

现在的角度	驱动角度	直流电动机 正极	直流电动机 负极	电磁铁
—	软	−	+	OFF
—	运动	+	−	OFF
软	硬	+	−	ON
运动	硬	−	+	ON

图 8-22 所示为三级可调式减震器。减震器的阻尼通过活塞杆、回转阀来调节。回转阀与阻尼调节杆连接在一起，并随阻尼调节杆旋转。回转阀上有三个阻尼孔，它们沿圆周分布在不同的角度，并且分别处于图中 A—A、B—B、C—C 三个不同的高度位置。活塞杆固定不动，在 A—A、B—B、C—C 三个高度位置同样加工出通道，但这三个通道处于圆周上的同一个角度。回转阀上阻尼孔与活塞杆上回油通道的相对位置见表 8-3。

当阻尼调节杆驱动回转阀使 A—A、B—B、C—C 三个截面上的阻尼孔全部被堵塞时，只有下面的主阻尼孔工作，因此此时阻尼最大，减震器处于"坚硬"状态。

当回转阀从"坚硬"状态位置顺时针转动 60°时，B—B 截面的阻尼孔打开，A—A、C—C 两截面上的阻尼孔仍旧关闭。此时由于多了一个阻尼孔参加工作，因此减震器阻尼减小，处于"中等"状态，又称"运动"状态。

当回转阀从"坚硬"状态位置逆时针转动 60°时，A—A、B—B、C—C 三截面上的阻尼孔全部打开，全部参加工作，此时阻尼最小，减震器处于"柔软"状态。

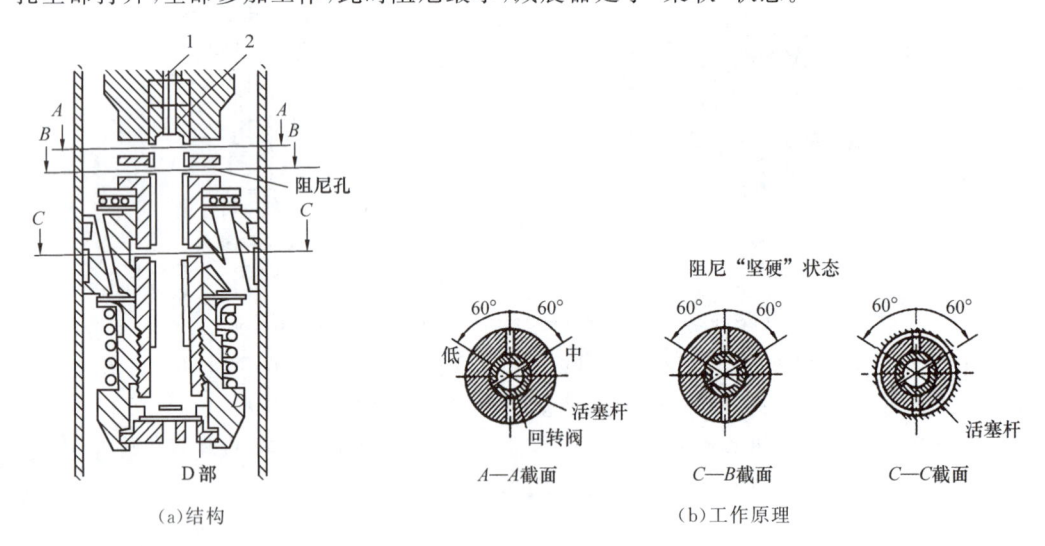

(a)结构　　　　　　　　　　(b)工作原理

图 8-22　三级可调式减震器
1—阻尼调节杆；2—回转阀

机电式阻尼调节装置的工作由电控单元内存程序根据车速传感器、加速度传感器、转向传感器等输出的反映车辆行驶状态的信号进行控制。

表 8-3　　　　　　　　　　阻尼孔与油液孔的相对位置

阻尼孔位置	A—A 截面阻尼孔	B—B 截面阻尼孔	C—C 截面阻尼孔
坚硬			
中等			
柔软			

(2) 压电式阻尼调节装置

压电式阻尼调节装置主要由压电传感器、压电执行器和阻尼力变换阀三部分组成,如图 8-23(a) 所示。

压电传感器和压电执行器都是根据压电元件的压电效应原理制成的。当在压电元件上施加外力时,压电元件内部产生极化现象,在其两个表面出现异性电荷,产生电压,这种现象称为压电正效应;当给压电元件施加电压时,则在压电元件上将引起位移,这一现象称为压电负效应。压电传感器是根据压电正效应工作的,而压电执行器则是根据压电负效应工作的。

压电传感器有 5 层压电元件,每层厚度为 0.5 mm。压电传感器在受到作用力作用时,大约在 2 μs 的短时间内就可产生电压信号。

压电执行器由 88 个压电元件组成。当对压电执行器加上电压后,在大约 5 s 的时间内就会产生 50 μm 左右的位移。

当汽车在颠簸路面上行驶时,路面振动产生的作用力作用在压电传感器上,压电传感器在短时间内产生出电压信号,并向电控单元输送。电控单元接收到该电压信号后,立即向压电执行器施加电压,使其产生 50 μm 左右的位移,该位移经活塞和挺杆放大后,推动阻尼变换阀动作,打开阻尼孔,减小阻尼力,减轻车身的振动,提高乘坐舒适性,如图 8-23(c)所示;当撤去加在压电执行器上的电压后,压电执行器的位移消失,阻尼变换阀关闭阻尼孔,阻尼力恢复,如图 8-23(b)所示。

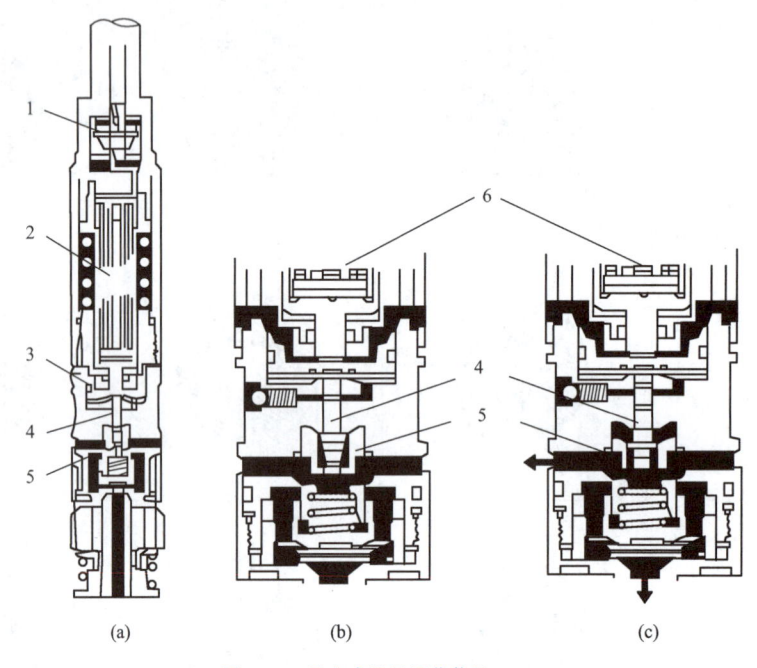

图 8-23 压电式阻尼调节装置

1—压电传感器;2—压电执行器;3—活塞;4—挺杆;5—阻尼力变换阀;6—压电执行器

压电式阻尼调节装置从颠簸出现到阻尼力变换阀动作仅需几毫秒,具有很高的响应能力,可以提高车辆在粗糙或不平路面上行驶时的乘坐舒适性。

8.2 典型电子控制悬架系统

丰田轿车采用电子调节空气悬架系统。

1.丰田轿车电子调节空气悬架系统的组成

丰田轿车电子调节空气悬架系统主要由车身高度传感器、主节气门位置传感器、转向传感器、高度控制压缩机、干燥器、排气阀、1号高度控制阀、2号高度控制阀、前悬架控制执行器、后悬架控制执行器、1号高度控制继电器、2号高度控制继电器、悬架控制 ECU、停车灯开关、LRC 开关、高度控制开关、高度控制 ON/OFF 开关、IC 调节器、溢流阀等组成。图 8-24 所示为丰田轿车电子调节空气悬架系统各元件在车上的安装位置。

LRC 开关(LEXUS 驾驶开关)的作用是控制悬架控制执行器的工作,对减震器的减震力和气压缸的弹簧刚度进行自动控制。当 LRC 开关拨到"SPORT"侧时接通,系统进

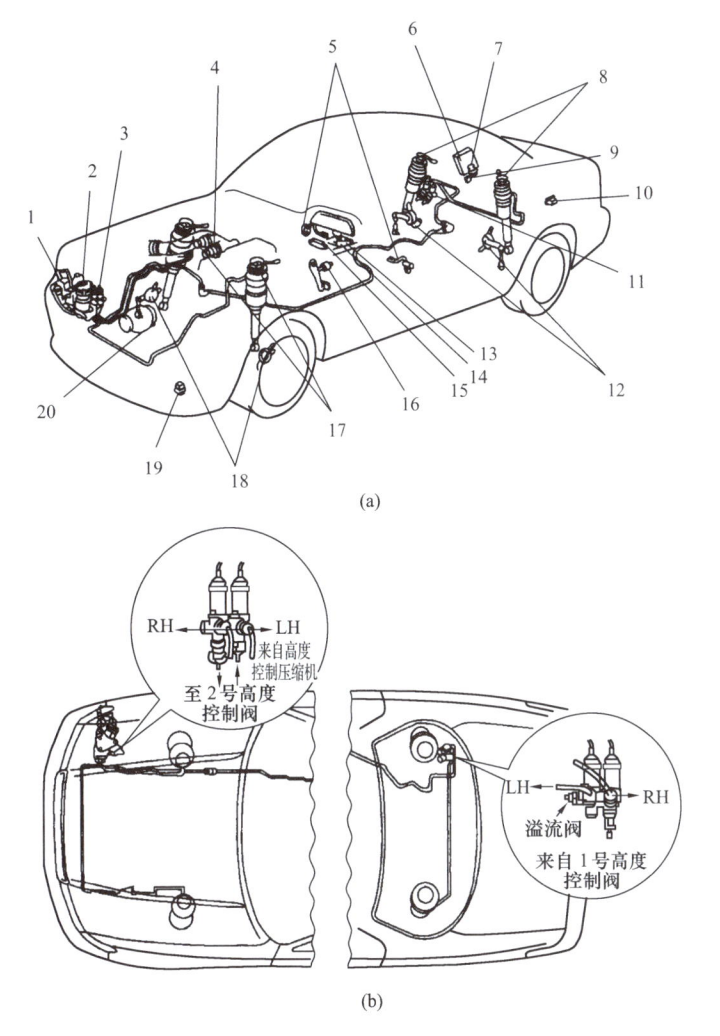

图 8-24　丰田轿车电子调节空气悬架系统各元件在车上的安装位置

1—干燥器和排气阀；2—高度控制压缩机；3—1号高度控制阀；4—主节气门位置传感器；5—门控灯开关；6—悬架控制 ECU；7—2号高度控制继电器；8—后悬架控制执行器；9—高度控制连接器；10—高度控制 ON/OFF 开关；11—2号高度控制阀和溢流阀；12—后车身高度传感器；13—LRC 开关；14—高度控制开关；15—转向传感器；16—停车灯开关；17—前悬架控制执行器；18—前车身高度传感器；19—1号高度控制继电器；20—IC 调节器

入"高速行驶自动控制"状态；当 LRC 开关拨到"NORM"侧时断开，系统进入"常规自动控制"状态。

当高度控制 ON/OFF 开关在 OFF 位置时，该电路接通，电子控制空气悬架系统可以对车身高度进行自动控制；当高度控制 ON/OFF 开关在 ON 位置时，电路断开，电子控制空气悬架系统不进行车身高度控制。

高度控制开关拨到"NORM"侧时断开，拨到"HI"侧时接通。悬架控制 ECU 检测到高度控制开关的状态后，相应地使车身升高或降低。

2.丰田轿车电子调节空气悬架系统的控制电路

图 8-25 所示为丰田轿车电子调节空气悬架系统的控制电路。

3.丰田轿车电子调节空气悬架系统的控制功能

丰田轿车电子调节空气悬架系统主要有车身高度控制、悬架刚度控制和减震器减震力控制三项控制功能。电子调节空气悬架中储存有起弹簧作用的压缩空气，即空气弹簧，空气弹簧的"刚度"和车身高度由控制系统根据车辆的行驶状态进行自动调整；同样，减震器的减震力也由控制系统进行控制，以抑制车辆倾斜、制动时前部栽头以及高速行驶过程中后部下坐等车辆姿态变化，这样就可以保证乘坐的舒适性和行驶的操纵稳定性。丰田轿车电子调节空气悬架系统的控制项目见表 8-4。

(1)车身高度控制

悬架控制 ECU 根据车身高度传感器输入的信号，通过高度控制阀实现对车身高度的控制。

丰田轿车电子调节空气悬架系统采用光电式车身高度传感器。该系统在左前、右前、左后、右后位置共设置了 4 个车身高度传感器。每个传感器由 1 个带槽孔圆盘和 4 对遮光板组成，而且圆盘与连杆组合在一起，并在连杆的带动下转动。圆盘在发光二极管与每个遮光板的光敏晶体管之间旋转。高度传感器利用遮光板的通/断信号的输出组合(16 个选择脉冲信号)来检测车身的高度，并将它们转换为串行数据输送给 ECU。图 8-26 所示为丰田轿车电子调节空气悬架系统车身高度传感器的工作电路。当点火开关接通时，悬架控制 ECU 便通过 MRLY 端子控制 2 号高度控制继电器工作，接通 4 个车身高度传感器的电源电路，高度传感器开始向 ECU 输送车身高度信号。

压缩机用于产生压缩空气，是车身高度控制和空气弹簧刚度控制的动力源。当车身高度升高时，悬架控制 ECU 的 RCMP 端子输出控制信号，1 号高度控制继电器触点闭合，压缩机电动机电路接通运转，产生压缩空气，压缩空气经干燥器过滤潮气后向各空气悬架的气压缸输送，车身升高。压缩机在工作过程中，悬架控制 ECU 通过其端子RM＋、RM－的电位差检测出流经压缩机电动机的电流值并以此监测压缩机电动机电路工作是否正常。图 8-27 所示为压缩机的工作电路。

悬架控制 ECU 控制高度控制阀电磁线圈的工作。当电磁线圈通电后，控制阀打开，并将压缩空气引入气压缸，使车身升高；当车身下降时，悬架控制 ECU 在控制高度控制阀电磁线圈通电的同时，也控制排气阀电磁线圈通电，排气阀打开，气压缸的压缩空气便被排放到大气中，与此同时，干燥器中的潮湿气体也被排放到大气中。

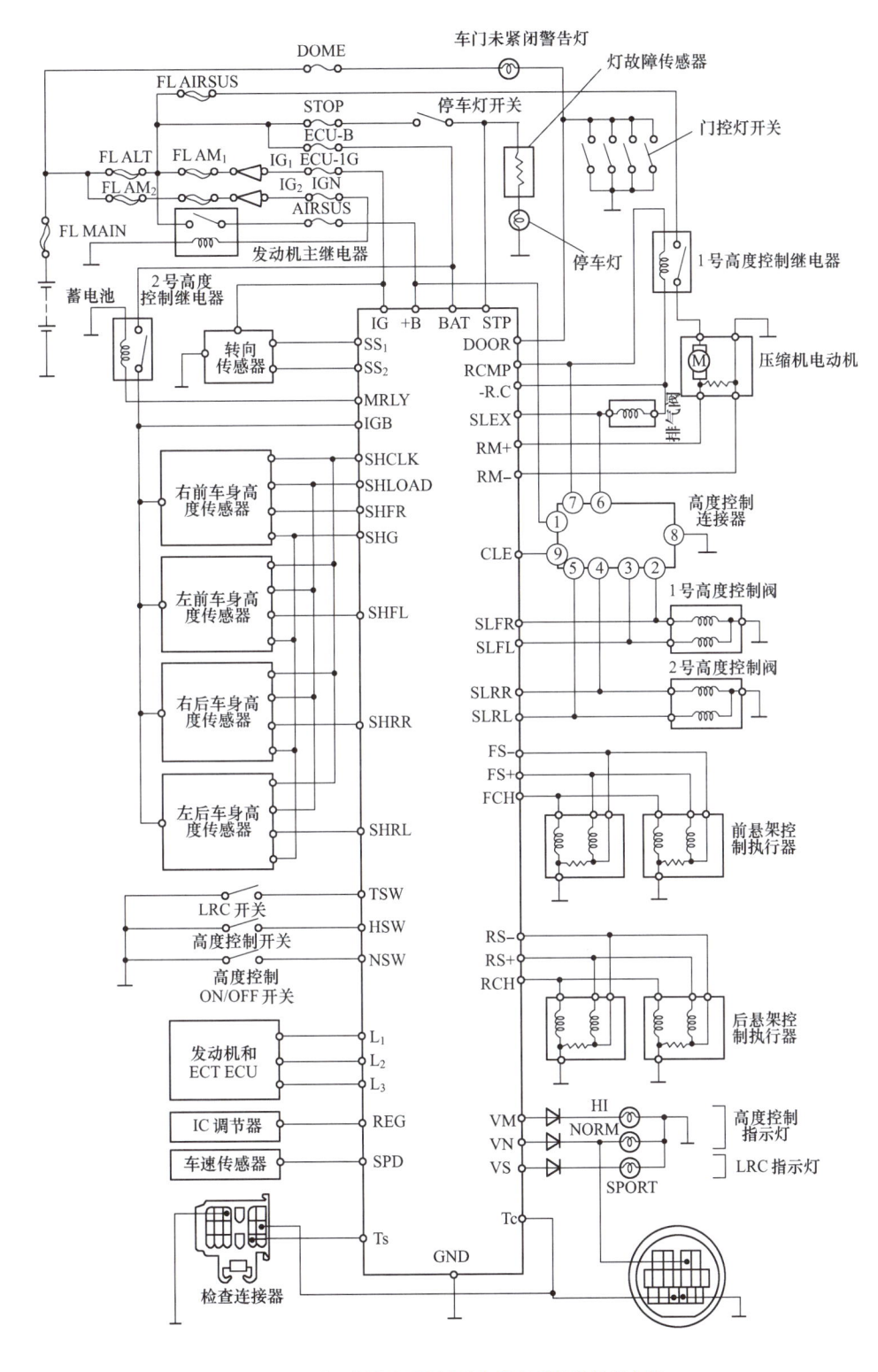

图 8-25 丰田轿车电子调节空气悬架系统的控制电路

表 8-4　　丰田轿车电子调节空气悬架系统的控制项目

控制项目			功　能
弹簧刚度和减震力控制	防侧倾控制		使弹簧刚度变为"坚硬"状态，其目的是抑制车辆侧倾，从而使车辆姿态变化降低到最低程度，以改善车辆行驶的操纵性
	防栽头控制		使弹簧刚度和减震力变为"坚硬"状态，以抑制车辆制动时栽头
	防下坐控制		使弹簧刚度和减震力变为"坚硬"状态，以抑制车辆加速时发生后坐现象
	高车速控制		使弹簧刚度变为"坚硬"状态，使减震力变为"中等"状态，以改善车辆高速行驶时的稳定性和操纵性
	不平路面控制		使弹簧刚度和减震力变为"中等"或"坚硬"状态，以控制车身在悬架上下垂，从而改善车辆在不平路面上行驶时乘坐的舒适性
	颠动控制		使弹簧刚度和减震力变为"中等"或"坚硬"状态，以抑制车辆在不平路面上行驶的颠动
	颠簸控制		使弹簧刚度和减震力变为"中等"或"坚硬"状态，以抑制车辆在不平路面上行驶时发生颠簸
车身高度控制	自动高度控制		不管乘客多少、行李多重，均能使车身保持在某一恒定高度。操作高度控制开关，使车身的目标高度变为"正常"或"高"的状态
	高车速控制		当高度控制开关在"HI"位置时，车身高度会降到"NORM（正常）"状态，从而改善车辆高速行驶时的气动性和稳定性
	点火开关 OFF 控制		当点火开关断开后，由于乘客和行李质量变化而使车身的高度变为高于目标高度时，能使车身下降到目标高度，从而改善了车辆驻车姿态

图 8-28 所示为高度控制阀和排气阀的工作电路。丰田轿车共有两个高度控制阀，1 号高度控制阀用于前悬架控制，有 2 个电磁阀分别控制左、右气压缸；2 号高度控制阀用于后悬架控制，也有 2 个电磁阀分别控制左、右气压缸，但是为了防止空气管中产生不正常压力，在 2 号高度控制阀上设置了一个溢流阀，其安装位置如图 8-24(a) 所示。

(2) 空气弹簧刚度和减震器减震力的控制

空气弹簧刚度和减震器减震力由悬架控制执行器同时控制。悬架控制执行器设置在气压缸的上部，如图 8-29 所示。在控制过程中，悬架控制 ECU 向每个气压缸所装的悬架控制执行器输送控制信号，悬架控制执行器便驱动减震器的阻尼调节杆（旋转阀）和气压缸的空气阀工作，从而改变减震器的减震力和空气弹簧的刚度。图 8-30 所示为丰田轿车悬架控制执行器的工作电路。

图 8-26　丰田轿车电子调节空气悬架系统车身高度传感器的工作电路

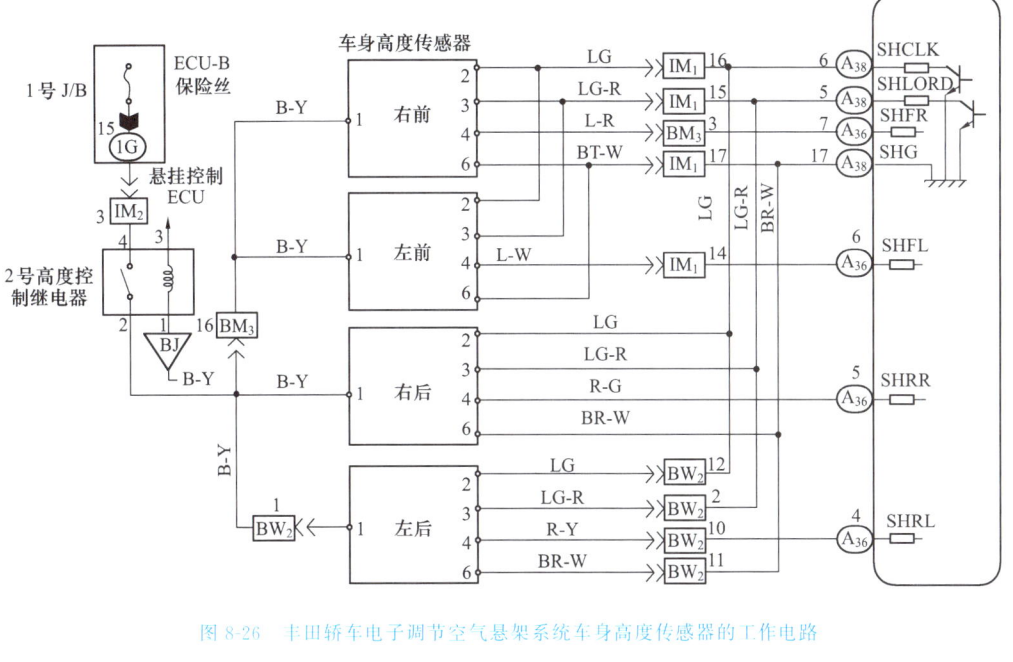

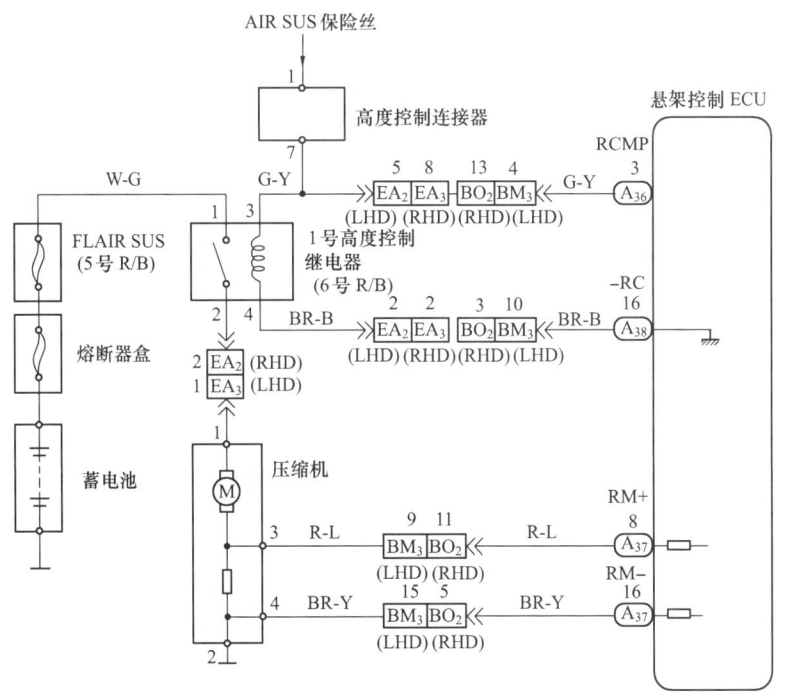

图 8-27　压缩机的工作电路

211

模块 8　电子控制悬架系统

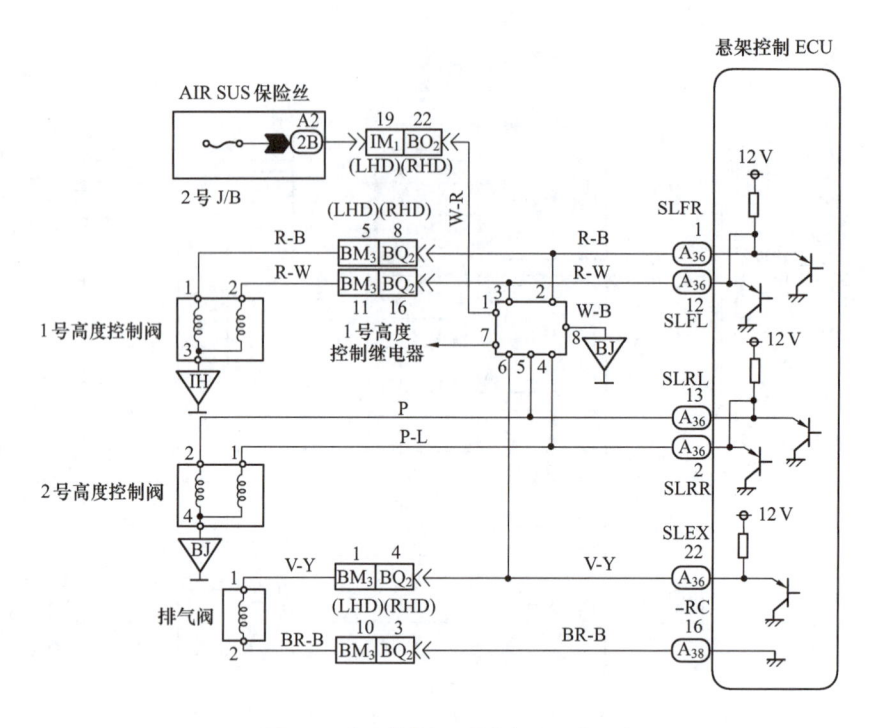

图 8-28　高度控制阀和排气阀的工作电路

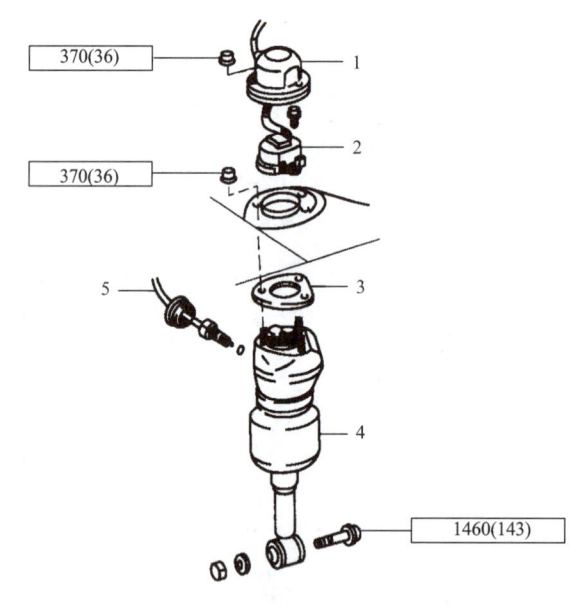

图 8-29　悬架控制执行器
1—执行器盖；2—执行器；3—悬架支座；4—前气压缸；5—空气管

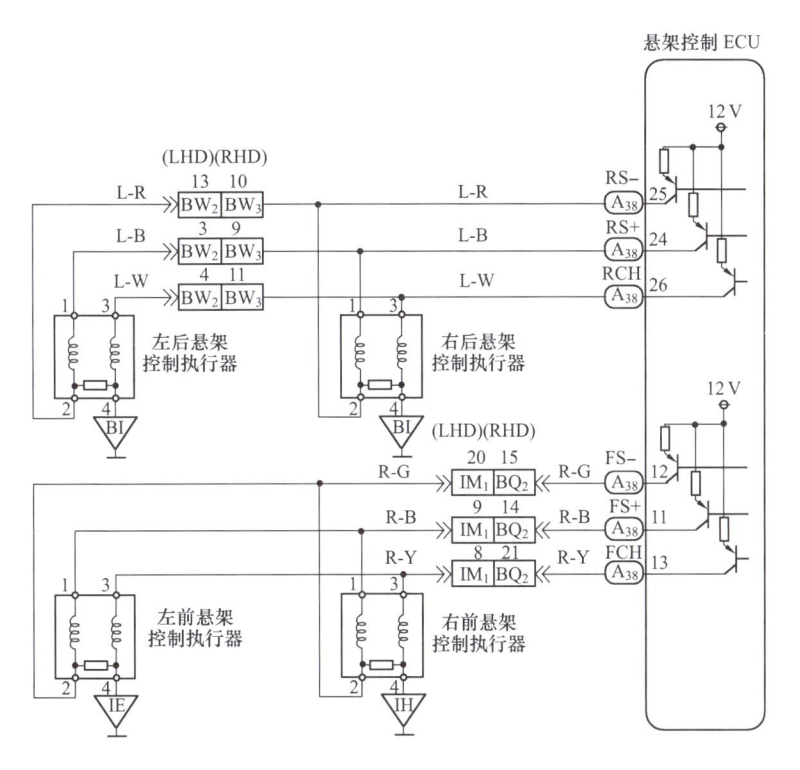

图 8-30　丰田轿车悬架控制执行器的工作电路

8.3　电子控制悬架系统的故障诊断

以丰田轿车电子调节空气悬架系统为例,说明电子控制悬架系统的故障诊断方法。

1.指示灯检查

首先将点火开关转到 ON 位,检查 LRC 指示灯和高度控制指示灯。正常情况下,指示灯应发光 2 s 左右。当高度控制"NORM"指示灯以 1 s 间隔闪烁时,说明悬架控制 ECU 存储器中储存有故障码。若出现表 8-5 中的不正常现象,则应按该表检查相应的电路。

表 8-5　　　　　　丰田轿车电子调节空气悬架系统故障表

故障现象	检查部位
点火开关转到 ON 位后,"SPORT""HI"和"NORM"指示灯不亮	①高度控制电源电路 ②指示灯电路
点火开关转到 ON 位后,"SPORT""HI"和"NORM"指示灯发光 2 s,然后全部熄灭	悬架控制执行器电路
点火开关转到 ON 位时,"SPORT""HI"和"NORM"指示灯不亮	指示灯电路
即使 LRC 开关置于"NORM"侧,"SPORT"指示灯仍亮	LRC 电路
仍亮着的一只车辆高度指示灯与高度控制开关所选定的车辆高度不一致	高度控制开关电路

2. 故障自诊断

将故障诊断仪连接到诊断接口,把点火开关转到 ON 位,进入诊断系统,即可读取故障码,然后按故障码指示的部位进行检修。

案例引入

一辆丰田陆地巡洋舰 4700 吉普车(自动挡,电控悬挂,带电动绞盘)出现如下故障现象:车身很低,没有减震缓冲,车身高度指示灯报警。在两家修理厂分别更换了 4 个减震器和 1 个电动液压泵,并且拆检过车身高度控制电脑,故障依旧。

本故障为典型的电子控制悬架系统故障。如何进行故障诊断?排除本故障需要哪些知识?对本故障进行诊断时应进行哪些检查项目?

案例分析

要对本故障进行故障诊断,必须了解电子控制悬架系统的组成与工作原理,掌握电子控制悬架系统各主要组件的结构,掌握电子控制悬架系统的故障诊断方法。

案例实施

【故障诊断与排除】丰田陆地巡洋舰 4700 吉普车电子控制悬架系统主要组成有:电动液压泵(在发动机舱的右后侧)、4 条可调节高度液压减震器、电磁分配阀(在车底大梁上,驾驶员座椅下面)、蓄能器、车身高度控制电脑(在加速踏板上方)、3 个车身高度传感器(安装在前减震器和后桥上面)、倾斜度传感器、油压压力传感器、压力开关等。

检查液压泵,液压泵是新的。检查液压泵的插头,液压泵上有 3 个插头,分别是电动机插头、油压压力传感器插头和电磁阀插头,由于多次检查和插拔,3 个插头都接触不良,仔细修理好插头并插好。

拆开车身高度控制电脑板进行检查,发现有进过水的痕迹,但已经干燥,没有过热变色的元件,影响不大,将车身高度控制电脑重新装好。

使用解码器提取故障码,结果输出 2 个故障码,分别指示油压压力传感器电路故障和蓄能器液压压力故障。第 2 个故障代码应该是由于拆开油管泄压产生的,暂不考虑;重点检查第 1 个故障代码(油压压力传感器电路故障),电子控制悬挂系统共有 3 个油压压力传感器,分别在液压泵、蓄能器、分配阀上。用万用表仔细检查传感器到电脑插头的通断情况,发现有断路情况。进一步检查,在蓄能器旁边的插头根部发现断点,线芯已经腐蚀断开,线皮还连着。断开塑料皮,找到断点,重新焊接断点。修复线路后,清除故障码,重新设定车身高度,然后进行路试,故障现象消失,故障排除。

小　结

汽车悬架是车架与车桥之间的弹性连接传力装置,其作用是把车架与车桥弹性地连接起来,用于缓和和吸收车轮在不平道路上行驶时所产生的冲击和振动,保证汽车行驶的平顺性。

汽车悬架主要由弹性元件、减震器和导向装置三部分组成。汽车悬架系统直接影响汽车的行驶平顺性和操纵稳定性。

电子控制悬架系统的作用是根据路面条件、载重量、行驶速度等来自动调节车身高度、悬架刚度和减震器阻尼,从而使车辆在各种行驶条件下均可获得最佳的行驶平顺性和操纵稳定性。

电子控制空气悬架系统主要由空气压缩机、干燥器、空气电磁阀、车身高度传感器、带有减震器的空气弹簧、悬架控制执行器、悬架控制选择开关和电控单元等组成。空气压缩机是悬架系统的动力源,其作用是输出压缩空气。车身高度传感器用来检测车身高度的变化,将车身高度转变为电信号向电控单元输送,作为车身高度控制的主要依据。电控单元根据车身高度传感器以及其他开关信号对车身高度、悬架刚度、减震器的阻尼等进行控制。电控单元通过控制空气弹簧主、辅气室之间的气体流量来改变悬架的弹簧刚度;通过控制进入空气弹簧的主气室的压缩空气来控制车身高度;通过改变阻尼孔的大小来改变悬架系统的阻尼。

拓展阅读

- ◆ 张蕾.汽车底盘电控系统原理与检修[M].北京:机械工业出版社,2016.
- ◆ 张士江.汽车底盘电控系统维修[M].2版.北京:机械工业出版社,2017.

模块8

模块 9

电子控制动力转向系统

学习目标

1. 了解电子控制液压式动力转向系统的组成和工作原理；了解电子控制电动式动力转向系统的组成和工作原理。
2. 能够对电子控制液压式动力转向系统进行检查。

电子控制动力转向系统(Electronic Controlled Power Steering System，EPS系统)。电子控制动力转向系统的作用是根据汽车行驶速度自动调节转向动力放大倍率，以保证转向系统在高、低速时都获得最佳的驾驶性能。

9.1 电子控制动力转向系统的组成与工作原理

汽车转向系统就是使转向轮偏转以实现汽车转向的一整套机构，其作用是保证汽车在行驶中能按照驾驶员的操纵要求适时地改变行驶方向，能在受到路面干扰偏离行驶方向时与行驶系统配合共同保持汽车稳定地直线行驶。

汽车转向系统按转向力源不同，可分为机械转向系统和动力转向系统。机械转向系统是完全依靠驾驶员的力量实现汽车转向的，主要由转向盘、转向柱、转向器(包括转向装置和转向传动机构)等组成。动力转向系统是在机械转向系统的基础上，增加了转向助力装置后形成的，在汽车转向时，驾驶员只需在转向盘上施加一个较小的力，由发动机驱动的油泵建立起的高压油便在控制阀的控制下进入动力缸，推动转向轮偏转，实现汽车转向。

电子控制动力转向系统则是动力转向系统和电子控制系统结合的产物，能够根据汽车的行驶速度将汽车的驾驶性能控制在最佳状态。

9.1.1 动力转向系统的组成和工作原理

1.动力转向系统的组成

如图9-1所示，动力转向系统主要由转向油泵、转向动力缸、转向控制阀和机械转向器等组成，其中转向控制阀主要由滑阀、反作用柱塞、分配阀体和回位弹簧组成。

转向油泵由发动机驱动，用来产生转向动力油压，是动力转向系统的动力源。转向油泵上设置有安全阀和溢流阀，安全阀的作用是防止油压过高，溢流阀的作用是控制油泵最大输油量，将流量控制在规定范围内。转向动力缸是将转向油泵产生的液压能转变为驱动转向车轮偏转的机械能的转向助力元件。转向控制阀是动力转向系统的核心部件。在驾驶员的操纵下，控制转向动力缸输出动力的大小、方向和增力快慢。

2.动力转向系统的工作原理

(1)汽车直线行驶时

如图9-1(a)所示，当汽车直线行驶时，转向盘处于中间位置不动。滑阀在分配阀体内回位弹簧的作用下保持在中间位置。由油泵输送来的工作油，一部分从滑阀和阀体环槽边缘的环形缝隙内进入动力缸的左、右腔室，同时另一部分又通过回油管回到储油室。此时，油路保持畅通，油泵的负荷很小，只需克服管路阻力，油压处于低压状态，动力缸活塞不运动，不产生转向助力作用。

(2)汽车转弯时

当汽车开始转向时，因为转向阻力很大，转向螺母保持不动。当转向盘施加的力使转向螺杆的轴向力大于回位弹簧的预紧力及作用于反作用柱塞上的油压作用力时，转向螺杆就会克服间隙h产生轴向移动，移动的方向取决于转向螺杆螺纹的方向及转向盘转动的方向。因此，滑阀也随之做轴向移动，使油路发生变化。

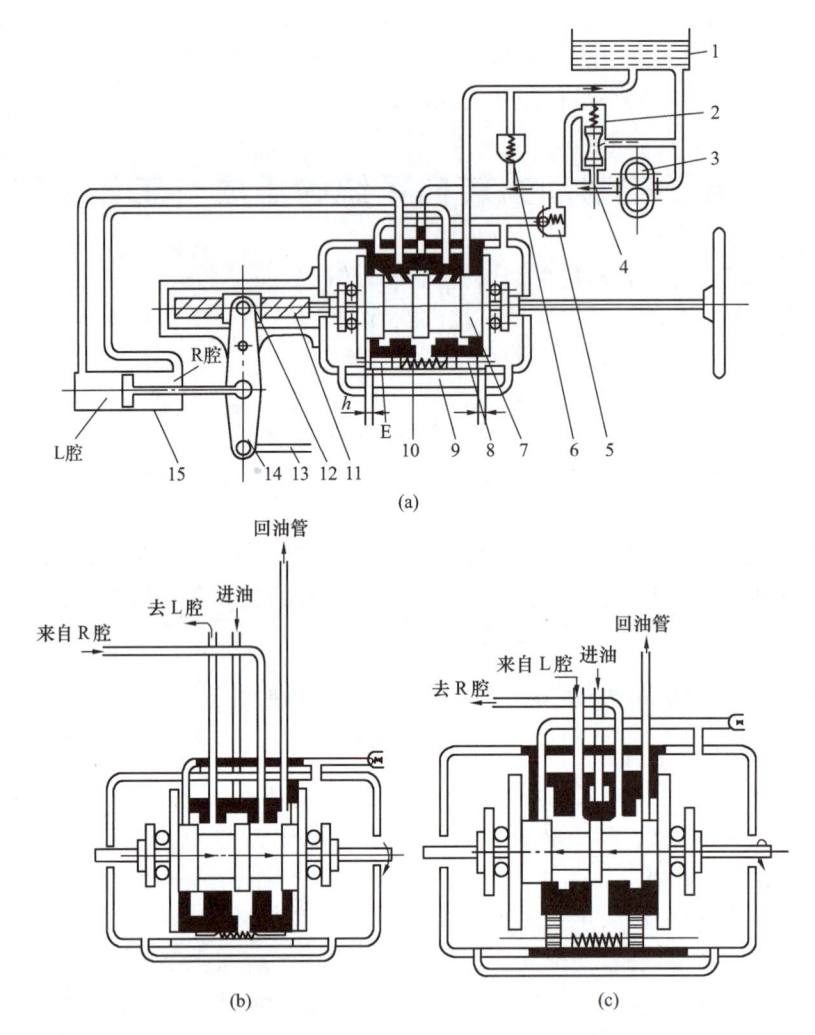

图 9-1 动力转向系统

1—油罐；2—溢流阀；3—转向油泵；4—量孔；5—单向阀；6—安全阀；7—滑阀；8—反作用柱塞；
9—分配阀体；10—回位弹簧；11—转向螺杆；12—转向螺母；13—纵拉杆；14—转向摇臂；15—转向动力缸

如图 9-1(b)所示，当汽车右转弯时，左旋转向螺杆按顺时针方向转动，转向螺杆和滑阀克服间隙 h 向右做轴向移动。滑阀向右移动后，进油管通过分配阀腔与转向动力缸的左腔 L 相通，回油管通过分配阀腔与转向动力缸的右腔 R 相通。这样转向动力缸活塞在左腔压力油的作用下向右移动，转向摇臂便围绕其在壳体上的支点做逆时针转动，从而使转向螺母也随着转向螺杆的转动向左移动，同时通过纵拉杆向右带动转向车轮。

当汽车左转弯时，滑阀左移，转向动力缸活塞向左移动，最终向左带动转向车轮，如图 9-1(c) 所示。

动力转向系统虽然具有转向操纵灵活、轻便、能吸收路面对前轮产生的冲击等优点，但是存在放大倍率(转向助力值)固定的缺点。固定的放大倍率不能兼顾高、低速时转向系统对转向性能的要求。如果动力转向系统的固定放大倍率大，则可以减小汽车在停车、低速行驶状态时转动转向盘的力，但在汽车高速行驶时会使转动转向盘的力太小，不利于对高速行驶汽车的方向控制;如果动力转向系统的固定放大倍率小,则可以增大汽车高速行驶时转动转向盘的力,提高操纵稳定性,但会使汽车在停车、低速行驶状态时转动转向盘的力太大。为解决以上矛盾,人们开发出了电子控制动力转向系统。

3. 电子控制动力转向系统的分类

根据动力源不同,电子控制动力转向系统可分为电子控制液压式动力转向系统和电子控制电动式动力转向系统。

电子控制液压式动力转向系统是在液压式动力转向系统的基础上增设电子控制系统,电子控制系统主要包括车速传感器、电控单元和控制液体流量的电磁阀。电子控制液压式动力转向系统的动力源是发动机驱动的油泵产生的高压油。在工作过程中,电控单元根据车速传感器输入的车速信号,控制电磁阀动作,使转向动力放大倍率实现连续可调,以保证转向系统在高、低速时都能获得最佳的驾驶性能。

电子控制电动式动力转向系统的动力源是直流电动机。在汽车转向时,电控单元根据车速传感器等输入的信号,控制电动机输出转矩的大小和方向。电动机的输出转矩经电磁离合器、减速机构后施加在转向机构上,实现汽车转向。

电子控制动力转向系统在低速时可使转向轻便、灵活;在汽车中高速区域转向时,能保证提供最优的动力放大倍率和稳定的转向手感,提高汽车高速行驶时的操纵稳定性。

9.1.2 电子控制液压式动力转向系统

电子控制液压式动力转向系统是在液压动力转向系统的基础上增加电子控制装置得到的。

1. 电子控制液压式动力转向系统的组成

图 9-2 所示为丰田轿车电子控制液压式动力转向系统。该系统主要由车速传感器、电控单元、电磁阀、动力转向控制阀和动力转向油泵等组成。该系统是通过控制流向转向动力缸两侧油室内的液压油流量来实现动力转向控制的,因此该系统又称流量控制式动力转向系统。

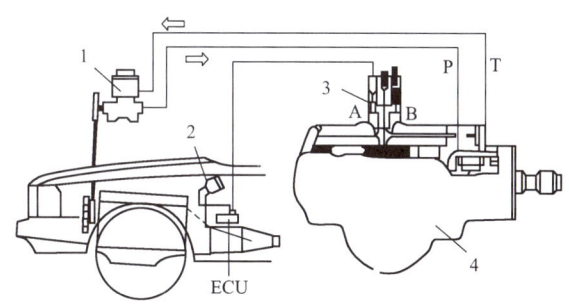

图 9-2 丰田轿车电子控制液压式动力转向系统
1—动力转向油泵;2—车速传感器;3—电磁阀;4—动力转向控制阀

电磁阀(图 9-3)是电子控制系统的执行元件,由电控单元控制其工作状态。电磁阀安装在通向转向动力缸活塞两侧油室的油道之间,当电控单元控制电磁阀通电时,电磁线圈产生电磁力将阀芯吸起,两油道就被电磁阀旁路,两油道中的油会经过管路流回储油室,转向动力缸活塞两侧的油室油压就会降低。

电子控制液压式动力转向系统其他组件的工作原理与前述相同。

2.电子控制液压式动力转向系统的工作原理

图9-4所示为丰田轿车电子控制液压式动力转向系统的原理电路。

在工作时,电控单元根据车速传感器输入的信号,向电磁阀输出不同占空比的控制信号,控制电磁阀阀芯的开启程度,以控制转向动力缸活塞两侧油室的旁路液压油流量,从而改变转向盘上的转向力。作用在电磁阀电磁线圈上的平均电流与车速成比例,如图9-5所示。车速越高,流过电磁阀电磁线圈的平均电流就越大,电磁阀阀芯的开启程度就越大,旁路的液压油流量就越大,液压助力作用就越小,转动转向盘的力随之增大;反之,车速越低,液压助力作用越大,转动转向盘的力就越小。如此即可在各种行驶条件下获得最佳的转向力,以满足转向省力和转向操纵稳定的双重目的。

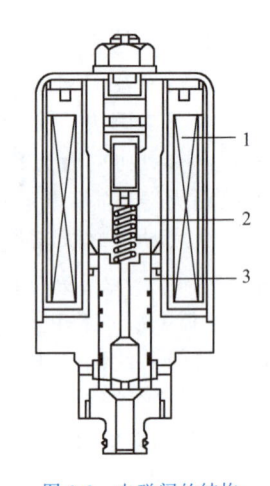

图9-3 电磁阀的结构
1—电磁线圈;2—弹簧;3—阀芯

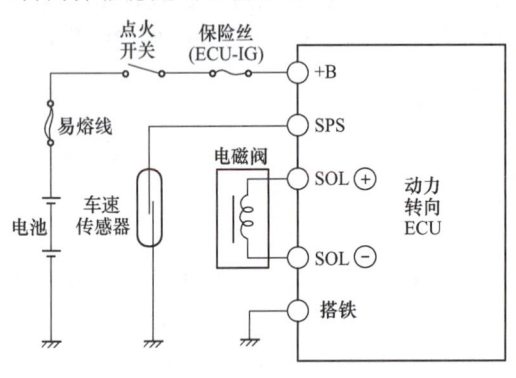

图9-4 丰田轿车电子控制液压式动力转向系统的原理电路

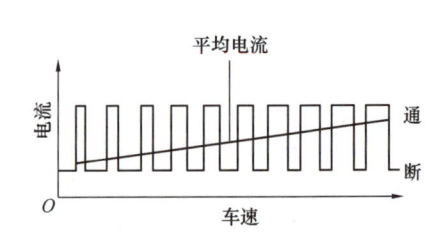

图9-5 电磁阀的工作电流

9.1.3 电子控制电动式动力转向系统

电子控制电动式动力转向系统是以电动机作为动力转向的动力源,由电控单元根据扭矩传感器和车速传感器输出的信号进行动力转向控制。

电子控制动力转向系统的组成

1.电子控制电动式动力转向系统的组成

电子控制电动式动力转向系统主要由车速传感器、扭矩传感器、电控单元、电磁离合器和电动机等组成,如图9-6所示。

(1)扭矩传感器

扭矩传感器的作用是检测转向盘的转动方向以及转向盘与转向器之间的相对扭矩,是电子控制电动式动力转向系统的一个重要传感器。常用的扭矩传感器按工作原理可分为两种:电磁感应式和滑动可变电阻式。

①电磁感应式扭矩传感器

图9-7(a)所示为电磁感应式扭矩传感器的结构。当汽车转向时,在转向力矩的作用下,输入轴和输出轴之间的扭杆发生扭曲,输入轴和输出轴端凸齿的相对位置发生变化,磁路中的空气气隙随之变化,磁阻变化,通过检测线圈的磁通发生变化,引起输出电压变化。转向力矩越大,输入轴和输出轴的相对位置变化越大,输出电压的变化也就越大。图9-7(b)所示为经过电路转化后传感器的输出信号,当转向盘处于中间位置时,传感器输出信号电压为2.5 V;当转向盘向右转时,输出的信号电压大于2.5 V;当转向盘向左转时,输出的信号电压小于2.5 V。电控单元根据传感器信号电压的高低就可以判断出转向盘的转动方向和转动程度。

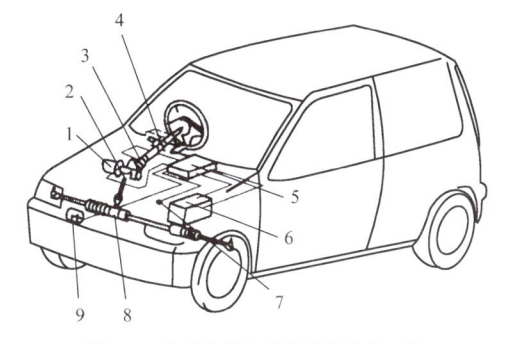

图9-6 电子控制电动式动力转向系统
1—电动机和电磁离合器;2—减速机构;3—扭矩传感器;
4—车速传感器;5—ECU;6—蓄电池;
7—发动机转速传感器;8—转向齿轮;9—发电机

②滑动可变电阻式扭矩传感器

图9-8所示为滑动可变电阻式扭矩传感器。当汽车转向时,在转向力矩的作用下,输入轴和输出轴之间的扭杆发生扭曲,两者之间产生相对转动,相对转动使其上的滑动触点产生轴向移动,从而引起滑动可变电阻上的输出电阻变化。转向力矩越大,输入轴和输出轴的相对位置变化越大,滑动触点的轴向位移越大,输出电阻也就越大。此传感器输出的电阻信号经转换电路后输出图9-7(b)所示的电压信号。电控单元根据传感器信号电压的高低就可以判断出转向盘的转动方向和转动程度。

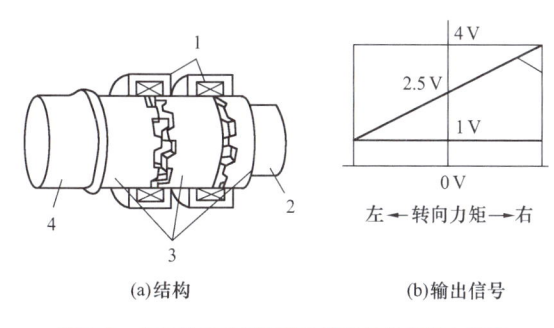

图9-7 电磁感应式扭矩传感器的结构及输出信号
1—检测线圈;2—输入轴;3—检测环;4—输出轴

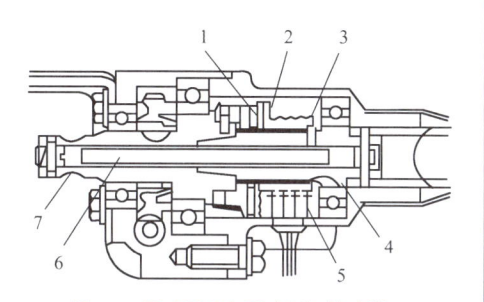

图9-8 滑动可变电阻式扭矩传感器
1—滑动触点;2—阻尼线;3—滑环;4—输入轴;
5—引线与电刷;6—扭杆;7—输出轴

图9-9所示为另一种滑动可变电阻式扭矩传感器。当输入轴和输出轴之间的扭杆在转向力矩的作用下产生相对位移时,滑块随之做轴向移动,滑块的轴向移动通过控制臂转换成滑动可变电阻内部滑动触点的移动,滑动触点的移动引起电阻的变化,并经电路转换成电压信号向电控单元输送。

(2)电磁离合器和电动机

如图9-10所示,电磁离合器位于电动机的输出端,用于切断和接通电动机通向转向机构的动力传递路线。

(a)结构　　　　　　　　　　　(b)转向盘右转时

(c)转向盘处于中间位置时　　　(d)转向盘左转时

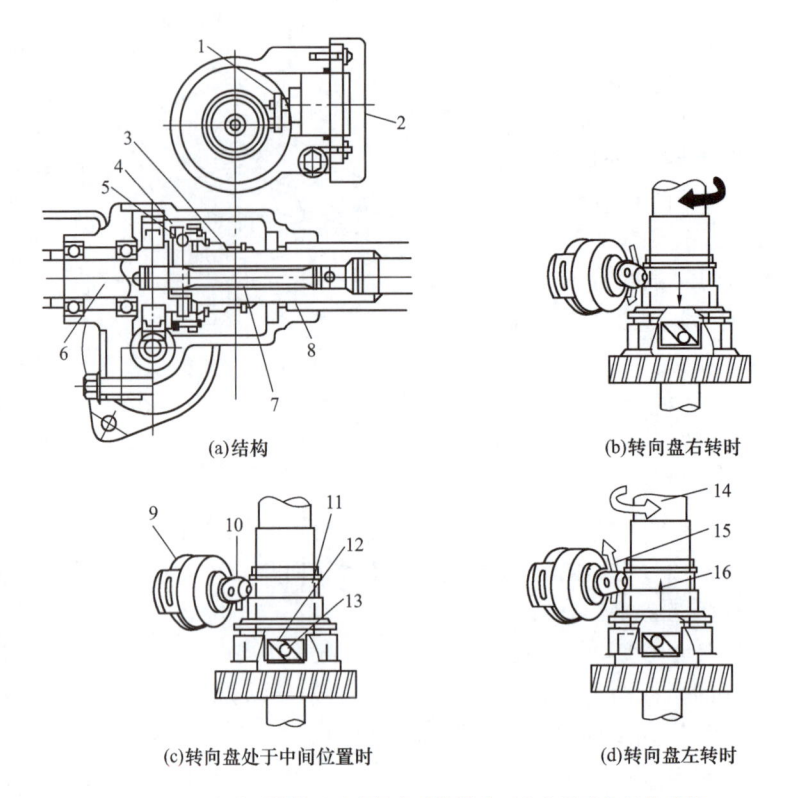

图9-9　全范围控制型动力转向系统滑动可变电阻式扭矩传感器

1、10—控制臂；2—电位计；3、11—滑块；4—环座；5、13—钢球；6—输出轴；7—扭杆；8—输入轴；
9—转向传感器；12—钢球槽；14—心轴旋转方向；15—控制臂旋转方向；16—滑块滑动方向

如图9-11所示，当电磁离合器线圈通电时，产生电磁吸引力，将带花键的压盘吸引过来与主动轮压紧，电动机的动力经主动轮、压盘、从动轴传递给转向机构，实现转向助力；反之，当电磁离合器线圈断电时，压盘和主动轮分离，电动机的动力不能传递给转向机构，不能实现转向助力。

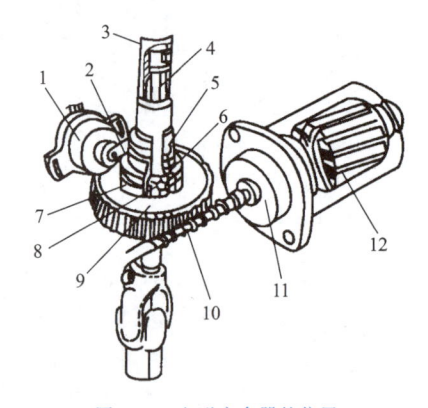

图9-10　电磁离合器的位置

1—转向传感器；2—控制臂；3—传感器轴；4—扭杆；
5—滑块；6—球槽；7—连接环；8—钢球；9—蜗轮；
10—蜗杆；11—电磁离合器；12—电动机

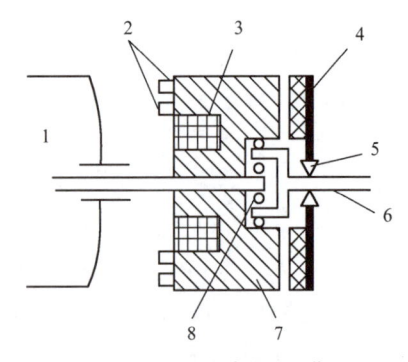

图9-11　电磁离合器的工作原理

1—电动机；2—滑环；3—线圈；4—压盘；
5—花键；6—从动轴；7—主动轮；8—滚珠轴承

电动式动力转向系统所用电动机为永磁式直流电动机。借助于控制电路(图9-12)可以实现电动机的正、反向转动,从而满足汽车转向盘左右两个转动方向的转向助力。电控单元通过控制电动机的工作电流大小来控制电动机的输出转矩,以适应汽车在不同车速下的转向助力需要。

(3)电控单元

电控单元是系统的控制中枢。在工作过程中,电控单元根据接收到的扭矩传感器信号和车速传感器信号进行运算、分析、判断,向执行器(电动机和电磁离合器)输出控制信号。另外,电控单元还具有故障自诊断功能和安全控制功能,当检测到电子控制系统出现故障时,便控制电磁离合器断开,停止动力转向,同时将故障信息储存下来。

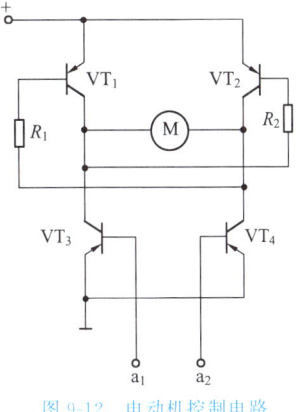

图9-12 电动机控制电路

另外,电子控制电动式动力转向系统还设置了用于减速增扭的减速机构。

2. 电子控制电动式动力转向系统的工作原理

当驾驶员转动转向盘时,装在转向轴上的扭矩传感器检测出转向轴上的转矩,电控单元根据该转矩信号与车速传感器输出的车速信号计算出转向助力的大小和方向,并据此选定电动机的电流和转向。然后电控单元向执行器(电动机和电磁离合器)输出控制指令,控制电磁离合器通电接合、电动机通电转动,电动机输出的转矩经减速机构减速增扭后,施加在转向机构上,实现与汽车车速相匹配的转向助力。

3. 铃木车系电子控制电动式动力转向系统

铃木车系电子控制电动式动力转向系统按车速控制范围可分为两种:低中速控制型(0~45 km/h)和全范围控制型(0~80 km/h)。

(1)低中速控制型(0~45 km/h)EPS

铃木轿车和厢式车采用低中速控制型动力转向系统,其中铃木轿车采用滑动可变电阻式扭矩传感器,厢式车采用电磁感应式扭矩传感器。

低中速控制型(0~45 km/h)EPS的控制过程如图9-13所示。

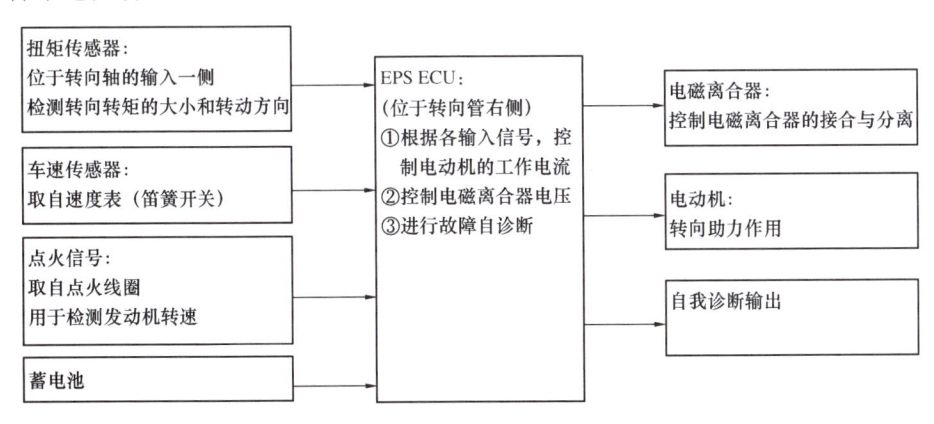

图9-13 低中速控制型(0~45 km/h)EPS的控制过程

低中速控制型(0～45 km/h)EPS 的主要控制功能有：
①速度控制
当车速高于 $45^{+15\%}_{-10\%}$ km/h 时,电控单元控制停止对电动机和电磁离合器供电,使电动机停止转动、电磁离合器分离,汽车转向系统按普通转向方式工作,保证了行车安全。
②电动机电流控制
电控单元根据扭矩传感器和车速传感器输出的转向力矩和车速信号确定电动机的工作电流。当车速为 0(停车)时,汽车转向时的阻力矩最大,此时电控单元控制供给电动机最大电流；当汽车车速接近 45 km/h 时,电控单元控制减小电动机的工作电流,转向助力减小；当汽车车速高于 45 km/h 时,电控单元控制断开电动机的工作电路,其工作电流为 0,转向助力作用取消。如此,电控单元控制汽车在车速 0～45 km/h 的整个范围内实现了转向助力作用,因此,又把这种转向助力器称为车速感应式电动 EPS。
③临界控制
临界控制的目的是保护电子控制电动式动力转向系统中的电动机及其控制组件。在转向器转角最大(临界状态)时,电控单元控制向电动机供给最大工作电流 20 A。但由于此时电动机不能转动,电能全部转换成热能,电动机温度迅速升高；同样,控制组件(功率三极管)也会因工作电流大而快速发热,快速发热容易损坏电动机及其控制组件。因此,每当较大电流连续通过 30 s 之后,系统就会控制工作电流逐渐减小。当临界控制状态解除后,电控单元又会控制工作电流逐渐增大,一直达到正常的工作电流值为止。

低中速控制型 EPS 的主要缺点是当汽车在转向过程中加速,且汽车车速超过 45 km/h 时,转向盘的操纵力会急剧变大。为克服这一缺点,采用了全范围控制型 EPS。

(2)全范围控制型(0～80 km/h)EPS
全范围控制型(0～80 km/h)EPS 的控制过程如图 9-14 所示。

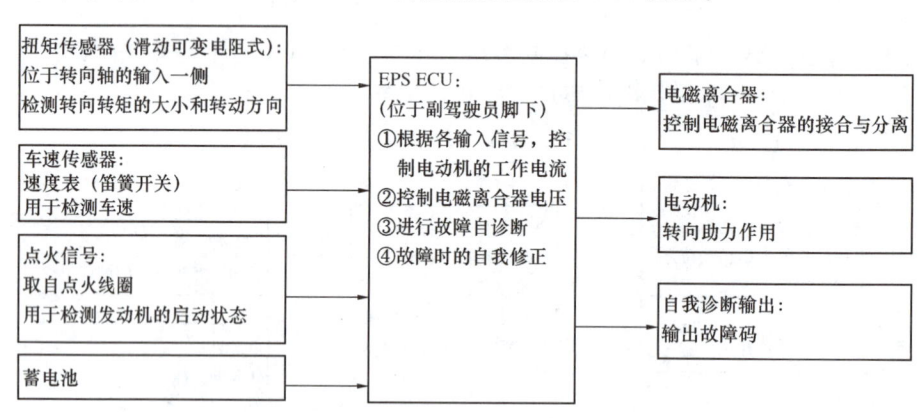

图 9-14　全范围控制型(0～80 km/h)EPS 的控制过程

全范围控制型(0～80 km/h)EPS 的主要控制功能有：
①电动机电流控制
电控单元根据车速传感器输送的信号控制电动机的工作电流,实现全车速范围的车速感应型控制,电动机的最大工作电流为 25 A。

②临界控制

为避免电动机及其控制组件在临界状态下因工作电流大而发热造成的损坏,每当最大电流连续通过 20 s 后,电控单元就控制逐步减小电动机的工作电流,每次减小 1.5 A。当临界状态解除后,电控单元又控制逐渐增大电动机的工作电流,直到恢复正常的工作电流时为止。

全范围控制型 EPS 的电动机电流控制、临界控制与低中速控制型 EPS 的控制功能相同,但控制电流的大小与时间的设定不同。

9.2 电子控制动力转向系统的检查

汽车在行驶过程中,若表现为发动机怠速或低速行驶时转向沉重,而高速行驶时方向过度灵敏,则说明电子控制动力转向系统有故障。此时应首先进行初步检查,然后再对主要部件进行检查。

1.初步检查

(1)检查轮胎气压;
(2)检查悬架与转向连接件之间的润滑;
(3)检查前轮定位;
(4)检查转向系统接头及悬架臂球接头;
(5)检查所有接头是否牢固可靠;
(6)检查动力转向泵油液是否变质、液面是否正常。

2.检查电磁阀

(1)检查电磁阀线圈电阻

拔下电磁阀的线束插接器,用万用表测量电磁阀插接器两端子之间的电阻,其标准值为 6.0~11.0 Ω。

(2)检查电磁阀针阀的位移量

从 ECU 上拔下电磁阀的线束插接器,将电磁阀的端子 SOL＋与蓄电池正极连接,SOL－与蓄电池负极连接。此时,电磁阀针阀应缩回去,其缩进量标准值为 2 mm。

案例引入

一辆大众速腾轿车,行驶里程约为 1.1×10^5 km,装配 1.6 L 发动机、5 速手动变速器和电子助力系统。由于车辆事故,维修时更换了车辆的电子助力转向机总成,但助力转向故障灯点亮,出现助力转向时有时无的故障现象。

本故障为典型的电子控制动力转向系统故障。如何进行故障诊断？排除本故障需要哪些知识？对本故障进行诊断时应进行哪些检查项目？

案例分析

要对本故障进行故障诊断，必须了解电子控制动力转向系统的组成和工作原理，能够对电子控制液压式动力转向系统进行检查。

案例实施

【故障诊断】大众速腾轿车采用电子控制动力转向系统（图9-15），主要组件有：转向盘转角传感器G85、转向力矩传感器G269、电子助力转向电动机V187、电子助力转向控制单元J500、助力转向故障灯K161。电子控制动力转向系统的工作原理是电子助力转向控制单元J500根据车速、发动机转速、转向力矩、转向盘转角、转向盘转速以及自身存储的特性曲线图，计算出必要的转向助力力矩并控制电动机工作。控制单元如果检测到系统中主要信号部件或线路出现故障，便会点亮助力转向故障灯K161。

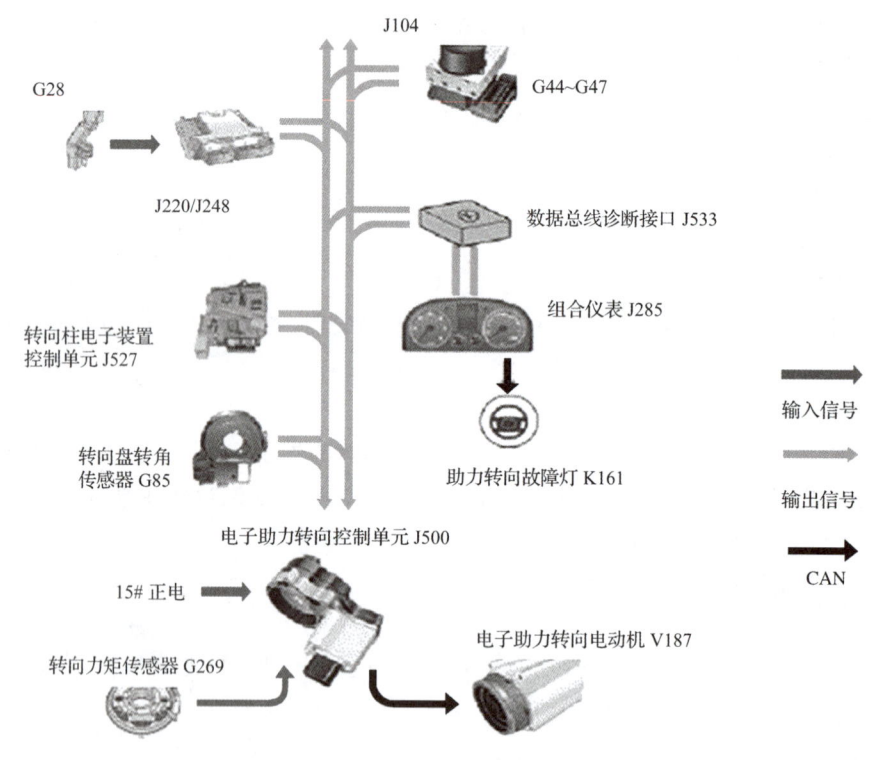

图9-15 大众速腾轿车采用电子控制动力转向系统

首先提取电子助力转向的故障码，显示转向力矩传感器G269故障。查阅维修手册得知，转向力矩传感器安装在转向机上。转向力矩传感器失效并不是马上失去助力，而是点亮黄色故障灯，助力逐渐消失，完全消失后故障灯变为红色。

图9-16所示为大众速腾电子助力转向系统局部电路,转向力矩传感器G269上的4根线全部是从电子助力转向控制单元J500出来的。先检查这4根线是否存在断路或短路,用万用表测量4根线,线路导通,没有短路与断路现象,而且插头接触良好,无锈蚀。

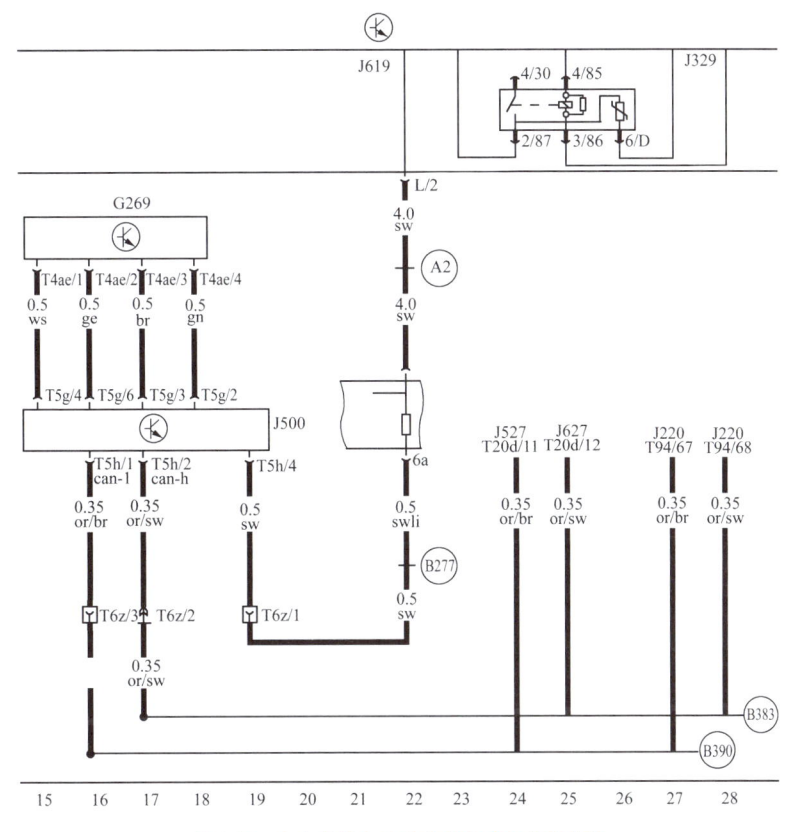

图9-16 大众速腾电子助力转向系统局部电路

图9-17所示为转向力矩传感器,磁性转子和转向输入轴为一体,和转向柱相连,磁阻传感元件和转向小齿轮为一体,驱动转向齿条。当转动方向盘时,由于轮胎与路面的接触阻力,使与转向输入轴一体的磁性转子和转向小齿轮磁阻元件之间产生一个位移的相对运动,也就是磁性转子和磁阻传感元件之间发生相对运动。此时磁阻传感元件会出现一个磁阻的变化信号,这个信号传送给电子助力转向控制单元J500。电子助力转向控制单元J500通过这个信号计算出当时的扭矩值,从而控制电动机转向助力的力矩。

测量电子助力转向控制单元J500的输出线路,有一个5 V的电源线,一根搭铁线,正常。

再测量传感器一侧的电阻,其中T4ae/3和T4ae/4之间短路,电阻为0.2 Ω。按照磁阻原理,传感器内部不应该断路,于是判断该转向力矩传感器损坏。

更换转向力矩传感器G269,启动发动机,黄色的助力转向故障灯依然点亮,转动方向盘时感觉沉重,助力效果差。连接检测仪,进入电子助力转向系统"44",选择"02"提取故

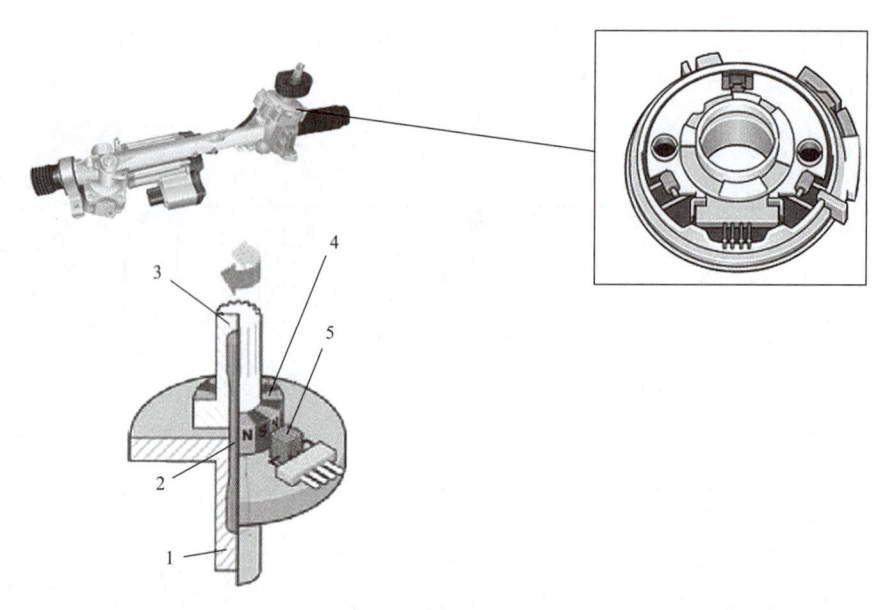

图 9-17 转向力矩传感器

1—转向小齿轮连接块；2—扭转杆；3—转向柱连接块；4—磁性转子；5—磁阻传感元件

障码，显示："02546"转向限制停止；"005"无或错误的基本设置/匹配。

虽然故障是由转向力矩传感器 G269 引起的，但因拆装作业相当于更换了转向机，因此需对转向盘转角传感器 G85 进行匹配。用检测仪清除故障码，进入通道"11"控制模块编程，输入"40168"，确认后迅速把方向盘向左打到底，并用力拉住，保持在极限位置 3 min，接着再向右把方向盘打到底，并用力拉住，保持 3 min。此时，仪表上的黄色的助力转向故障灯熄灭，把方向盘打到直行位置，用检测仪再次提取故障码，退出，然后清除故障码。发动机熄火，再次启动发动机，助力转向故障灯熄灭，原地转动方向盘，方向盘轻便灵活，故障排除。

小　结

汽车转向系统就是使转向轮偏转以实现汽车转向的一整套机构，其作用是保证汽车在行驶中能按照驾驶员的操纵要求适时地改变行驶方向，能在受到路面干扰偏离行驶方向时与行驶系统配合共同保持汽车稳定地直线行驶。

电子控制动力转向系统则是动力转向系统和电子控制系统结合的产物，能够根据汽车行驶速度自动调节转向动力放大倍率，以保证转向系统在高、低速时都获得最佳的驾驶性能。

电子控制动力转向系统可分为电子控制液压式动力转向系统和电子控制电动式动力转向系统。

电子控制液压式动力转向系统的电子控制系统主要包括车速传感器、电控单元和控制液体流量的电磁阀。电子控制液压式动力转向系统的动力源是发动机驱动的油泵产生的高压油。在工作过程中,电控单元根据车速传感器输入的车速信号,控制电磁阀动作,使转向动力放大倍率实现连续可调,以保证转向系统在高、低速时都获得最佳的驾驶性能。

电子控制电动式动力转向系统主要由车速传感器、扭矩传感器、电控单元、电磁离合器和电动机等组成。电子控制电动式动力转向系统的动力源是直流电动机。在汽车转向时,电控单元根据车速传感器等输入的信号,控制电动机输出转矩的大小和方向。电子控制动力转向系统在低速时可使转向轻便、灵活;在汽车中高速区域转向时,能保证提供最优的动力放大倍率和稳定的转向手感,提高汽车高速行驶时的操纵稳定性。

拓展阅读

- ◆ 武忠.汽车底盘电控系统故障诊断与检修[M].北京:机械工业出版社,2016.
- ◆ 刘希恭.凌志 LS400 轿车维修手册[M].沈阳:辽宁科学技术出版社,2000.

模块 9

参 考 文 献

1. 王忠良，陈昌建. 汽车微电脑控制系统与故障检测. 北京：人民邮电出版社，2004.
2. 李春明. 汽车底盘电控技术. 4版. 北京：机械工业出版社，2019.
3. 祝政杰，高翠翠，王永浩. 汽车底盘电控系统检修. 北京：北京理工大学出版社，2017.
4. 冯渊. 汽车电子控制技术. 北京：机械工业出版社，2018.
5. 夏令伟，王立忠. 汽车底盘电控技术. 北京：清华大学出版社，2016.
6. 于京诺. 汽车电子控制技术. 北京：机械工业出版社，2017.
7. 尤明福，尤扬，张士涛，黄玮. 汽车底盘电控技术. 北京：清华大学出版社，2017.
8. 陈刚，王良模，王冬良，蒋仁卿. 汽车电子控制技术. 北京：机械工业出版社，2017.
9. 舒华. 汽车电子控制技术. 4版. 北京：人民交通出版社，2017.
10. 谭本忠. 汽车自动变速器原理与维修图解教程. 2版. 北京：机械工业出版社，2016.
11. 敬东. 汽车电子控制技术. 成都：西南交通大学出版社，2016.
12. 姚方方. 汽车电子控制技术. 北京：北京理工大学出版社，2019.
13. 周云山. 汽车电子控制技术. 2版. 北京：机械工业出版社，2014.
14. 冯崇毅，鲁植雄，何丹娅. 汽车电子控制技术. 北京：人民交通出版社，2011.
15. 王忠良. 制动防抱死系统维修技术. 石家庄：河北科学技术出版社，1999.
16. 栾琪文. 汽车底盘及车身电控系统维修. 2版. 北京：机械工业出版社，2019.